苏州上市公司发展报告
（2022）

薛誉华　范　力
吴永敏　冯佳明　主编

复旦大学出版社

内容简介

《苏州上市公司发展报告（2022）》由苏州市上市公司协会、东吴证券股份有限公司和苏州大学商学院组建联合课题组撰写。

本书以苏州已上市公司为主体，以苏州新三板挂牌企业、北交所上市公司和拟上市预披露公司为补充，面向众多的市场投资者，从量和质两个维度全面、客观地揭示我国资本市场苏州板块的现状、问题与趋势。

本书也是在连续八年公开出版《苏州上市公司发展报告（2014—2021）》之后的第九部，主要包括苏州上市公司概况、苏州上市公司的市场绩效分析、财务绩效分析、行业结构分析、新三板挂牌企业分析、拟上市预披露公司分析，还研究了上市公司再融资和并购重组对公司的影响。针对近年来苏州市提升上市公司质量政策要求，本书还对苏州上市公司发展质量影响因素进行了实证分析。

本书可作为各级政府机关经济管理部门、金融行业和区域经济的实务和理论工作者决策和研究之参考，也可作为高等院校经济、管理类专业师生教学和科研之参考。

苏州上市公司发展报告（2022）

前言

2021年，中国资本市场走过而立之年，是"十四五"规划的开局之年。进入新发展阶段，我国资本市场保持稳健运行，服务实体经济能力不断提升，改革持续推进，监管体制机制不断完善。在此背景下，苏州市积极抢抓资本市场改革的重大机遇，出台了一系列支持政策。在2020年接连出台了《促进企业利用资本市场实现高质量发展的实施意见》《科创板上市企业培育计划》及《苏州市加快推进产业资本中心建设行动计划（2020—2022年）》等政策后，2021年又先后发布了《关于推进苏州金融业高质量发展的若干措施》《关于进一步提高上市公司质量的实施意见》及《关于促进苏州股权投资持续高质量发展的若干措施》等文件。通过培育优势产业集群、加强上市后备梯队培育、高水平集聚私募基金发展、深化与交易所全方位合作、做优做细政府服务、打造最优营商环境、完善服务生态体系等举措，推动科技、资本和产业初步形成良性循环格局，促使苏州资本市场发展亮点纷呈，在我国资本市场上已形成了多层次、宽领域、有特色、富活力的"苏州板块"。

2021年，北京证券交易所的设立为地区中小企业提供了新的上市渠道。苏州市提前谋划、抢抓机遇，推动中小企业主动对接，当年实现4家企业登陆北交所，数量仅次于北京市，位居全国第二。苏州市2021年新增上市企业35家，其中科创板18家，也凸显了新阶段以科创属性为特色的"苏州板块"。综合来看，截至2021年12月31日，苏州市共有86家主板企业、47家创业板企业、38家科创板企业以及4家北交所上市企业，合计上市公司总数为175家。苏州在新三板挂牌企业、拟上市预披露公司方面也取得了不小的成绩。

一、2021年中国资本市场的苏州板块

截至2021年年底，全国共有A股上市公司4685家，合计总市值为990347.41亿元，苏州共有上市公司175家，合计总市值为18338.00亿元，苏州上市公司数量和总市值国内占比分别为3.74%和1.85%。上市公司的总市值占比明显低于数量占比，反映出苏州上市公司个体平均规模相对较小的特征。数据表明，2021年年底苏州上市公司平均市值为104.79亿元，仅相当于全国上市公司平均市值的49.57%。

从苏州率先指数年度趋势来看,2021年上半年下跌之后平稳运行至年中,下半年呈现小幅上扬,全年指数涨幅较为明显。从2020年12月31日到2021年12月31日,苏州率先指数从2330.54点上涨到2614.94点,上涨284.39点,涨幅12.20%。

与沪深市场指数比较,沪深300指数年度下跌5.20%,上证综指2021年股指小幅波动,相对于2020年涨幅较小,只有4.80%;深证成指2021年最后一个交易日的收盘点位为14857.35点,涨幅2.67%,涨幅较小;创业板指上涨12.02%,相对表现较好。比较来看,苏州率先指数相对涨幅较大,全年上涨12.20%,强于所有沪深市场重要指数,表明苏州板块上市公司在2021年有较好的市场表现。

与北京、上海、天津、重庆和深圳五市指数相比较,从涨跌幅趋势看,六个城市的市场指数除了深圳创新示范指数下跌6.34%外,均表现出上涨的趋势。北京、上海和重庆指数走势基本一致,整体涨幅较小,分别为4.59%、6.90%、7.29%,其后是苏州率先指数,涨幅12.20%,天津指数全年涨幅最大,高达36.01%。

2021年,苏州新增35家A股上市公司,其中18家在科创板上市,9家在创业板上市,4家在主板上市,4家在北交所上市,上市公司总数达到175家。按照2021年申万行业一级分类统计结果显示,苏州机械设备类和电子类上市公司最多,各有34家,其次电力设备类15家,基础化工类12家,通信和医药生物各8家,建筑装饰7家,汽车6家,家用电器和计算机各5家,银行、社会服务、交通运输和纺织服饰各4家,轻工制造和建筑材料各3家,有色金属、食品饮料、石油石化、商贸零售、环保、国防军工、钢铁和房地产各2家,综合、公用事业和非银金融各1家。

截至2021年年末,苏州新三板挂牌企业达267家,基础层挂牌企业数量为218家,占总体比重81.65%;创新层挂牌企业数量49家,占总体比重18.35%,精选层整体平移至北交所。苏州市与全国主要城市新三板挂牌企业数量作比较,可以发现苏州市新三板挂牌企业数量在全国范围属于较高水平。与国内四大直辖市相比,苏州挂牌企业数量少于北京(898家)和上海(516家),远超于天津(132家)和重庆(84家)。与国内计划单列城市相比,苏州新三板挂牌企业数量仅次于深圳(347家),且远高于厦门、宁波、青岛、大连。与重点省会城市相比,苏州具有较为明显的领先优势,广州、杭州、武汉、成都、西安各地的新三板挂牌企业数量均少于苏州。总体来说,苏州市新三板挂牌企业数量位居全国第四,在推动新三板市场的健康持续发展中具有重要地位。此外,在融资情况方面,苏州市共有17家公司实施完成了20次增发,募资总额4.91亿元,在全国范围来看并不占据明显优势。

与此同时,在2021年IPO预披露中,苏州共有38家公司披露了申报表。在四大直辖市中,北京59家、上海67家、天津10家、重庆8家拟上市公司披露了申报稿;在计划单列市中,深圳、宁波、青岛、厦门、大连预披露公司数量分别为63家、18家、14家、9家、4家;在省会城市中,杭州和广州预披露公司数量分别为35家、24家;在省内城市中,南京和无锡预披露公司数量分别为21家和15家。

总体而言,苏州在新三板挂牌企业、拟上市预披露公司数量方面均名列全国各大城市前列,显现了苏州市经济发展的可持续能力和苏州上市公司后备梯队的优质。

二、研究思路

本报告以苏州上市公司为研究对象,试图面向众多的市场投资者从量和质的两个维度,

全面、客观地揭示我国资本市场苏州板块现状与未来趋势。从量的方面而言,本报告以苏州上市公司为主体,以苏州新三板挂牌企业及拟上市预披露公司为补充,分析研究苏州上市公司当前在全省、全国的地位和影响,分析研究苏州上市公司后备力量的实力与水平,了解与把握未来苏州上市公司的发展趋势与可持续发展能力。从质的方面而言,本报告分析研究苏州上市公司的市场绩效、财务绩效和行业结构,充分展现苏州上市公司的投资价值、再融资能力、并购重组能力及发展动力。

本书于最后一章对影响苏州上市公司发展质量的因素进行了实证研究。采用苏州上市公司2011—2021年的非平衡面板数据,运用全局主成分分析法(GPCA)研究影响苏州上市公司发展质量的因素,从规模能力、盈利能力、偿债能力、运营能力、研发能力和综合能力六个方面对苏州上市公司进行动静结合分析,厘清苏州上市公司的发展情况以及各个行业发展的优势和短板,为制定和落实提升苏州上市公司质量的对策提供有价值的参考。

三、研究结论

经研究,本报告得到以下六大方面的研究结论:

(一)市场结构角度分析

最近几年苏州上市公司的数量和总市值在江苏省内以及全国占比呈现明显的良好发展势头,在国内主要城市处于领先位置。从区域结构来看,苏州上市公司主要集中在苏州市区,其他几个县级市相对较少;从市场结构来看,苏州上市企业涵盖上海、深圳和北京三大证券交易所,科创板强劲发展,主板和创业板亮点纷呈;从行业结构来看,苏州上市公司的行业分布较为广泛,且主要集中在材料类、工业类、信息技术和可选消费类。从新三板挂牌企业分析,2021年苏州市新三板挂牌企业数量达267家,位居全国第四,仅次于北京、上海、深圳,具备明显的数量优势,在推动新三板市场的健康持续发展中具有重要地位,主要集中在工业、信息技术、材料、可选消费四大行业。

但是,苏州上市公司规模偏小,大型龙头公司明显偏少,传统产业比重较高,加工贸易占比较大,数字经济和数字化发展水平有待提高,协调经济发展需求和环境资源承载能力之间的矛盾等也是苏州上市公司实现高质量发展亟须努力的方向。

(二)市场绩效角度分析

从苏州率先指数及其市场表现来分析,苏州率先指数在2021年上涨12.20%。从相对市场绩效分析,与沪深指数进行对比分析,苏州率先指数涨幅较高,其表现强于两市重要指数;与其他区域类指数做比较分析,在与全国直辖市和深圳区域类指数的对比中,苏州率先指数涨幅仅次于天津指数,排名第二。在与江苏、浙江和山东省进行指数比较时,苏州率先指数排名落后于浙江指数和山东指数,高于江苏指数。

从行业角度分析,将苏州上市公司按照2021年申万行业一级分类标准进行分类,通过编制分行业指数了解上市公司行业绩效,分析得出苏州机械设备类、电子类、电力设备类、基础化工类、通信类五类行业指数全年涨幅均超过相对应的申万一级行业指数,首次取得全面超越的表现。

从分板块角度分析,将苏州上市公司按照沪市主板、深市主板、创业板和科创板进行分类,并对相应板块编制苏州板块指数,分别将沪深主板、创业板和科创板与对应的市场板块指数进行比较分析,苏州沪深主板市场、创业板、科创板指数均高于全国平均水平,指数领先于参照指数。

下一步,为提升苏州上市公司市场绩效,主要从强化企业创新主体地位、推动上市公司引领产业优化提升、加强制造业金融保障、重视并加快产业数字化步伐、积极推动优质企业多渠道上市等策略入手,加快完善苏州市现代化经济体系建设。

(三) 财务绩效角度分析

从苏州上市公司财务绩效特征来看,2021年苏州上市公司财务业绩喜忧参半。2021年苏州上市公司在成长能力、营运能力和股本扩张能力方面表现比2020年好,盈利能力较2020年略有下降,偿债风险有所增加。

从苏州上市公司财务绩效比较分析看,在城市比较对象中,2021年苏州上市公司盈利能力强于北京上市公司,苏州上市公司成长能力强于深圳、重庆和杭州的上市公司,苏州上市公司股本扩张能力强于深圳和重庆的上市公司,但苏州上市公司盈利能力和营运能力均低于市场平均水平。

从行业分析,2021年苏州上市公司所在的主要行业中,机械设备的净资产收益率平均值最高,其次是电子和医药生物;苏州电子、机械设备和通信行业的净资产收益率平均值高于A股市场相关行业的净资产收益率平均值;2021年除了通信和医药生物行业,其他主要行业的产权比率平均值均高于A股市场相关行业的产权比率平均值;2021年苏州上市公司所在六大主要行业的营业收入增长率平均值均较2020年有所提升,而成长能力最强的行业是医药生物行业;2021年机械设备和通信行业的营业收入增长率平均值高于A股市场相关行业该指标,而苏州其他四大行业的营业收入增长率平均值低于A股市场相关行业该指标;2021年电力设备、基础化工和医药生物行业的总资产周转率平均值略高,其余三个主要行业的总资产周转率平均值偏低;2021年除了电子和通信行业的每股公积平均值偏低,其他四个主要行业的每股公积平均值高于A股市场相关行业平均水平。

分市场来看,2021年,苏州主板上市公司在股本扩张能力方面高于主板市场平均水平;苏州创业板上市公司在成长能力、营运能力和股本扩张能力方面高于创业板市场平均水平;苏州科创板上市公司在盈利能力和营运能力方面高于科创板市场平均水平;苏州北证A股上市公司在成长能力、营运能力方面高于北证A股市场平均水平。在偿债能力方面,2021年苏州各市场上市公司产权比率平均值均高于相应市场平均值,说明苏州上市公司偿债风险有所提高。

通过对2021年苏州上市公司财务绩效指标的分析,可以看到苏州上市公司的进步,但也发现苏州上市公司发展中存在的两大问题:偿债风险持续增大,科创板上市公司的成长性需要进一步提高。下一步,苏州上市公司应注重资产质量、优化资本结构,延伸产业链、培育领跑企业,不断将苏州企业做大做强。

(四) 行业结构角度分析

以苏州上市公司所处产业分析,苏州大多数上市公司均属第二产业,且最近5年来,苏州上市公司的产业分布进一步向第二产业集中。制造业是苏州上市公司最集中的门类,制造业明显密集分布的大类主要是计算机、通信和其他电子设备制造业,电气机械和器材制造业,专用设备制造业,通用设备制造业。与对比城市相比,苏州上市公司过度集中于制造业,不利于苏州其他行业的企业利用资本市场,并使苏州板块股票的价格波动受制造业周期的影响过大。同时,苏州上市公司位于先进行业的比例稳步提高,占比已超过了全国和对比城

前言

市平均水平。

另外,苏州各制造行业上市公司营收占行业产值之比高低不一,上市公司所处行业与城市行业基础仍不够匹配,部分高产值行业上市公司营收占比较低,但需要看到的是,2021年,这一现象相对于2020年有了不小的改观;苏州上市公司主要行业的平均市值和竞争力都低于大多数对比城市和全国总体水平,部分上市公司盲目开展转型和多元化,成效不佳。

将来,为改善苏州上市公司的行业结构和提高行业竞争力,苏州要立足于增量改进,包括采取升级城市行业基础、先进行业上市公司深耕主营业务、业绩不佳的上市公司理性转型、为企业壮大提供微观激励和多层次金融支持等策略。

(五) 再融资与企业并购分析

从上市公司再融资行为看,受2020年再融资新规的持续影响,2021年苏州地区上市公司再融资总规模较2020年有较大幅度的增长,再融资结构也有较明显的变化。2021年苏州175家上市公司中,34家公司有37笔再融资行为,再融资所筹集的资金规模比2020年增加了265.36亿元,增长幅度为51.79%,增长的主要原因是可转债发行规模明显增长,2021年苏州上市公司可转债发行总规模是2020年的10.02倍,增长率高达901.68%。与上海、深圳地区上市公司同时期再融资情况相比,苏州上市公司再融资规模偏小,再融资方式多样化程度还不够,苏州上市公司再融资能力还有待提高。上市公司再融资行为的影响主要以上市公司的经营规模及盈利指标的变化来体现,2021年苏州市34家有再融资行为的上市公司,其经营规模和盈利性指标平均水平有所上升,再融资资金的利用效果有一定程度的提升。为持续提高苏州上市公司的再融资能力,进一步推动苏州上市公司高质量发展,优化苏州上市公司再融资结构,可采取以下对策:上市公司需进一步严格落实新《证券法》中的信息披露要求;推动创新型中小企业发展,争取在北交所再融资的机会;提升上市公司投资者关系管理;推动上市公司绿色发展,积极利用绿色金融的各种融资方式;多渠道、多样化再融资,优化上市公司再融资结构;完善再融资募集资金管理与使用监管,健全风险管控机制。

从上市公司并购重组行为看,2021年苏州上市公司的并购规模差异较大。2021年苏州全部并购的平均价格和完成并购的平均价格都低于全国水平。与其他城市相比,苏州的并购总次数明显高于天津和重庆,低于杭州、深圳、上海、北京等城市。苏州上市公司存在的主要问题是尽管2021年并购活动有所增加,但缺乏有影响力的并购重组活动,且并购规模偏小,并购成功率有待进一步提高。从苏州上市公司并购重组情况来看,公司在选择并购对象、并购手段时,需要加强对行业的关注,选择最优并购手段,制定科学的并购策略和并购方案,降低并购成本,加快并购过程中企业文化的整合。

(六) 影响苏州上市公司发展质量因素的实证分析

通过使用全局主成分分析法对2011—2021年苏州A股上市公司发展质量的影响因素进行实证研究,基于构建的评价模型计算相应得分,本报告分别对苏州上市公司整体和分行业的发展质量进行评估与分析。

从综合能力评估来看,在得分排名前30的企业中有21家在2016年以后上市,表明近几年来苏州市推动优质企业上市的工作取得突出成果。从分项能力评估来看,规模能力较强的企业成立时间也都较久,民营企业的盈利能力表现优异,电子行业上市公司的偿债能力普遍较好,苏州市上市银行的运营能力较强,机械设备行业和计算机行业的公司研发能力排名靠前。

本报告还从整体和分行业的角度对2011—2021年苏州上市公司的发展质量进行动态分析。总体来看,2011—2021年苏州市A股上市公司的综合能力呈现上升趋势,盈利能力波动较大,近四年来有下降趋势,偿债能力从2017年开始提升显著。从分行业的角度来看,苏州上市公司中金融业公司的综合能力表现好于其余行业,发展质量稳步提升,能源行业和医疗保健行业起伏较大。金融业在规模能力、偿债能力、运营能力和研发能力方面均表现突出,但是盈利能力明显弱于其他行业。日常消费行业上市公司的盈利能力十分突出,但是研发能力较低,创新能力不足。

针对以上实证分析结果,本报告建议,苏州要继续促进上市后备梯队建设,推动已上市公司做优做强,引导上市公司规范发展,以及防范处置上市公司风险。

目录

第一章　苏州上市公司概况 ·· 001
　第一节　苏州上市公司的发展演变 ·· 003
　第二节　苏州上市公司的区域结构 ·· 015
　第三节　苏州上市公司的市场结构 ·· 017
　第四节　苏州上市公司的行业结构 ·· 019
　本章小结 ·· 021

第二章　苏州上市公司市场绩效分析 ·· 023
　第一节　苏州上市公司股票指数及市场绩效 ······································· 026
　第二节　苏州上市公司市场绩效分行业分析 ······································· 031
　第三节　苏州上市公司市场绩效分市场分析 ······································· 040
　第四节　苏州上市公司市场绩效偏低的原因及提升策略 ······················· 046
　本章小结 ·· 050

第三章　苏州上市公司财务绩效分析 ·· 053
　第一节　苏州上市公司财务绩效特征 ··· 055
　第二节　苏州上市公司财务绩效比较分析 ·· 059
　第三节　苏州上市公司财务绩效分行业分析 ······································· 062
　第四节　苏州上市公司财务绩效分市场分析 ······································· 068
　第五节　苏州上市公司财务绩效评价及建议 ······································· 073
　本章小结 ·· 074

第四章　苏州上市公司行业结构分析 ·· 077
　第一节　苏州上市公司行业分布 ··· 079

第二节　苏州上市公司行业特征分析 ……………………………… 082
第三节　苏州上市公司行业结构的问题和改善策略 ……………… 094
本章小结 ……………………………………………………………… 095

第五章　苏州上市公司再融资规模与影响分析 …………………… 097
第一节　苏州上市公司再融资规模与结构分析 …………………… 099
第二节　苏州上市公司再融资能力及再融资影响分析 …………… 109
第三节　苏州上市公司再融资存在的问题及对策研究 …………… 118
本章小结 ……………………………………………………………… 122

第六章　苏州上市公司并购重组及其影响分析 …………………… 123
第一节　上市公司并购的政策完善 ………………………………… 125
第二节　苏州上市公司并购重组规模与结构分析 ………………… 126
第三节　苏州上市公司并购重组的影响分析 ……………………… 130
第四节　苏州上市公司并购重组存在的问题与对策 ……………… 132
本章小结 ……………………………………………………………… 134

第七章　苏州新三板挂牌企业分析 ………………………………… 135
第一节　苏州新三板发展状况 ……………………………………… 138
第二节　苏州新三板挂牌企业的特征分析 ………………………… 143
第三节　苏州新三板企业发展存在的问题与提升策略 …………… 151
本章小结 ……………………………………………………………… 152

第八章　苏州拟上市预披露公司分析 ……………………………… 155
第一节　苏州预披露公司数量分析 ………………………………… 157
第二节　苏州预披露公司区域分布和市场结构分析 ……………… 161
第三节　苏州预披露公司行业分布和产权性质分析 ……………… 164
第四节　苏州、深圳、杭州深度对比 ……………………………… 167
第五节　苏州预披露公司现存问题与展望 ………………………… 169
本章小结 ……………………………………………………………… 171

第九章　苏州上市公司发展质量影响因素实证研究 ……………… 173
第一节　苏州上市公司发展质量影响因素实证分析 ……………… 175
第二节　苏州上市公司发展质量评估 ……………………………… 180

第三节　苏州上市公司发展质量动态分析 ……………………… 184
第四节　苏州提升上市公司质量的对策思考 …………………… 189
本章小结 ……………………………………………………………… 191

附录 …………………………………………………………………… 193
附录一　苏州上市公司简介 ……………………………………… 195
附录二　苏州新三板挂牌企业简介 ……………………………… 252
附录三　苏州拟上市预披露公司名单 …………………………… 327

后记 …………………………………………………………………… 330

苏州上市公司发展报告（2022）

第一章

苏州上市公司概况

苏州自古以来就是中国重要的商业城市之一,长三角地区的经济和文化中心。改革开放以来,尤其是"十二五"以来,苏州地区经济继续保持快速发展态势。目前,苏州已成为中国最发达的城市之一,是中国改革开放的重要窗口,也是引进外资的主要城市之一。在新发展阶段和新发展格局中,苏州市提出了"争当表率、争做示范、走在前列"的新使命、新定位和新追求,苏州在"十四五"总体发展目标是成为社会主义现代化强市、长三角重要中心城市,为建设世界级城市群作出积极贡献。

上市公司是一个地区综合经济实力的具体体现,是衡量地方发展质量和水平的重要标尺,苏州强劲发展的实体经济为资本市场的发展壮大培育了肥沃的土壤。同时,苏州市委、市政府对资本市场高度重视,早在2005年就出台了《加快发展资本市场的指导意见》。此后,苏州又陆续出台和发布了《关于促进金融业改革发展的指导意见》(2008年)、《苏州市金融发展"十二五"规划》(2011年)、《关于加快推进苏州区域金融中心建设的实施意见》(2014年)、《关于进一步促进金融支持制造业企业的工作意见》(2017年)、《关于促进创业投资持续健康发展的实施意见》(2018年)、《促进企业利用资本市场实现高质量发展的实施意见》(2020年)以及《苏州市金融发展"十四五"规划》(2021年)等一系列金融改革创新的思路和举措,均有力推动了苏州实体经济进入资本市场高速发展的快车道,取得了一系列骄人业绩。

近年来,苏州积极抢抓资本市场改革重大机遇,出台了一系列支持政策。在2020年接连出台了《促进企业利用资本市场实现高质量发展的实施意见》《科创板上市企业培育计划》及《苏州市加快推进产业资本中心建设行动计划(2020—2022年)》等政策后,2021年又先后发布了《关于推进苏州金融业高质量发展的若干措施》《关于进一步提高上市公司质量的实施意见》及《关于促进苏州股权投资持续高质量发展的若干措施》等文件,通过培育优势产业集群、加强上市后备梯队培育、高水平集聚私募基金发展、深化与交易所全方位合作、做优做细政府服务、打造最优营商环境、完善服务生态体系等举措,推动科技、资本和产业初步形成良性循环格局。

近几年,苏州地区单年新增上市公司数量连创新高,在科创板开板、北交所开市、创业板注册制改革等历史性时刻苏州企业均有"首板有我"的亮眼表现。目前在我国资本市场上已形成了多层次、宽领域、有特色、富活力的"苏州板块"。

第一节 苏州上市公司的发展演变

一、苏州上市公司的发展概况

20世纪90年代初沪深交易所相继成立,中国资本市场开始进入新的发展篇章。1993

年9月8日苏三山A(证券编号0518)[①]在深圳证券交易所挂牌交易,成为苏州地区首只发行上市的股票,并由此揭开了苏州地区资本市场的发展序幕。得益于苏州优良的经济基础、自身准确的城市定位以及清晰的发展战略,加之中国资本市场规模的不断扩大,直接融资功能的不断升级,苏州地区的资本市场在过去二十余年间得到了飞跃式发展。

苏州上市公司的发展历程主要可以分为以下三个阶段。

第一个阶段:从20世纪90年代开始后的十年,这是苏州上市公司发展的初创期。1994年1月6日在深圳证券交易所首发上市的创元科技(000551.SZ),为现存苏州上市公司中最早在主板市场挂牌的股票。截至2003年年底,苏州地区累计共有10家[②]公司在沪深交易所成功上市,而其间全国共有近1200家公司在沪深两地成功上市,苏州上市公司数量占比不足1%。

第二个阶段:2004年年初到2008年年底。2004年5月17日,深交所设立中小企业板获得证监会正式批复,推动我国多层次资本市场建设向前迈进了一大步。受此消息的鼓舞,2004年共有38家中小板企业成功挂牌,占全年沪深两市挂牌总量的38.78%。2006年10月12日江苏宏宝(002071.SZ)[③]成功上市,成为苏州地区第一家挂牌中小板的上市企业。苏州市委、市政府于2005年《关于加快发展资本市场的指导意见》以及2008年《关于促进金融业改革发展的指导意见》等政策文件的出台,对充分认识发展资本市场的重要意义以及促进资本市场大力发展等方面起到了重要的作用。2006—2008年间苏州地区累计有14家企业成功上市,且全部落户于深交所的中小板。

第三个阶段:2009年年初以来至今。2009年,证监会批准深圳证券交易所设立创业板,这对中国多层次资本市场的建立以及资本市场逐步走向完善均具备重大意义,2009年10月30日,首批获批的28家创业板公司集体上市。新宁物流(300013.SZ)是首批28家获批的企业之一,也是苏州地区第一家成功挂牌创业板的公司。中小板和创业板的开板丰富了国内多层次资本市场建设,苏州地区的上市公司数量也呈现出飞跃式发展态势,其中,2010年共有13家企业登陆中小板市场,占当年苏州地区上市总量的86.67%;2011年和2012年分别有8家和5家企业登陆创业板市场,分别占当年苏州地区上市企业总量的53.33%和62.50%。2011年制定的《苏州市金融发展"十二五"规划》,提出了建设"对接上海、服务苏州、延伸辐射"的苏州区域金融中心目标,这为未来几年资本市场的发展指明了发展方向,明确了发展目标,部署了发展举措。2014年和2015年苏州地区每年均有6家企业成功登陆A股市场。

2015年9月,苏州市政府印发《苏州市金融支持企业自主创新行动计划(2015—2020)》,助推苏南国家自助创新示范核心区建设,这对调动金融资源支持本地企业创新发展,提升企业创新驱动发展水平,起到了很好的指引作用。2017年7月,第五次全国金融工作会议要求加强资本市场服务实体经济功能,中国资本市场展示出更加广阔的发展前景。苏州地区上市公司数量一直保持历史较高水平,尤其是主板企业挂牌数量屡创新高,2016年和2017年分别有7家和8家企业实现主板上市。2019年6月13日,备受关注的我国资本市场新兵科

[①] 苏三山A公司所在地为江苏省昆山市,后因为连续亏损被暂停上市,经重组后,成为现存的上市公司四环生物(000518.SZ)。

[②] 包括2003年6月27日首发上市的华芳纺织(600273.SH),该公司证券简称于2014年12月24日变更为嘉化能源,公司注册地址由江苏省张家港市变更为浙江省嘉兴市。

[③] 2014年6月5日更名为长城影视,于2021年5月7日被深圳证券交易所摘牌。

创板正式开板,标志着在上海证券交易所设立科创板并试点注册制正式落地。设立科创板主要目的是增强资本市场对实体经济的包容性,更好地服务具有核心技术、行业领先、有良好发展前景和口碑的企业,是资本市场一项重大的改革举措。2019年7月22日科创板正式开市交易,首批共有25家上市公司集中挂牌交易,苏州有3家企业名列其中,苏州也成为除北京、上海之外,首批上市科创板企业数量最多的城市。

2020年是我国资本市场创立30周年,"十三五"规划的收官之年,也是我国资本市场的改革大年。监管部门以注册制改革为抓手,全面优化顶层设计,全面完善基础性制度,各领域均迎来关键制度创新。苏州在2020年接连出台了《促进企业利用资本市场实现高质量发展的实施意见》和《苏州市加快推进产业资本中心建设行动计划(2020—2022年)》等多项政策支持,不断优化企业直接融资的政策环境。

2021年,我国资本市场稳健运行,改革持续推进,监管体制机制不断完善,服务实体经济能力不断提升。苏州积极推动企业抢抓资本市场全面深化改革历史机遇,资本市场发展亮点纷呈,连创佳绩。7月22日,正值科创板开市两周年,瑞可达(688800.SH)在上交所科创板成功上市,标志着苏州地区上市企业数量突破200家(含境外上市企业),为资本市场苏州板块的发展添上了浓墨重彩的一笔。9月2日,北京证券交易所官宣设立,着力打造服务创新型中小企业主阵地,将为更多的中小企业开辟新的上市通道,苏州提前谋划、抢抓机遇,推动中小企业主动对接,当年实现4家企业登陆北交所。在此背景下,苏州当年新增上市企业35家[①],其中科创板18家,凸显了新阶段以科创属性为特色的苏州板块。

表1-1 苏州企业上市时间及所属板块分布

单位:家

年 份	主 板	中小板[②]	创业板	科创板	合 计
1994	1				**1**
1996	1				**1**
1997	3				**3**
1999	1				**1**
2000	1				**1**
2003	3				**3**[注1]
2006		6			**6**
2007		4			**4**
2008		4			**4**

---

① 其中包括苏轴股份(430418.BJ)、旭杰科技(836149.BJ)、同享科技(839167.BJ)等3家,于2020年7月27日在新三板精选层挂牌,2021年11月15日平移至北交所,下同。

② 深市主板和中小板已于2021年4月6日正式合并,2020年之前仍按合并前的口径进行统计分析。

续 表

年 份	主 板	中小板	创业板	科创板	合 计
2009		2	1		**3**
2010		13	2		**15**[注2]
2011	3	4	8		**15**
2012	2	1	5		**8**
2014	3	—	3		**6**
2015	3	1	2		**6**
2016	7	2	4		**13**
2017	8	1	5		**14**
2018	1	—	1		**2**
2019	2	3	2	6	**13**
2020	4	2	5	14	**25**

年 份	主 板	创业板	科创板	北 证	合 计
2021	4	9	18	4	35
合 计[注3]	**86**	**47**	**38**	**4**	**175**

[注1]：包括 2003 年 6 月 27 日首发上市的华芳纺织（600273.SH）；
[注2]：不包括 2010 年 7 月 16 日首发上市的康得新（002450.SZ）；
[注3]：截至 2021 年 12 月 31 日，苏州地区上市企业实际数量与板块分布情况。

纵观苏州上市公司的时间发展序列，我们发现苏州上市公司主要集中在 2006 年以后在沪深交易所挂牌上市。2000 年以前，苏州地区累计仅有 6 家上市公司；2000—2009 年，累计共有 21 家企业上市，上市数量实现稳步增长；从 2010 年以来，尤其是 2010 年和 2011 年，每年均有 15 家企业成功登陆 A 股市场，两年合计达 30 家，超过了过去十年间的上市总数。最近几年，除了新推中小板和创业板市场外，2011 年对苏州大举进入资本市场来说也是标志性的一年，继 2003 年 11 月 27 日江南高纤（600527.SH）登陆上海证券交易所后，时隔八年之久，苏州又有东吴证券（601555.SH）、风范股份（601700.SH）和鹿港科技（601599.SH）[①]等三家公司在上海证券交易所成功上市。2012 年下半年起，新股 IPO 暂停，上市公司数量明显回落，2013 年苏州地区未有新增上市公司，经过一年多的空窗期后，2014 年年初 IPO 重新启动。此后，苏州地区新增上市公司数量总体保持稳步增长，2014 年和 2015 年每年均新增 6 家，其中半数企业选择在沪市主板市场挂牌。2016 年，证监会充分发挥资本市场服务实体

---

① 鹿港科技于 2021 年 3 月 19 日完成工商变更，由张家港迁至杭州，并更名为浙文影业。

经济、助力供给侧结构性改革功能,IPO数量和融资额均创阶段性高点。受益于此,苏州地区当年共有13家企业成功挂牌上市,且有7家企业选择主板挂牌上市。2017年苏州地区企业加快进军资本市场的步伐,仅1月份就有常熟汽饰(603035.SH)和张家港行(002839.SZ)等4家企业成功上市,且上市板块覆盖主板、中小板以及创业板,为新的一年塑造完美开局。2017年10月16日,随着聚灿光电(300708.SZ)在深交所隆重鸣锣上市,苏州境内上市公司达到了100家,成为全国第五个进入"百家时代"的城市。2018年,国内A股IPO上市节奏有所放缓,苏州地区当年新增上市企业仅有2家[①]。2019年,上海证券交易所科创板正式开板并落地,给苏州企业的资本市场之路带来了战略发展期,苏州企业抢抓机遇,年内共有6家企业成功登陆科创板。2020年,苏州企业在科创领域继续保持强劲发展势头,年内共有14家企业在科创板成功上市,上市数量位列全国前列。此外,在主板、中小板和创业板方面,苏州企业也均有斩获,2020年各板块累计新增上市公司25家。

2021年,苏州在资本市场继续"加速跑"。北交所的设立为地区中小企业提供了新的上市渠道,科创板申报及上市形势喜人,企业上市数量持续保持良好发展态势,当年新增企业上市数量续创历史新高。截至2021年12月31日,苏州地区共有86家主板企业、47家创业板企业、38家科创板企业以及4家北交所上市企业,地区合计上市公司总数为175家[②]。

二、苏州上市公司的地位分析

(一)在全国的地位

截至2021年年底,全国共有A股上市公司4 685家,合计总市值为990 347.41亿元,苏州共有上市公司175家,合计总市值为18 338.00亿元,苏州上市公司数量和总市值国内占比分别为3.74%和1.85%。苏州上市公司的总市值占比明显低于数量占比,反映出苏州地区上市公司个体平均规模相对较小的特征。数据表明,2021年年底苏州地区上市公司平均市值为104.79亿元,仅相当于全国上市公司平均市值的49.57%。

表1-2 上市公司数据统计表(截至2021年12月31日)

地 区	上市公司数量(家)	数量占比	上市公司市值(亿元)	市值占比	平均市值(亿元)
全 国	4 685	—	990 347.41	—	211.39
苏 州	175	3.74%	18 338.00	1.85%	104.79

与国内直辖市相比,苏州上市公司数量明显少于北京(425家)和上海(386家),但显著多于天津(63家)和重庆(62家)等地区,上市公司总市值方面也存在同样的特点,即苏州地区上市公司总市值远低于北京和上海,但明显高于天津和重庆。与国内计划单列市相比,苏州上市公司的数量仅少于深圳(372家),而显著多于青岛、大连和厦门等城市,上市公司的

---

① 不包括博信股份(600083.SH),其于2018年7月27日发布公告,公司住所由广东省清远市变更为江苏省苏州市。

② 如无特殊说明,本报告仅统计全国及各地区在A股上市企业的数量,在国内其他市场和境外上市的企业并未纳入。

总市值也存在类似特点。与东部沿海省会城市相比,苏州上市公司的数量略少于杭州(200家),明显多于广州(131家),且明显领先于济南和福州等地区;上市公司的总市值方面,苏州地区上市公司的总市值仅相当于杭州地区的53.56%和广州地区的76.79%,但明显超过福州和济南等地区。

总体来看,苏州地区上市公司的数量和市值在国内各城市中处于较为领先的位置(表1-3),已迈入"一线城市"行列。我们认为,这一方面与苏州地方经济的强劲发展紧密相关,苏州早在2011年已跨入"万亿GDP城市",2020年历史性迈上2万亿元新台阶后,2021年地区生产总值继续增至2.27万亿元,位居江苏省内首位、全国主要城市第六位;另一方面,与苏州地方政府对资本市场的高度重视和大力支持密不可分,近年苏州先后出台多项政策法规和创新举措,支持地方企业借力资本市场做大做强。借助资本市场力量,苏州企业在创新发展、转型升级的道路上可谓"如虎添翼",上市公司数量持续增长,行业结构逐步优化,资本市场服务地方实体经济转型升级的作用愈加显现。

表1-3 国内部分城市上市公司数据统计表(截至2021年12月31日)

地 区		上市公司数量(家)	上市公司市值(亿元)
直辖市	北京市	425	200 995.37
	上海市	386	89 915.90
	天津市	63	13 754.51
	重庆市	62	11 761.84
计划单列市	大连市	30	4 915.07
	青岛市	57	9 044.38
	宁波市	107	14 692.38
	厦门市	61	7 075.03
	深圳市	372	103 220.46
省会城市	济南市	42	6 300.11
	南京市	105	15 681.86
	杭州市	200	34 236.44
	福州市	49	9 661.34
	广州市	131	23 880.57

在上市公司数量方面,近几年苏州地区新增上市公司数量呈现明显加速的趋势(图1-1)。2021年新增A股IPO企业35家,上市公司总数同比增长21.53%,继续呈现强势增长势头;

过去五年(2017—2021年)复合增长率为14.22%,领先于全国A股同期9.09%的年复合增长率水平。在总市值方面,苏州地区上市公司总市值连续多年保持逐年增长、总体呈现稳中有升的良好趋势,其中2014年和2015年的同比增长率分别为67.73%和92.94%。2016年年底苏州地区上市公司总市值首次突破9 000亿元,2017年继续增长2.90%至9 284.49亿元,2018年由于市场总体下行导致市值缩水。2019年以来,随着市场回暖,苏州地区上市公司总市值持续攀升,并在2020年首度突破万亿大关,接近1.28万亿元,同比增长48.26%;2021年继续呈现快速增长的势头,总市值达1.83万亿元,同比增长43.71%。过去五年上市公司总市值年复合增长率为15.24%,略高于全国A股同期12.22%的年复合增长率水平。

图1-1 苏州地区上市公司数量和总市值趋势图

从上市公司数量和总市值国内占比来看(图1-2),总体呈现逐年上升的趋势。2012年苏州地区上市公司数量全国占比为2.64%,2014年和2015年均维持在2.74%,2016年提升至2.97%,2017年和2018年均为3.00%,2019年首次突破3%,并保持持续增长态势,2021年攀升至3.74%,为过去十年最高水平;过去五年,苏州地区上市公司数量占国内上市公司总量比例的平均值为3.28%。在市值占比方面,2013年起苏州地区上市公司总市值国内占比开始超过1%,且一直维持在较高比例,2016年升至1.62%,达到近几年新高,2017年略有回落后,2018年重拾升势提高至1.49%,2021年为1.85%,为过去十年最高水平;过去五年,苏州地区上市公司总市值占国内上市公司总市值比例的平均值为1.52%。

上市公司现金分红是资本市场的一项基础性制度,长期以来我国上市公司现金分红主要集中于少数优质公司,且存在分红的连续性和稳定性不足等问题。2006年以来,监管层鼓励上市公司积极分红,并表态会对长期不分红的"铁公鸡"上市公司采取硬措施,在此背景下,本报告统计了国内部分城市上市公司2021年年报披露的现金分红情况。

数据统计结果表明,国内A股超六成上市公司披露了现金分红情况,分红比例较往年有了质的提升。具体来看,苏州地区共有124家上市公司披露了现金分红情况,占该地区全部上市公司的70.86%。在国内直辖市、计划单列市和部分东部沿海省会城市中,宁波地区上

图1-2 苏州地区上市公司数量和总市值国内占比情况

市公司的现金分红比例继续保持最高水平,为82.24%,青岛、杭州、厦门和广州地区次之,均超过70%;济南、深圳、天津、重庆和南京等地区上市公司中实施现金分红的比例超过60%,而大连等地上市公司的现金分红比例相对较低(见图1-3)。

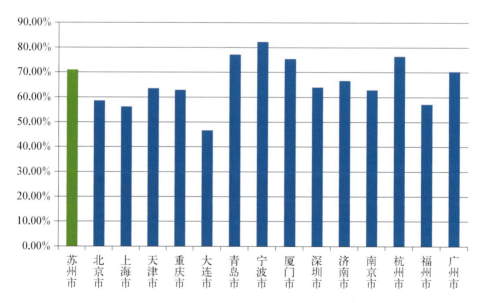

图1-3 国内部分城市上市公司2021年度现金分红比例统计

(二)在江苏省内的地位

截至2021年年底,江苏省内共有A股上市公司570家,合计总市值为75 793.21亿元,全省上市公司数量和总市值占国内的比重分别为12.17%和7.65%,同期苏州地区上市公司数量和总市值在江苏省内占比分别为30.70%和24.19%(见表1-4)。数据表明,2021年年底苏州地区上市公司平均市值不仅显著低于全国上市公司的均值水平,也只相当于江苏省全部上市公司平均市值的78.81%。

表 1-4 上市公司数据统计表(截至 2021 年 12 月 31 日)

地 区	上市公司数量(家)	数量占比	上市公司市值(亿元)	市值占比	平均市值(亿元)
全 国	4 685	—	990 347.41		211.39
江 苏（国内占比）	570	12.17%	75 793.21	7.65%	132.97
苏 州（省内占比）	175	30.70%	18 338.00	24.19%	104.79

从苏州地区上市公司数量在江苏省内的占比来看(图 1-4),该比例总体较为稳定,2012年起连续多年维持在 28% 以上,其中 2016 年上升至 28.48%,之后 2017 年和 2018 年分别回落至 27.37% 和 26.75%,此后转为上升趋势,逐年提高,2021 年提升至 30.70%,为过去十年最高水平;过去五年,苏州地区上市公司数量在江苏省内占比的平均值为 28.62%。从苏州地区上市公司总市值在江苏省内的占比来看,2012 年以来该比例呈现稳中有升的良好发展势头,其中 2015 年占比为 24.03%,达阶段性高点,随后略有回落,2018 年该比例为 22.87%,2019 年继续回落至 20.14%,2021 年明显提升至 24.19%,为最近十年最高水平;过去五年,苏州地区上市公司总市值在江苏省内占比的平均值为 22.19%。

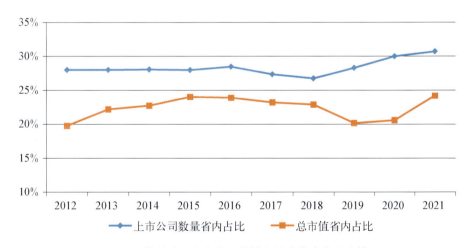

图 1-4 苏州地区上市公司数量和总市值省内占比情况

从江苏省历年新增上市公司数量和具体分布地区来看(表 1-5),存在明显的年份不均衡和区域不平衡的特征。

从时间轴来看,2007—2021 年期间江苏省新增上市公司总数为 491[①] 家,其中 2010 年、2011 年、2016 年、2017 年、2020 年和 2021 年,新增上市公司数量明显较多,分别为 40 家、46 家、41 家、65 家、60 家和 92 家,这六年合计占比达 70.06%。除 2013 年因 IPO 政策调控以

---

① 包括 2020 年曾在新三板精选层挂牌,并在 2021 年平移至北交所的 6 家上市公司。

外,近十年全省每年新增上市公司数量均超过20家。受益于注册制的逐步推广以及北交所的设立开市,企业登陆资本市场更为便捷,全省近两年分别新增上市公司60家和92家,处于较高水平。

从地区分布来看,截至2021年年底,省内各地级市均有一定数量的企业成功登陆A股市场(见表1-5和图1-5)。统计数据表明,苏州曾在2007—2016年连续十年每年新增上市公司数量位列江苏省内第一位,其中2008年新增数量占全省新增数量的50%,2009—2012年以及2016年当年新增数量省内占比均超过30%。2019年以来,苏州当年新增上市公司数量继续位居省内首位,新增数量省内占比约40%。其中,2021年苏州新增上市公司35家,新增数量省内占比为38%,远高于其他地区。2007年以来,苏州累计新增上市公司164家,遥遥领先于位列第二、第三位的无锡(累计新增88家)和南京地区(累计新增78家)。此外,常州和南通地区的累计新增数量分别为51家和40家,而同期其余各地区累计新增数量相对较少。

表1-5 江苏省历年新增上市公司地区分布情况

单位:家

年份	苏州	南京	无锡	常州	南通	连云港	泰州	宿迁	徐州	盐城	扬州	镇江	淮安	合计
2007	4	4			2	1						1		12
2008	4				1				1			2		8
2009	3	1	1	1	1			1		1				9
2010	15	2	7	3	7		1		2	2	1			40
2011	15	5	7	8	5		1	2			1	1	1	46
2012	8	4	5	1		2	1		1					22
2014	6	4	4	2	2	1					1		1	21
2015	6	4	3	3	2		1		3			1		23
2016	13	6	13	3	4						1	1		41
2017	14	18	15	11	1		1		1		2	2		65
2018	3	7	5	1	1					1	2	1		21
2019	13	5	3	3	3	1	2	1				1		31
2020	25	7	12	6	2		1	2			2	2	1	60
2021	35	11	13	9	10	2	4	2	1	0	1	4	0	92
合计[注1]	164	78	88	51	40	7	12	8	10	4	11	15	3	491

[注1]:此处的合计数为2007—2021年年底各地区的新增上市公司总数。

第一章 苏州上市公司概况

图 1-5　苏州上市公司新增数量与省内占比

截至2021年年底,如表1-6所示,苏州上市公司总数占江苏省内总数的比重为30.70%,位列第一位;南京和无锡以18.42%和18.07%分列第二、第三位;省内其余各市的数量占比均未超过10%。在上市公司总市值方面,苏州上市公司总市值在江苏省内占比为24.19%,略高于无锡的20.81%和南京的20.69%,领先优势并不明显,主要由于苏州上市公司以民营企业为主,国有企业体量较小,缺少大市值龙头企业,市场活跃度不高。

表 1-6　江苏省上市公司数量和总市值区域统计表

	上市公司家数	占比	总市值(亿元)	占比
苏　州	175	30.70%	18 338.00	24.19%
南　京	105	18.42%	15 681.86	20.69%
无　锡	103	18.07%	15 773.15	20.81%
常　州	56	9.82%	7 159.59	9.45%
南　通	45	7.89%	4 900.25	6.47%
连云港	9	1.58%	3 954.76	5.22%
泰　州	15	2.63%	777.17	1.03%
宿　迁	8	1.40%	3 377.48	4.46%
徐　州	11	1.93%	1 029.81	1.36%
盐　城	5	0.88%	211.65	0.28%

续 表

	上市公司家数	占 比	总市值(亿元)	占 比
扬 州	16	2.81%	1 564.97	2.06%
镇 江	19	3.33%	2 125.89	2.80%
淮 安	3	0.53%	898.64	1.19%
合 计	570	100.00%	75 793.21	100.00%

数据统计表明,2021年年底江苏省上市公司总市值前20名中(图1-6),苏州、南京、无锡和常州各占4席,南通、连云港、淮安和宿迁均有1家入围。总市值前10名中,苏州仅有东方盛虹(000301.SZ)1家,位列第10位,总市值为935.07亿元。另有科沃斯(603486.SH)、迈为股份(300751.SZ)、思瑞浦(688536.SH),总市值分别为863.47亿元、694.13亿元、616.21亿元,分列省内第12位、第15位和第18位。

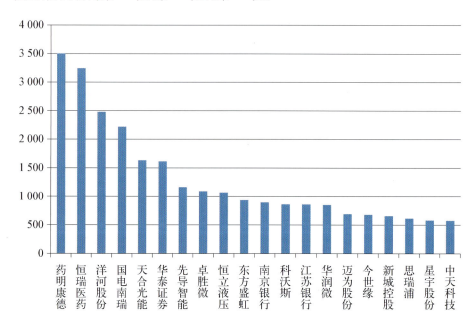

图 1-6 2021年年底江苏省内上市公司市值前20位

无锡的药明康德(603259.SH)以3 504.87亿元的总市值水平位居省内首位。此外,该地区的上市公司先导智能(300450.SZ)和卓胜微(300782.SZ),总市值分别为1 162.99亿元和1 090.08亿元,分列省内第7位和第8位。

南京市值最大的上市公司为国电南瑞(600406.SH),总市值2 219.84亿元,位列省内第4位。此外,华泰证券(601688.SH)、南京银行(601009.SH)和江苏银行(600919.SH)分列第6位、第11位和第13位。

连云港共有9家上市公司,数量占比仅为1.58%,但其总市值占比为5.22%,位列省内第6位,这主要得益于区域内的上市公司恒瑞医药(600276.SH)2021年年底市值为3 243.42

亿元,位列省内第 2 位。

统计数据还表明,仅有 8 家上市公司的宿迁,其上市公司总市值占比为 4.46%,明显超过拥有多家上市公司的镇江(19 家)、扬州(16 家)、泰州(15 家)以及徐州(11 家),主要归因于区域内的上市公司洋河股份(002304.SZ)2021 年年底的总市值为 2 482.46 亿元,位列省内第 3 位。

第二节　苏州上市公司的区域结构

目前,苏州市共辖 5 个市辖区[姑苏区、苏州高新区(虎丘区)、吴中区、相城区、吴江区],1 个县级行政管理区(苏州工业园区)以及 4 个县级市[1](常熟市、张家港市、昆山市、太仓市)。截至 2021 年年底,苏州上市公司在各区域的分布情况如表 1-7 所示。

表 1-7　苏州上市公司数量和总市值分区域统计表

	上市公司数(家)	占比	总市值(亿元)	占比	平均市值(亿元)
苏州市区	109	62.29%	12 770.94	69.64%	117.16
张家港市	26	14.86%	2 038.77	11.12%	78.41
常熟市	11	6.29%	829.32	4.52%	75.39
昆山市	25	14.29%	2 040.77	11.13%	81.63
太仓市	4	2.29%	658.19	3.59%	164.55
合　计	175	100.00%	18 338.00	100.00%	104.79

[注]：苏州市区是指除 4 个县级市以外的区域,主要包括姑苏、苏州高新区(虎丘区)、吴中区、相城区、吴江区以及苏州工业园区。

统计数据表明(图 1-7),截至 2021 年年底苏州地区共有 175 家上市公司,主要集中在苏州市区的共有 109 家,占比高达 62.29%;其次为张家港市和昆山市,各有 26 家和 25 家,分别占比 14.86% 和 14.29%;常熟市有 11 家,上市企业数量占比为 6% 左右;太仓上市公司数量最少,仅有 4 家,数量占比不足 3%。

此外,在 2021 年度苏州地区新增 35 家上市公司中,有 23 家属苏州市区,占比超六成;张家港市和昆山市分别有 7 家和 4 家。

从市值分布来看(图 1-8),苏州市区 109 家上市公司 2021 年年末合计总市值为 12 770.94 亿元,占比 69.64%,市值占比较 2020 年年底继续略有提升;单个上市公司的平均市值为 117.16 亿元,高出苏州地区上市公司的整体平均市值水平约 12 个百分点,这主要得益于区域内拥有东方盛虹(000301.SZ)、科沃斯(603486.SH)、迈为股份(300751.SZ)和思瑞浦(688536.SH)

---

[1] 苏州原有五个县级市,即常熟市、张家港市、昆山市、太仓市和吴江市,其中吴江市在 2012 年 9 月 1 日,经国务院批准,撤销县级吴江市,设立苏州市吴江区。

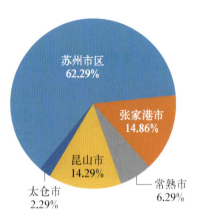
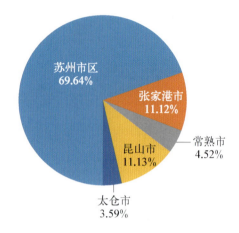

图 1-7　苏州上市公司各区域分布情况　　图 1-8　苏州上市公司各区域市值占比

等市值超过 600 亿元的上市公司。此外,在 2021 年年末苏州上市公司市值前 20 位中(图 1-9),苏州市区的上市公司占有 14 席,且前 9 名均为苏州市区的上市企业。昆山市上市公司的合计市值为 2 040.77 亿元,占比 11.13%,位列第 2 位,继续位居前列;单个上市公司的平均市值为 81.63 亿元,相当于苏州上市公司平均水平的 78%,区域内上市公司沪电股份(002463.SZ)、中信博(688408.SH)和龙腾光电(688055.SH)的市值分别位居苏州上市公司市值第 12 位、第 15 位和第 16 位。张家港市的 26 家上市公司合计市值为 2 038.77 亿元,占比为 11.12%,继续位列第 3 位,但与昆山市的差距明显缩小;区域内最大市值上市公司蔚蓝锂芯(002245.SZ)位列苏州上市公司市值第 13 位,区域内上市公司平均市值为 78.41 亿元,相当于苏州上市公司平均水平的 75%。同期,常熟市和太仓市的上市公司市值占比分别为 4.52% 和 3.59%,占比明显偏低。太仓市上市公司天顺风能(002531.SZ)总市值 349.51 亿

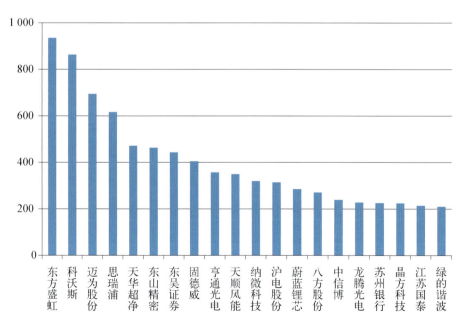

图 1-9　2021 年年底苏州市上市公司市值前 20 位　　单位:亿元

元,位列苏州上市公司市值第 10 位。受益于此,太仓市单个上市公司平均市值为 164.55 亿元,明显高于苏州上市公司均值水平。

为了具体分析苏州市区内上市公司的分布情况,我们将区域内 109 家上市公司按注册地再次分类统计。

根据表 1-8 的数据表明,苏州工业园区有 36 家上市公司,数量占比为 33.03%,市值占比为 34.78%,上市公司数量和市值占比均位列首位,且领先优势显著;单个上市公司的平均市值为 123.38 亿元,显著高于区域内的均值水平。

表 1-8　苏州市区上市公司数量和总市值统计表

	上市公司数量(家)	占比	总市值(亿元)	占比	平均市值(亿元)
工业园区	36	33.03%	4 441.61	34.78%	123.38
高新区	20	18.35%	1 581.04	12.38%	79.05
相城区	14	12.84%	707.56	5.54%	50.54
吴中区	16	14.68%	2 757.53	21.59%	172.35
吴江区	22	20.18%	3 270.04	25.61%	148.64
姑苏区	1	0.92%	13.16	0.10%	13.16
合　计	109	100.00%	12 770.94	100.00%	117.16

吴江区有 22 家上市公司,数量占比为 20.18%,市值占比为 25.61%,上市公司数量和市值占比均位列第二位。上市公司平均市值为 148.64 亿元,明显超过苏州市区上市公司均值水平,区域内的东方盛虹(000301.SZ)和迈为股份(300751.SZ)位列苏州市区上市公司市值的第一位和第三位。

高新区有 20 家上市公司,数量占比和市值占比分别为 18.35%和 12.38%,分列第三位和第四位;上市公司平均市值为 79.05 亿元,只有苏州市区上市公司均值水平的 67%,仅好于相城区和姑苏区。

吴中区有 16 家上市公司,数量占比 14.68%,市值占比 21.59%,分列第四位和第三位,上市公司平均市值为 172.35 亿元,位居榜首。区域内科沃斯(603486.SH)和东山精密(002384.SZ)市值分别为 863.47 亿元和 463.37 亿元,位居苏州地区上市公司市值第二位和第六位。

此外,相城区有 14 家上市公司,总体市值偏小,上市公司平均市值 50.54 亿元,仅为苏州市区上市公司均值水平的 43%。

第三节　苏州上市公司的市场结构

目前,苏州地区上市公司登陆国内 A 股市场,主要有上海证券交易所、深圳证券交易所和北京证券交易所三大场所,具体包括主板市场、创业板市场和科创板市场等。

在主板市场方面,2003年及以前苏州已累计有10家企业在沪深两市主板上市,之后连续多年苏州企业在主板市场上未有收获,直至2011年、2012年、2014年和2015年苏州地区先后有3家、2家、3家和3家企业成功登陆主板市场。2016年以来,随着常熟银行(601128.SH)和吴江银行(603323.SH)等一批农商行成功上市,苏州地区在主板市场成功挂牌的企业数量迎来高峰,继2016年有7家企业先后登陆主板市场后,2017年又有科森科技(603626.SH)和春秋电子(603890.SH)等8家企业在沪市主板顺利挂牌,主板上市企业数量再创年度新高。2021年4月,原深交所的中小板市场正式合并至主板市场。据此,截至2021年年底,苏州地区主板上市公司共有86家,占地区上市公司总量的49.14%(表1-9和图1-10)。

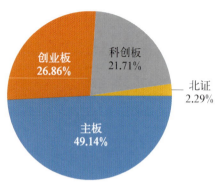

图1-10 苏州上市公司各板块分布情况

表1-9 苏州上市公司数量和总市值分板块统计表

	上市公司数量(家)	占 比	总市值(亿元)	占 比	平均市值(亿元)
主 板	86	49.14%	9 753.71	53.19%	113.42
创业板	47	26.86%	4 059.38	22.14%	86.37
科创板	38	21.71%	4 467.99	24.36%	117.58
北 证	4	2.29%	56.91	0.31%	14.23
合 计	175	100.00%	18 338.00	100.00%	104.79

创业板虽然2009年才正式开板,但苏州企业抓住有利发展时机,开板以来每年都有企业在创业板挂牌上市,2011年更是当年就有8家企业成功登陆创业板。截至2021年年底,苏州地区共有47家创业板上市公司,占比26.86%。

2019年6月13日,上海科创板正式开板,给苏州地区企业带来战略发展机遇,同年7月22日首批挂牌上市企业中,苏州地区占有3席,当年累计共有6家企业成功上市科创板。2020年科创板成员再添14家苏州企业,且项目储备依然充足。2021年苏州科创板继续发力,18家科创板企业登陆资本市场,占当年新增上市公司总量的51.43%;累计科创板上市公司38家,数量仅次于上海、北京,位列全国第三。科创板的快速发展势头,使得以往苏州地区挂牌企业在主板、中小板和创业板三足鼎立的格局不复存在。

2021年11月15日,北京证券交易所鸣锣开市,为苏州中小企业登陆资本市场提供了新的渠道,当日全国首批优质中小企业集中上市,苏州占据其中4席。截至2021年年底,北交所共有4家苏州企业,数量仅次于北京市。

第一章 苏州上市公司概况

从市值分布来看(图1-11),2021年苏州地区主板上市企业总市值为9 753.71亿元,占比53.19%,单个上市公司的平均市值为113.42亿元,略高于整体均值水平。创业板上市企业总市值为4 059.38亿元,占比22.14%,市值占比低于数量占比,源于单个企业平均市值86.37亿元,约为苏州地区全部上市公司平均市值的八成。科创板上市企业合计市值4 467.99亿元,市值占比24.36%,单个企业平均市值117.58亿元,明显高于苏州地区均值水平。北交所上市企业合计总市值56.91亿元,单个企业平均市值仅为14.23亿元,这与北交所坚持服务创新型中小企业的市场定位相吻合。

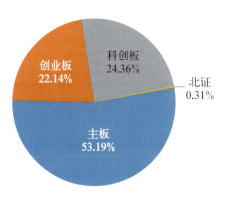

图1-11 苏州上市公司各板块市值占比

第四节 苏州上市公司的行业结构

苏州上市公司的行业分布较为广泛,主要集中在材料类、工业类、信息技术和可选消费类[①](表1-10),分别有24家、64家、50家和17家,数量占比分别为13.71%、36.57%、28.57%和9.71%(图1-12),合计占比88.57%;市值占比分别为13.63%、28.48%、34.78%和9.62%,合计占比86.51%(图1-13),即这四类行业上市公司的数量和市值合计占比均接近九成,这也与苏州作为制造业大市的基础优势紧密相关。在其他行业方面,医疗保健有8家,金融有5家,能源、房地产和日常消费均有2家,公用事业有1家。

表1-10 苏州上市公司数量和总市值分行业统计表

行　业	上市公司数量（家）	占　比	总市值（亿元）	占　比	平均市值（亿元）
材　料	24	13.71%	2 499.96	13.63%	104.17
工　业	64	36.57%	5 222.70	28.48%	81.60
信息技术	50	28.57%	6 377.56	34.78%	127.55
能　源	2	1.14%	251.44	1.37%	125.72
可选消费	17	9.71%	1 764.81	9.62%	103.81
金　融	5	2.86%	1 042.45	5.68%	208.49
房地产	2	1.14%	188.49	1.03%	94.25
公用事业	1	0.57%	9.58	0.05%	9.58

① 本文采用的分类标准为Wind行业分类法。

续　表

行　业	上市公司数量（家）	占　比	总市值（亿元）	占　比	平均市值（亿元）
医疗保健	8	4.57%	800.03	4.36%	100.00
日常消费	2	1.14%	180.97	0.99%	90.49
合　计	175	100%	18 338.00	100%	104.79

从平均市值来看，拥有 5 家企业的金融行业最高，为 208.49 亿元，遥遥领先于其他行业；其次为信息技术和能源行业，平均市值分别为 127.55 亿元和 125.72 亿元。此外，材料、可选消费和医疗保健行业的平均市值也超 100 亿元，与苏州地区上市公司的均值水平较为接近。数量占比较大的工业行业的平均市值为 81.60 亿元，明显低于苏州地区上市公司的平均市值。

值得一提的是，苏州上市公司的快速增长是伴随着当地结构调整和转型升级进行的，苏州战略性新兴产业上市公司的比重不断上升。早在 2010 年，苏州市政府就发布了《新兴产业倍增发展计划（2010—2012）》，明确苏州市新兴产业将瞄准"跨越发展，三年翻番"的目标，大力发展新能源、新材料和节能环保等八大战略性新兴产业，该计划目标在 2011 年年末就已基本实现。

近年来，苏州产业质态优化提升，高新技术产业增长迅猛，对经济发展起到重要引领作用。2021 年，苏州高技术制造业产值 1.41 万亿元，比上年增长 11.9%，占规模以上工业总产值的比重达 34.0%；高技术服务业营业收入比上年增长 23.0%，占规模以上服务业营业收入的比重达 35.3%。

2022 年年初，苏州市委发文《关于苏州市推进数字经济时代产业创新集群发展的指导意见》，未来将重点聚焦电子信息、装备制造、生物医药、先进材料四大主导产业，高水平构建一批具有苏州特色的产业创新集群，为"强富美高"新苏州现代化建设提供有力支撑。

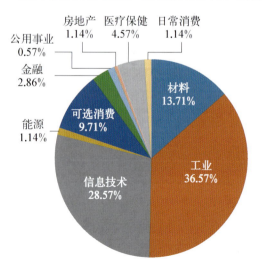

图 1-12　苏州上市公司各行业分布情况

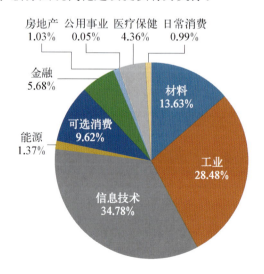

图 1-13　苏州上市公司各行业市值占比

本 章 小 结

本章主要分析了苏州上市公司的发展历程,并从上市企业的区域结构、市场结构和行业结构等角度做出详细阐述。总体来看,最近几年苏州上市公司的数量和总市值在江苏省内以及全国占比呈现明显的良好发展势头,在国内主要城市处于领先位置。从区域结构来看,苏州上市公司主要集中在苏州市区,其他几个县级市相对较少;从市场结构来看,苏州上市企业涵盖上海、深圳和北京三大证券交易所,科创板强劲发展,主板和创业板亮点纷呈;从行业结构来看,苏州上市公司的行业分布较为广泛,且主要集中在材料类、工业类、信息技术和可选消费类。

第二章

苏州上市公司市场绩效分析

2021年,中国资本市场走过而立之年。11月15日北交所顺利开市,精选层71家公司平移至北交所,10家新上市公司,北交所成为服务创新型中小企业的主阵地,使我国多层次资本市场体系更加完善,为专精特新企业提供了广阔的融资平台。与沪深交易所形成了互补,北交所突出服务更早阶段、更小规模、更新发展的中小企业,体现错位发展,提升市场活力,促进科技创新。2021年,中国电信和中国移动也加快了回归A股的步伐。三大运营商从美股退市,完成了A+H的上市目标,也创下了近10年来A股最大的IPO募资额。

苏州经济的快速发展同样离不开资本市场的资金支持和引导。截至2021年年底,苏州市全年新增境内外上市公司42家,其中境内A股上市公司35家。苏州市共有境内A股上市公司175家,数量位居全国第五。新增科创板上市公司18家,累计38家,居全国第三。北交所上市企业4家,位居全国第二。全国首批、江苏省首个公募REITs成功上市。2021年年末全市证券机构托管市值总额1.3万亿元,各类证券交易额8.46万亿元。[①]

回顾五年来的发展,资本市场与苏州经济的关联作用也越发明显。同时,资本市场助推产业转型升级的作用不可小觑。高科技企业、先导产业、制造业企业、民营企业等得到了来自资本市场的有力支持。特别是在科创板和新设立的北交所,不仅使苏州企业有了资本市场的源头活水,而且企业的创新研发也有了资金的保障。资本成为促进实体经济发展的重要助推器。

提升直接融资比重是我国融资结构调整的方向,为了促进科技创新发展的需要,加快资本市场各项改革,体现了我国对A股市场的重视程度,对于我国经济结构加速调整,吸引内外资继续加大对A股市场的配置具有重要的意义。股票市场将是未来我国发展的重点,多层次、多板块的股票市场将在保持国民经济健康发展;实现资源优化配置;推动经济结构、产业结构高质量、有效益的发展;完善法人治理结构,推动实施现代企业制度;健全现代金融体系等方面继续发挥重要的作用。

所谓上市公司的市场绩效,一般是指以市场结构为基础,与市场行为共同作用所产生的价格、数量等方面的最终经济成果,反映了在证券市场特定的市场结构和市场行为条件下市场运行的效率和资源配置的效率,体现了一个市场实现经济运行目标的程度。市场绩效本身是一个含有多元目标的价值判断。从短期来看,决定市场绩效的直接因素是市场行为,而制约市场行为的基本因素是市场结构。从长期来看,市场结构是变化的,且往往是市场行为变化的结果,市场绩效的变化也会直接使市场结构发生变化。

---

① http://tjj.suzhou.gov.cn/sztjj/tjgb/202204/7fdf5b27bbcc41d2aea634e7c3a9e19e.shtml 2021年苏州市国民经济和社会发展统计公报。

本章分析苏州上市公司的市场绩效,主要通过计算和分析苏州上市公司的股价指数来得到绩效分析的结果。本章共分四节,第一节是苏州率先指数及近年指数增长分析,苏州率先指数与沪深市场、直辖市、周边省份股指比较分析;第二节以行业为基础,分析苏州上市公司绩效表现;第三节以板块分析为基础,分析苏州上市公司绩效差异;第四节分析苏州上市公司市场绩效偏低的原因和提升策略,主要以深圳和杭州为参照,从经济发展面临的挑战和三个城市上市公司的比较分析入手,在提升苏州上市公司市场绩效的策略方面,主要借鉴深圳和杭州的优良做法,从强化企业创新主体地位、推动上市公司引领产业优化提升、加强制造业金融保障、重视并加快产业数字化步伐、积极推动优质企业多渠道上市等策略入手,提出提高我市上市公司市场绩效的主要路径。

第一节　苏州上市公司股票指数及市场绩效

在我国现有指数系列当中,区域指数主要包括中证区域指数、国证区域指数、万得地域指数等。这些指数对我国各省、自治区和直辖市的股票市场表现进行了对应的指数编制。苏州率先指数属于国证定制指数类,也是我国首支以城市命名并公开挂牌的股价指数。

一、苏州率先指数

苏州率先指数于 2013 年 12 月 12 日正式发布,其以 2011 年 12 月 30 日为基日,1 000 点为基点。苏州率先指数体现了苏州经济的快速发展,凸显了苏州在资本市场的独特优势。该指数的推出提升了苏州的城市品牌,扩大了其在国内资本市场甚至国际市场的影响力。

苏州率先指数精选了 30 家苏州 A 股上市公司,无论从市值、流动性,还是从财务基本面来看,这些样本具有稳定的业绩,代表了苏州的经济发展实力。苏州率先指数的样本股筛选,经过了三个阶段,首先是剔除 ST 股、新股、财报有重大问题或经营存在重大问题的股票;其次是按照流通市值与成交金额占市场比重 2∶1 加权计算综合排名;最后再根据东吴证券研究所对每一只股票给出的研究建议,确定 30 只股票作为指数样本股。

苏州率先指数选择以自由流通市值作为指数加权计算的标准,能够较为客观地展现出苏州经济整体结构。通过设置权重上限,使指数更具代表性与投资性,而且提升了更多中小型股票的影响力,使得指数更为客观与全面地反映苏州经济的发展情况。

该指数每半年会调整样本和权重,及时将基本面出现不良情况、市值下跌、流动性变差等隐含风险的标的剔除,并持续注入新鲜血液。

二、苏州率先指数的市场表现

从 2020 年 12 月 31 日到 2021 年 12 月 31 日,苏州率先指数从 2330.54 点上涨到 2614.94 点,上涨 284.39 点,涨幅 12.20%。①

从苏州率先指数年度趋势来看,2021 年上半年下跌之后平稳运行至年中,下半年呈现小幅上扬,全年指数涨幅较为明显。见图 2-1。

---

① 如无特别说明,本文数据均来源于 Wind 数据库。

第二章 苏州上市公司市场绩效分析

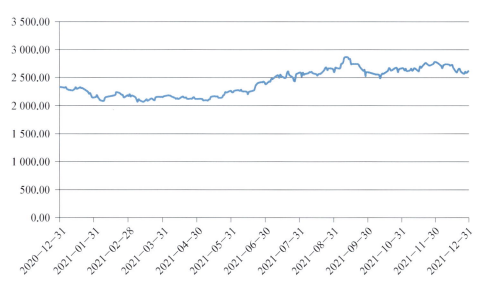

图 2-1 苏州率先指数 2021 走势图

苏州率先指数于 2013 年 12 月 12 日发布,本报告对比了 2017 年、2018 年、2019 年、2020 年和 2021 年的苏州率先指数,纵向了解该指数在近五年的表现。见图 2-2 所示。2017 年苏州率先指数波动幅度较前一年减小。2018 年则全年指数下行趋势明显,且跌幅达到 40% 以上。2019 年走出之前的下跌趋势,保持稳定增长状态,波动幅度减弱。2020 年全年保持震荡上升趋势,下半年走势较为平稳。2021 年基本呈现小幅上涨态势。

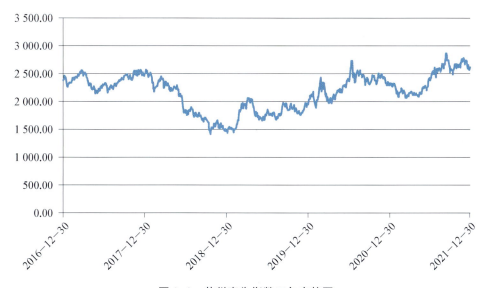

图 2-2 苏州率先指数五年走势图

从苏州率先指数可以推断,苏州样本股在 2021 年度的表现整体上超越了 2020 年。为了更清晰地了解苏州股票在整个市场以及各个区域类指数中的地位,下面将从两个方面分析苏州上市公司股票的相对市场绩效。

027

三、苏州率先指数与上证综指、深成指的比较分析

（一）2021年全球股指走势

如表2-1所示，从全球股市来看，2021年全球多数股指呈上涨趋势，法国CAC40上涨28.85%，在全球涨幅最高，标普500紧随其后，上涨26.89%，印度SENSEX30、纳斯达克指数上涨幅度均在20%以上。道琼斯工业指数、德国DAX、俄罗斯RTS、英国富时100和澳洲标普200指数涨幅在10%到20%之间。日经225涨幅4.91%，我国上证指数全年上涨4.80%，韩国综合指数涨幅为3.63%，深证成指涨幅2.67%。巴西IBOVESPA指数和恒生指数均下跌，跌幅分别为11.93%和13.81%。

表2-1 全球主要股指2021年涨跌情况

代 码	简 称	2021年收盘价（点）	2021年涨跌（点）	2021年涨跌幅（%）
FCHI.GI	法国CAC40	7153.03	1601.62	28.85
SPX.GI	标普500	4766.18	1010.11	26.89
SENSEX.GI	印度SENSEX30	58253.82	10502.49	21.99
IXIC.GI	纳斯达克指数	15644.97	2756.69	21.39
DJI.GI	道琼斯工业指数	36338.30	5731.82	18.73
GDAXI.GI	德国DAX	15884.86	2166.08	15.79
RTS.GI	俄罗斯RTS	1595.76	208.30	15.01
FTSE.GI	英国富时100	7384.54	924.02	14.30
AS51.GI	澳洲标普200	7444.64	857.55	13.02
N225.GI	日经225	28791.71	1347.54	4.91
000001.SH	上证指数	3639.78	166.71	4.80
KS11.GI	韩国综合指数	2977.65	104.18	3.63
399001.SZ	深证成指	14857.35	386.66	2.67
IBOVESPA.GI	巴西IBOVESPA指数	104822.40	−14194.80	−11.93
HSI.HI	恒生指数	23397.67	−3749.44	−13.81

（二）上证指数全年走势

2021年12月31日，上证指数收盘3639.78点，全年上涨166.71点，年涨幅为4.80%，在全球主要股市中表现靠后。

从图2-3可以看出,上证综指2017年股指相对平稳,略有上升。2018年则全年维持下行趋势,跌幅在25%左右。2019年股指企稳回升,全年上涨22.30%。2020年因为疫情的影响,前期股指下落,下半年股指上行,全年上涨13.87%。2021年股指小幅波动,全年涨幅较小,只有4.80%。

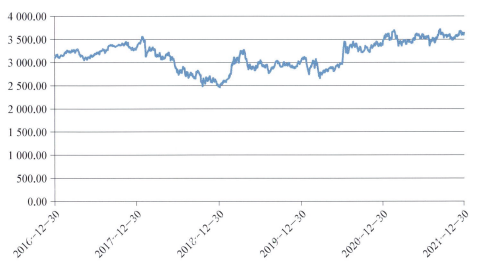

图2-3 上证指数五年走势图

(三)深证成指全年走势

深证成指2021年最后一个交易日的收盘点位为14857.35点,上涨386.66点,涨幅2.67%。创业板指数从2966.26点上涨到3322.67点,年涨幅为12.02%。指数涨幅相对较高。

如果从深证成指五年来的表现来分析,如图2-4所示,其走势与上证指数基本趋同,但2020年涨幅更加明显。

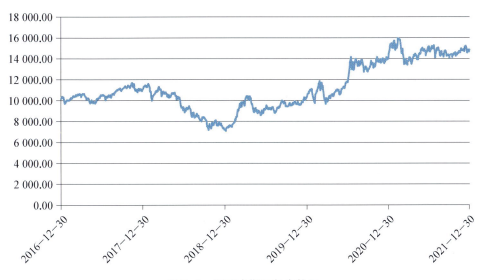

图2-4 深证成指五年走势图

（四）苏州率先指数与沪深市场指数的比较

结合上述沪深股市的分析，再加上沪深300指数在全年的表现作为对照比较，可以看出2021年沪深300指数年度表现最弱，下跌5.20%。创业板指上涨12.02%，苏州率先指数全年上涨12.20%，强于所有沪深市场重要指数。具体数据见表2-2。

表2-2 苏沪深股指2021年变动情况比较

指　　数	2020-12-31	2021-12-31	年涨跌幅（%）
上证指数	3473.07	3639.78	4.80
沪深300	5211.29	4940.37	−5.20
创业板指	2966.26	3322.67	12.02
深证成指	14470.68	14857.35	2.67
苏州率先	2330.54	2614.94	12.20

从表2-2其他板块市场表现来看，进入2021年，沪深市场都遇到了比较大的挑战，全年各主要指数表现不佳，特别是沪深300指数，表现最弱。创业板指数相对表现较好，涨幅和苏州率先指数持平。苏州率先指数涨幅领先，也表明苏州板块上市公司在2021年有较好的市场表现。

四、苏州率先指数与其他区域类指数比较分析

在大力发展直接融资的政策背景下，我国各省、自治区和直辖市都把发展资本市场作为金融领域拓展的重中之重，各地不仅竭力扩大上市公司数量，更为了加大资本市场的影响力、提升区域内上市公司质量、口碑和关注度而编制本地区的股价指数，大型城市包括北京、上海、天津、重庆、深圳等，其他还有浙江、江苏等省（区、市）都相继编制了本省的股价指数，但全国首个发布股价指数的地级市则是苏州。

（一）苏州率先指数与主要城市指数对比

本报告通过Wind软件了解到各个主要城市在2021年的指数表现。本部分首先选取北京、上海、天津、重庆四个直辖市和深圳作为主要比较的对象。苏州与上述五个城市2021年的股指表现见表2-3，涨幅顺序由小到大依次为深圳、北京、上海、重庆、苏州和天津。

表2-3 苏州率先与各主要城市股指比较

指　　数	2020-12-31	2021-12-31	年涨跌幅（%）
创新示范指数	11178.11	10469.85	−6.34
北京指数	4394.09	4595.81	4.59
上海指数	3972.15	4246.22	6.90

续 表

指　　数	2020-12-31	2021-12-31	年涨跌幅(%)
重庆指数	3705.50	3975.81	7.29
天津指数	3539.76	4814.50	36.01
苏州率先	2330.54	2614.94	12.20

从涨跌幅趋势看,六个城市的市场指数除了深圳创新示范指数外,均表现出上涨的趋势,北京、上海和重庆指数走势基本一致,整体涨幅较小;其后是苏州率先指数;天津指数全年涨幅最大,高达36.01%。

(二)苏州率先指数与周边省级指数对比

为了使指标更加具有可比性,我们又选取了江苏省、浙江省和山东省的股价指数,各指数在2021年表现如表2-4。苏州率先指数年度涨幅落后于浙江和山东指数,高于江苏指数。

表2-4　苏州率先与周边省级股指比较

指　　数	2020-12-31	2021-12-31	年涨跌幅(%)
山东指数	6499.23	7452.26	14.66
江苏指数	6437.96	6801.86	5.65
浙江指数	6714.09	7827.59	16.58
苏州率先	2330.54	2614.94	12.20

地方性股价指数作为当地经济的衡量指标,依托的是当地上市公司的业绩表现,苏州率先指数在2021年整体表现不是很突出。为了保证苏州率先指数能够有更优良表现,需要转换思路,支持优势公司向前发展,同时,还要向资本市场补充新鲜血液,使苏州经济在一个良性的轨道上稳步向前。

第二节　苏州上市公司市场绩效分行业分析

上市公司行业分类的标准较多,证监会、申万和万得等行业分类方法应用较为普遍,就2021年苏州175家A股上市公司分类结果来看,申万行业分类法比较理想。由于申万行业分类在2018年略有调整,所以数据和前几年有小幅变动。按照2021年申万行业一级分类统计结果显示,苏州机械设备类和电子类上市公司最多,各有34家,其次电力设备类15家,基础化工类12家,通信和医药生物各8家。建筑装饰7家,汽车6家,家用电器和计算机各5家,银行、社会服务、交通运输和纺织服饰各4家,轻工制造和建筑材料各3家,有色金属、食品饮料、石油石化、商贸零售、环保、国防军工、钢铁和房地产各2家,综合、公用事业和非银金融各1家。

一、2021 年苏州经济发展概况

据 2021 年苏州市国民经济和社会发展统计公报数据显示[①],初步核算,2021 年苏州全年实现地区生产总值 22 718.3 亿元,按可比价计算比上年增长 8.7%。其中,第一产业增加值 189.7 亿元,下降 0.8%;第二产业增加值 10 872.8 亿元,增长 9.5%;第三产业增加值 11 655.8 亿元,增长 8.1%,三次产业结构比例为 0.8∶47.9∶51.3。

全年实现一般公共预算收入 2 510.0 亿元,比上年增长 9.0%,其中税收收入 2 166.7 亿元,增长 8.1%,占一般公共预算收入的比重为 86.3%。一般公共预算支出 2 583.7 亿元,比上年增长 14.1%,其中城乡公共服务支出 2 046.8 亿元,占一般公共预算支出的比重达 79.2%,比上年提高 1.1 个百分点。

全市规模以上工业总产值突破 4 万亿元,达 41 308.1 亿元,比上年增长 17.2%。分行业看,计算机、通信和其他电子设备制造业,通用设备制造业,电力机械和器材制造业,黑色金属冶炼和压延加工业,汽车制造业,化学原料和化学制品制造业六大行业产值分别比上年增长 10.8%、22.7%、19.2%、26.3%、19.9% 和 28.5%。分规模看,大型企业产值 17 276.9 亿元,比上年增长 14.3%;中型企业产值 10 007.9 亿元,增长 20.1%;小微型企业产值 14 023.3 亿元,增长 18.8%。年产值规模超百亿元的企业数量达 38 家,比上年末增加 8 家。百强企业实现产值 14 035.2 亿元,增长 19.4%。从经济类型看,国有及国有控股企业产值 1 386.8 亿元,比上年增长 24.8%;民营企业产值 16 461.1 亿元,增长 19.0%;外商及港澳台企业产值 23 651.9 亿元,增长 15.5%。

全市制造业新兴产业实现产值 22 307.0 亿元,占规模以上工业总产值的比重达 54.0%。电子信息、装备制造、先进材料、生物医药四大创新产业集群产值比上年增长 17.1%,其中集成电路、高端装备制造、前沿新材料、创新药物产值分别增长 24.6%、15.5%、34.3% 和 20.5%。集成电路、电子元件、3D 打印设备、传感器、工业机器人等高技术产品产量分别比上年增长 38.4%、28.3%、68.5%、30.2% 和 44.8%。

二、苏州分行业指数

为了比较分析苏州上市公司各个行业的市场表现,我们以样本股市值的变化作为主要的考察对象,对苏州市机械设备类、电子类、电力设备类、基础化工类和通信类上市公司在 2021 年的走势进行了指数化处理。

首先,按照申万行业(2021)分类方法,将 34 家机械设备类、34 家电子类、15 家电力设备类、15 家基础化工类和 8 家通信上市公司分别作为样本。然后,确定 2020 年 12 月 31 日为基期,基期指数点设定为 1000 点,以流通股本作为权数来加权。

苏州分行业指数采用派许加权综合价格指数公式进行计算,公式如下:

$$报告期指数 = \frac{\sum_{i=1}^{n} P_{1i}Q_i}{\sum_{i=1}^{n} P_{0i}Q_i} \times 1000$$

---

① 2021 年苏州市国民经济和社会发展统计公报 http://tjj.suzhou.gov.cn/sztjj/tjgb/202204/7fdf5b27bbcc41d2aea634e7c3a9e19e.shtml。

式中，n 表示样本股的个数，P_{1i} 表示报告期前复权样本股价格，P_{0i} 表示 2020 年 12 月 31 日样本股前复权价格，Q_i 表示 2021 年 12 月 31 日样本股流通股本数。

所谓前复权，就是保持现有价位不变，将以前的价格缩减，将除权前的 K 线向下平移，使图形吻合，保持股价走势的连续性。通过复权功能可以消除由于除权除息造成的价格、指标的走势畸变。本报告就是采用这种方法，以 2021 年所有样本股 12 月 31 日收盘价格作为基准，将样本股价格进行向前复权处理，这样在保证以样本股 2021 年 12 月 31 日的流通股本作为权重且保持不变的前提下，分析所有分行业样本股在 2021 年的价格总体表现。

根据上述股价指数编制规则，本书编制了苏州市机械设备类、电子类、电力设备类、基础化工类和通信类上市公司股价指数。

三、苏州机械设备类指数

苏州上市公司以工业制造业为主，依托苏州整体经济的稳健发展，苏州机械设备类股价指数前期表现并不突出，在申万机械类指数之下，但是第一季度之后，苏州机械设备行业指数超越申万行业指数，走势位于申万机械设备类指数之上，比行业整体走势偏强。两者的比较如图 2-5 所示。

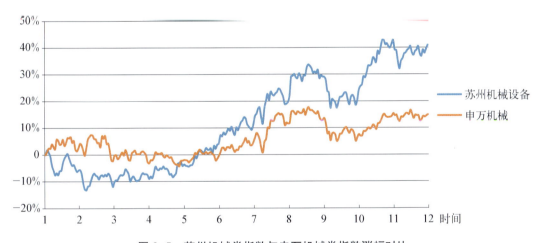

图 2-5 苏州机械类指数与申万机械类指数涨幅对比

截至 2021 年 12 月 31 日，苏州机械类指数上涨 40.80%，申万机械类指数上涨 14.83%，苏州机械行业表现比申万指数强劲。

（一）苏州机械类指数市场结构分析

在全部 34 只机械类样本股中，有 20 只股票的全年股价涨幅大于申万机械类指数涨幅，占比 58.82%，有 14 只股票表现不及申万行业指数。

（二）机械类样本股优势企业分析

在 34 只机械类股票中，表现优异的股票有斯莱克、新莱应材、华辰装备和道森股份，四只股票年度收盘涨幅分别为 196.94%、181.88%、157.17% 和 114.14%，见图 2-6，涨幅均在百分之百以上，凸显苏州机械设备行业上市公司优异的市场表现。

（三）苏州机械设备类股票五年走势对比分析

机械设备行业的股票数量在我市占有较大比重，因此，其表现好坏也直接影响着苏州上

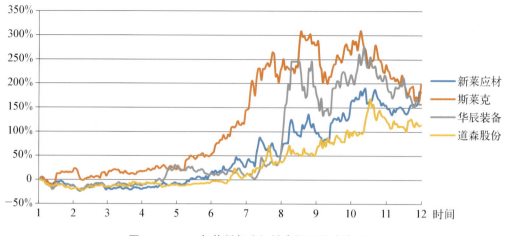

图 2-6 2021 年苏州部分机械类股票股价涨跌图

市公司的整体指数涨落。从近五年来的比较分析来看,如图 2-7 所示,2017 年指数基本呈现单边下滑趋势,下降明显。进入 2018 年,由于中美贸易摩擦影响,年初指数便回落明显,企稳一段时间之后,再次下跌,全年跌幅在近五年中最大。2019 年的表现可圈可点,基本维持了稳定的上涨。2020 年第一季度受整体市场影响表现不佳,但随后快速上涨,保持比较可观的回报。2021 年苏州机械设备板块的涨幅在近五年中排在第二位。

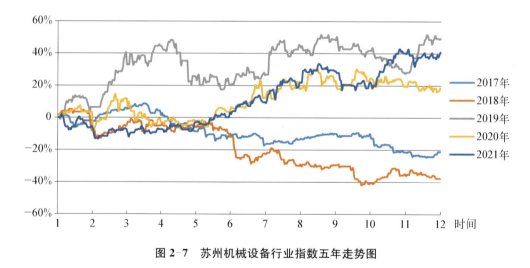

图 2-7 苏州机械设备行业指数五年走势图

四、苏州电子类指数

(一)苏州电子类指数市场结构分析

在全部 34 只样本股中,有 13 只股票的全年股价涨幅大于申万电子指数,占比 38.24%。比较苏州和申万电子行业指数水平,苏州电子行业指数上涨 26.58%,申万电子行业指数上涨 16.04%。苏州电子类行业指数 2021 年上半年基本维持在申万电子类股价指数之下,指数总体表现低于行业平均,但到了下半年,苏州电子行业指数逐渐领先于申万电子类指数(如图 2-8 所示)。

第二章 苏州上市公司市场绩效分析

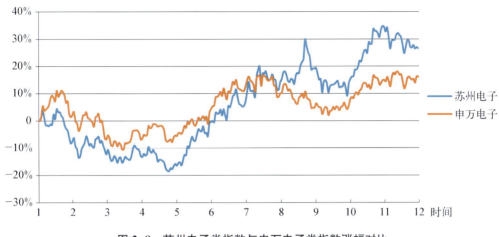

图 2-8 苏州电子类指数与申万电子类指数涨幅对比

（二）电子类样本股优势企业分析

从个股股价涨跌来看，在全部 34 只电子类样本股中，涨幅居前的股票包括天华超净、晶瑞电材和易德龙。2021 年分别上涨 230.41%、121.36% 和 90.17%（如图 2-9 所示）。

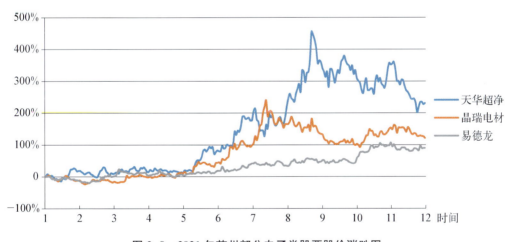

图 2-9 2021 年苏州部分电子类股票股价涨跌图

（三）苏州电子类股票五年走势对比分析

从近五年来的比较分析图来看，2017 年走势相对平稳，下半年维持小幅上涨。2018 年全年呈现下跌状态，年初和年中的两次下跌使全年跌幅很大。2019 年的市场表现明显背离于 2018 年，全年保持了较高的增长势头，为近五年来的最佳市场表现。2020 年市场经历两次震荡，最终涨幅较好，2021 年下半年涨幅较高（见图 2-10）。

五、苏州电力设备类指数

（一）苏州电力设备类指数市场结构分析

从电力设备类指数来看，苏州该行业上市公司的总体表现与市场平均水平比较接近，从图 2-11 分析，苏州电力设备类指数全年涨幅大于行业平均水平，两者分别上涨 63.06% 和 47.86%，全年基本保持相同的变化趋势。在苏州电力设备类 15 家上市公司中，总体表现强于市场。

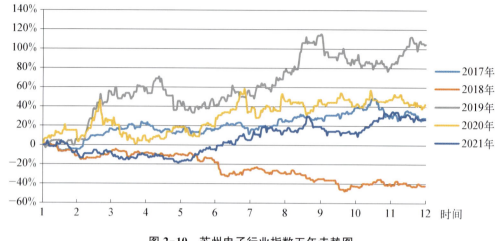

图 2-10　苏州电子行业指数五年走势图

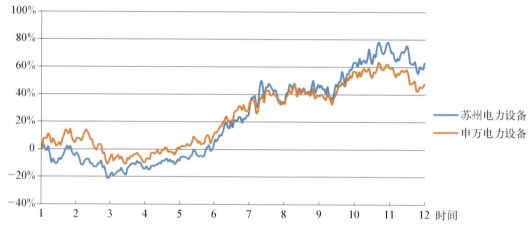

图 2-11　苏州电力设备类指数与申万电力设备类指数涨幅对比

（二）电力设备类样本股优势企业分析

从个股股价涨跌来看，在全部 15 只样本股中，2021 年度涨幅较高的是天顺风能、蔚蓝锂芯、中来股份和固德威，涨幅分别为 134.51%、112.48%、105.07% 和 94.13%（如图 2-12 所示）。

（三）苏州电力设备类股票五年走势对比分析

从近五年来的比较分析图来看，电力设备行业的发展态势与其他行业较为一致，2017 年先扬后抑，下半年一直维持下跌状态。2018 年全年单边下跌，且跌幅逐步加大。2019 年表现较好，全年维持上涨的态势。2020 年涨幅明显，2021 年下半年出现明显上升行情（见图 2-13）。

六、苏州基础化工类指数

（一）苏州基础化工类指数市场结构分析

在基础化工类 12 只样本股中，有 4 只股票的全年股价涨幅大于申万基础化工指数，占比 33.33%，苏州基础化工类价指数全年上涨 123.56%，申万基础化工类指数上涨 37.19%，2021 年苏州基础化工类企业表现在申万平均之上，特别是到了后期，表现更加抢眼。具体比较如图 2-14 所示。

第二章 苏州上市公司市场绩效分析

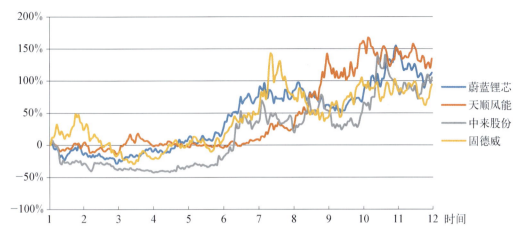

图 2-12 2021 年苏州部分电力设备类股票股价涨跌图

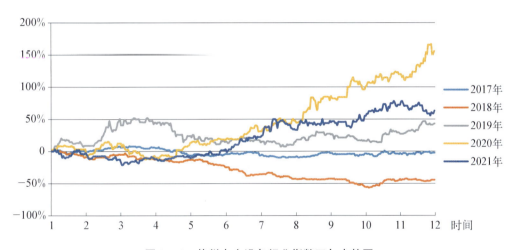

图 2-13 苏州电力设备行业指数五年走势图

图 2-14 苏州基础化工类指数与申万基础化工类指数涨幅对比

（二）基础化工类样本股优势企业分析

从个股股价涨跌来看，在全部 12 只基础化工类样本股中，有 4 只股票年度涨幅在申万基础化工行业指数涨幅之上。涨幅较大的是雅本化学、华软科技、华昌化工和禾昌聚合，其涨幅分别为 234.22％、213.30％、169.25％和 127.59％（如图 2-15 所示）。

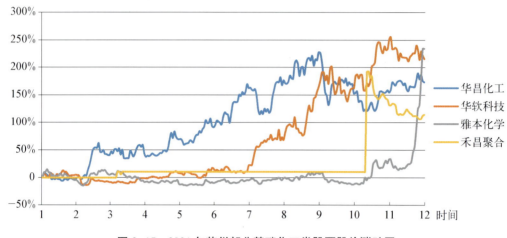

图 2-15　2021 年苏州部分基础化工类股票股价涨跌图

（三）苏州基础化工类股票五年走势对比分析

基础化工行业也是苏州六大传统支柱行业之一，2017 年走势相对平稳，但后市略有下降。2018 年单边下跌，2019 年前期有较好的表现，但是后期表现不佳。2020 年市场表现与其他行业类似，全年涨幅不是特别明显，2021 年涨幅最大（见图 2-16）。

图 2-16　苏州基础化工行业指数五年走势图

七、苏州通信类指数

苏州通信类指数前期表现和行业基本一致，后期一直领先于行业指数。全年涨幅在 20.34％，申万通信类指数上涨 3.05％。两者的比较如图 2-17 所示。

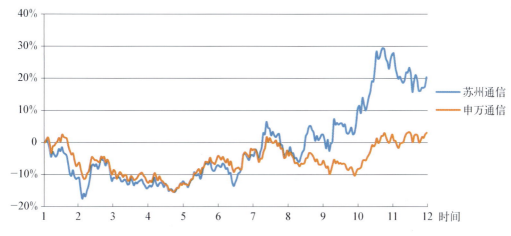

图 2-17　苏州通信类指数与申万通信类指数涨幅对比

(一)苏州通信类指数市场结构分析

在全部 8 只通信类上市公司中,有 7 只实现全年股价涨幅大于申万通信指数,占比 87.5%,只有 1 只股票涨幅低于申万行业指数。

(二)通信类样本股优势企业分析

在 8 只股票中,亿通科技和永鼎股份表现最好,2021 年上涨 93.86% 和 43.58%,见图 2-18。

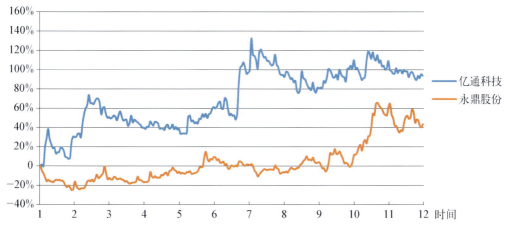

图 2-18　2021 年苏州通信类股票股价涨跌图

(三)苏州通信类股票五年走势对比分析

从五年比较来看,2017 年涨幅在近五年最好,2018 年则全年下跌。2019 年虽然前期有所上涨,但是后期基本维持零涨跌状态。2020 年行业表现不佳,跌幅达到 10% 左右。2021 年和 2017 年涨幅基本持平,如图 2-19 所示。

图 2-19　苏州通信行业指数五年走势图

第三节　苏州上市公司市场绩效分市场分析

苏州经济的快速发展以及城市良好的创业环境,培育和促进了一大批创新型、科技型中小企业的诞生和发展。截至 2021 年年底,苏州市共有境内上市公司 175 家,相较于 2020 年,境内上市公司数量增加 35 家,其中,沪市主板增加 3 家,科创板增加 18 家,深市主板增加 1 家,创业板增加 9 家,北交所增加 4 家。苏州上市公司 2021 年板块分布如表 2-5 所示,当年总体新增家数明显多于 2020 年。

表 2-5　苏州上市公司板块结构

沪　　市		深　　市		北交所
80 家		91 家		4 家
主　板	科创板	主　板	创业板	主　板
42	38	44	47	4

在苏州的 175 家上市企业中,因为北交所成立不久,所以以在沪市和深市上市为主,其中:沪市 80 家公司,占比 45.71%,主板和科创板企业数量基本持平;深市 91 家公司,占比 52%,基本平均分布在主板和创业板;北交所 4 家企业,占比 2.29%。沪深两市主板、科创板和创业板四个板块的上市公司数量相对均衡,苏州整体的上市结构体现了企业与多层次资本市场体系的对接更加合理。特别是 2019 年我国推出了科创板之后,苏州抓住机遇,鼓励大量符合条件的企业进入科创板,在 2020 年科创板上市公司数量有了大幅度的提高之后,2021 年度继续增加 18 家公司,科创板也成为我市高科技企业融资和交易的重要平台。

为了对苏州上市公司各个板块在 2021 年的整体表现进行分析,本报告同样采用了行业分析中的指数编制和计算方法。将苏州 175 家上市公司按照板块进行分类,沪市主板 42 只样本股、科创板 38 只样本股,深市主板 44 只样本股、创业板 47 只样本股分别编制分板块股价指数,因为北交所只有 4 只样本,且上市时间较短,所以没有单独进行绩效分析。

一、苏州沪市主板与上证指数的比较分析

苏州在沪市主板共有 42 家上市公司,本报告以上证指数作为比较分析的对象。上证指数在 2021 年全年上涨 4.80%,苏州 A 股主板相比沪市,涨幅比较明显,全年上涨 23.11%,比沪市主板涨幅高出许多,如图 2-20 所示。

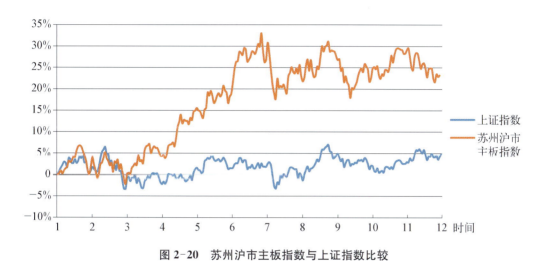

图 2-20 苏州沪市主板指数与上证指数比较

（一）苏州沪市主板指数市场结构分析

苏州在沪市主板市场上市公司一共 42 家。在全部 42 只股票中,共有 24 只股票涨幅超过上证综指水平,占比 57.14%。

（二）苏州沪市主板优势企业分析

苏州在沪市主板挂牌的优势企业中,道森股份、易德龙和科沃斯年度涨幅较高,分别为 114.14%、90.17% 和 71.03%,如图 2-21 所示。

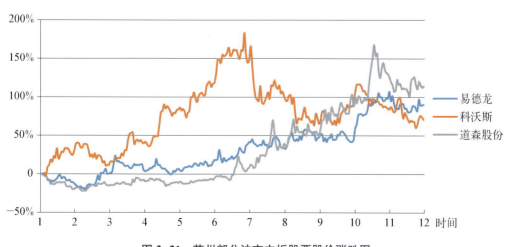

图 2-21 苏州部分沪市主板股票股价涨跌图

（三）苏州沪市主板市场指数五年走势对比分析

从五年趋势图来看（图2-22），2017年市场表现相对平稳。2018年苏州在沪市主板挂牌的上市公司表现不佳，全年走势在上证指数之下，且临近年末，愈发明显。2019年涨幅较高，达到21%左右。2020年市场表现和2021年走势比较接近。

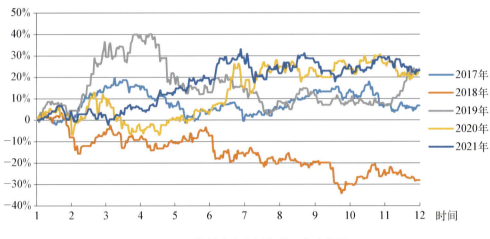

图2-22　苏州沪市主板指数五年走势图

二、苏州深市主板与中小板指数的比较分析

2021年4月6日，深市主板和中小板正式合并，深市形成"主板+创业板"新格局，但是考虑到苏州在深市上市公司多为原有中小板公司，44家公司中的41家为原属中小板企业，因此，本报告在比较分析时选取中小板指数作为对照。2021年，我国中小板指数全年上涨4.62%。苏州深市主板指数表现较好，样本股价格平均上涨11.75%，下半年的走势相对较好，见图2-23所示。

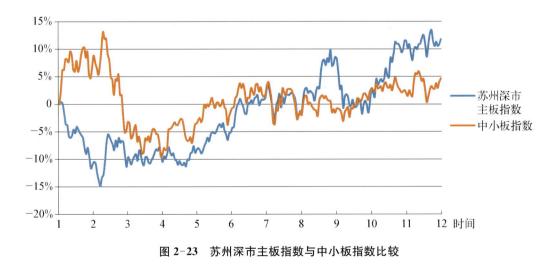

图2-23　苏州深市主板指数与中小板指数比较

（一）苏州深市主板公司市场结构分析

苏州在深市主板上市公司数量为44家，其中3家为原有的主板公司，41家为原来的

中小板上市公司。共有25只股票全年涨幅超过中小板指数水平，占比56.82%。其余19只股票涨幅弱于中小板指数水平，占比43.18%。苏州深市主板公司的整体表现强于整个板块。

（二）苏州深市主板市场优势企业分析

华软科技、华昌化工、天顺风能和蔚蓝锂芯四只股票表现较好，全年涨幅分别为213.30%、169.25%、134.51%和112.48%，如图2-24所示。

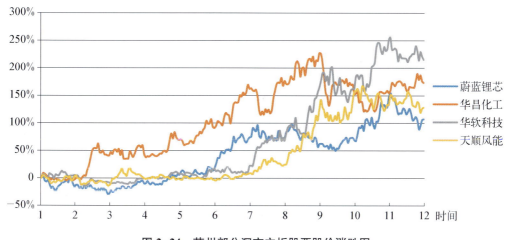

图2-24 苏州部分深市主板股票股价涨跌图

（三）苏州深市主板市场指数五年走势对比分析

从五年对比图分析（图2-25），进入2017年，苏州深市主板市场虽然前期表现相对强势，但是后期基本维持横盘走势。2018年我市中小企业遇到了来自国内外宏微观形势的各种考验，全年股价急剧下跌，跌幅较深。进入2019年，我市中小企业板上市公司的市场绩效整体有所上升，近五年表现最好。2020年我市中小企业板块的上市公司绩效相对平稳，2021年则呈现缓慢上升趋势。

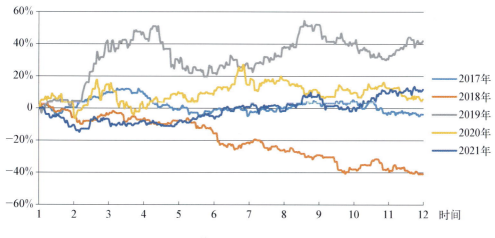

图2-25 苏州深市主板指数五年走势图

三、苏州创业板指数与深市创业板指数的比较分析

从本报告来分析,截至 2021 年 12 月 31 日收盘,创业板指数全年涨幅达到 12.02%。

在 2021 年的创业板市场,苏州创业板指数在下半年表现很好,涨幅一直居于创业板综合指数之上,最终全年上涨 64.34%,具体表现见图 2-26。

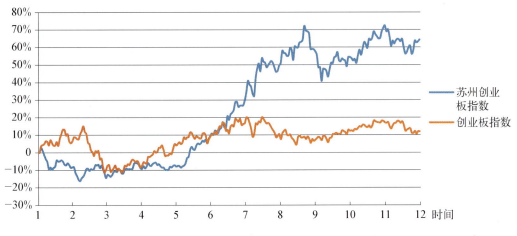

图 2-26 苏州创业板指数与深市创业板指数比较

（一）苏州创业板指数市场结构分析

苏州创业板市场上市公司数量较多,一共 47 只样本股,26 只股票股价涨幅高于创业板指数水平,占比 55.32%,其余股票涨幅低于创业板指数水平。

（二）苏州创业板市场优势企业分析

在所有创业板 47 只本地股票中,雅本化学、天华超净、斯莱克和新莱应材涨幅居前,分别为 234.22%、230.41%、196.94% 和 181.88%,其表现情况见图 2-27。

图 2-27 苏州部分创业板市场股票股价涨跌图

（三）苏州创业板市场指数五年走势对比分析

从苏州创业板指数连续五年对比图来看(图 2-28),苏州创业板上市企业在 2017 年虽然

前期表现尚可,但是后期下跌。2018年则和其他板块一样,全年呈现下跌行情。2019年的创业板表现明显优于前两年,取得较好的涨幅。2020年我市创业板公司表现更好一些,全年涨幅高达50%以上,2021年也有上佳表现,涨幅达到64.34%。

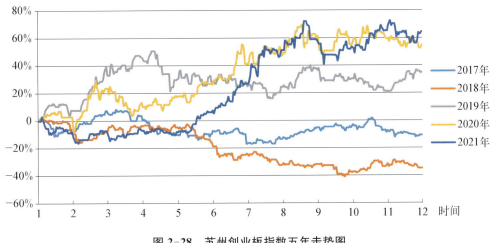

图 2-28　苏州创业板指数五年走势图

四、苏州科创板指数与科创 50 指数的比较分析

苏州科创板市场上市公司数量增加较快,2019年新增6家企业,2020年新增14家企业,2021年新增18家公司,到2021年年底共有38家科创板上市公司。为完整反映上市公司的市场表现,本研究只分析有完整一年以上交易记录的20家科创板企业。

从本报告来分析,截至2021年12月31日收盘,科创50指数全年涨幅为0.37%。在2021年的科创板市场,苏州科创板指数在下半年表现很好,涨幅一直居于科创50指数之上,最终全年上涨40.93%,具体表现见图2-29。

图 2-29　苏州科创板指数与科创 50 指数比较

在这20只股票中,有10只股票取得上涨,另外半数呈现下跌走势。表现比较突出的主要包括瀚川智能、固德威和思瑞浦,涨幅分别为96.85%、94.13%和77.84%,如图2-30所示。

图 2-30　苏州部分科创板股票股价涨跌图

第四节　苏州上市公司市场绩效偏低的原因及提升策略

综上分析,苏州上市公司在2021年的绩效表现相较于2020年有明显好转,无论从申万行业对比,还是板块比较来看,主要行业和板块均超过市场平均水平,说明苏州上市公司在转型升级、创新发展、面对新的形势和挑战方面均有了明显的突破。

苏州上市公司具有科学的治理结构,业绩稳定,发展前景广阔。各个行业均表现优异。但必须看到在苏州上市公司中,企业规模普遍较小、产业规模也相对较小、业绩表现不是很稳定,还无法为经济的持续快速增长提供强劲的动力支撑。苏州上市公司如何尽快扩大规模,提高市场影响力,迎头赶上并成为行业的中坚力量是近期亟须解决的问题。

一、苏州上市公司市场绩效偏低的原因分析

2021年,苏州利用地处长三角核心地带的区位优势和制造业产业链完备优势在经济发展过程中取得了较大的进步,但是在复杂的国内外环境下,世界范围内不确定性加大,经济发展面临着各种挑战。

(一)国内外环境日趋复杂

苏州市传统产业占比较高,产业层次整体仍处于全球价值链中低端,对外依存度过高,加工贸易占比大。随着经济全球化受阻,贸易保护主义和单边主义开始对全球经济贸易关系产生影响。苏州数字经济和数字化发展水平有待提高,经济发展需求和环境资源承载能力之间的矛盾也较为突出。

(二)深圳、杭州和苏州的上市企业绩效比较

新形势下苏州所面临的加快提升创新能力、加速推进高质量发展的要求比以往更加紧迫,任务也更艰巨。部分重点行业的支撑作用有所减弱,新业态对经济的拉动作用还没有充分显现。

本部分主要从深圳、杭州和苏州的对比分析入手,探讨苏州市场绩效中存在的问题。

1. 上市公司板块分布

从苏州、杭州和深圳三个城市的比较来看,如表2-6统计数据显示,深圳上市公司数量遥遥领先,这得益于深交所的区位优势,从板块结构来看,深圳和杭州的主板和创业板市场上市公司数量明显多于苏州,而自从我国推出科创板以来,苏州在2021年增加了18家科创板上市公司,数量上高于深圳和杭州,在全国也居于领先地位。苏州公司在北交所上市公司数量也走在了前面。

表2-6 深圳、杭州、苏州上市公司板块分布

	总 数	主 板	创业板	科创板	北 证
深 圳	372	206	134	29	3
杭 州	199	119	58	21	1
苏 州	175	86	47	38	4

2. 上市公司是否属于重要指数成分股

从上市公司的系统重要性来分析,苏州的大型龙头公司明显偏少,如表2-7所示,进入沪深300指数成分股苏州有2家公司,而深圳则有28家公司,杭州有15家公司。深圳和杭州无论从数量上还是比重上都领先于苏州,体现了当地上市公司中,相对重要性较高的公司比重较大,也更加凸显了苏州上市公司规模偏小的状况。

表2-7 隶属于指数成分股分布

	是否属于沪深300指数成分股		是否属于中证500指数成分股	
	是	否	是	否
深 圳	28	344	39	333
杭 州	15	184	19	180
苏 州	2	173	13	162

3. 三城市上市公司行业结构比较

第一,深圳市上市公司行业基本分布和绩效。

如果从上市公司行业分布表2-8来看,深圳以电子行业和计算机、电力设备、机械设备、建筑装饰和医药生物行业上市公司居多,特别是2021年,电子类上市公司达到86家,整体绩效表现优异。计算机和电力设备上市公司数量也比较靠前。全年战略性新兴产业增加值合计12 146.37亿元,比上年增长6.7%,占地区生产总值比重39.6%。其中,新一代电子信息产业增加值5 641.66亿元,增长1.2%;数字与时尚产业增加值3 103.66亿元,增长13.0%;高端装备制造产业增加值506.53亿元,增长19.4%;绿色低碳产业增加值1 386.78亿元,增长8.8%;新材料产业增加值324.34亿元,增长10.0%;生物医药与健康产业增加值

589.60亿元,增长7.6%;海洋经济产业增加值593.80亿元,增长14.5%[①]。深圳在新一代电子信息、数字与时尚产业、高端装备制造、绿色低碳、新材料产业、海洋经济和生物医药与健康产业方面均保持增长。

表2-8 深圳上市公司主要行业分布

行　业	家　数	行　业	家　数
电　子	86	通　信	15
计算机	40	交通运输	12
电力设备	29	基础化工	9
机械设备	29	汽　车	9
建筑装饰	24	传　媒	8
医药生物	20	商贸零售	8
房地产	19	纺织服饰	7

第二,杭州上市公司行业基本分布和绩效。

从杭州上市公司行业基本分布表2-9来看,机械设备、计算机、基础化工、传媒和医药生物板块居前,特别是计算机行业,与深圳一样居于第二位。在2020年数字经济赋能杭州经济高速发展之后,2021年杭州市数字经济继续保持引领。全年以新产业、新业态、新模式为主要特征的"三新"经济增加值占GDP的36.2%。数字经济核心产业增加值4 905亿元,增长11.5%,高于GDP增速3.0个百分点,占GDP的27.1%,其中,人工智能产业、集成电路产业、电子信息产品制造产业增加值分别增长26.9%、21.9%和16.2%。规模以上数字经济核心产业制造业增加值同比增长16.4%,高于规模以上工业增速5.8个百分点[②]。这些都夯实了杭州经济发展的基础。

表2-9 杭州上市公司主要行业分布

行　业	家　数	行　业	家　数
机械设备	26	汽　车	11
计算机	23	通　信	8
基础化工	14	建筑装饰	8

---

① 深圳市2021年国民经济和社会发展统计公报 http://tjj.sz.gov.cn/gkmlpt/content/9/9763/mpost_9763042.html#4222。

② 2021年杭州市国民经济和社会发展统计公报 http://tjj.hangzhou.gov.cn/art/2022/4/6/art_1229279682_4028665.html。

续 表

行　业	家　数	行　业	家　数
传　媒	13	电　子	7
医药生物	12	房地产	7

第三,苏州市上市公司行业基本分布和绩效。

上述两个城市均形成了以战略性新兴产业为主导行业的发展方向,且增长迅速。深圳的电子和计算机行业发展迅猛;杭州以数字经济、电子信息产品制造、软件与信息服务、数字内容和机器人产业为代表的支柱产业带动了杭州产业结构的转型升级。

反观苏州,战略性新兴产业的发展还没有形成推动整个城市经济发展的重要力量。从表2-10来看,苏州传统制造业大市的特征非常明显。虽然苏州在新一代信息技术、生物医药、纳米技术和人工智能四大先导产业也实现了稳定增长,但与深圳和杭州相比,还有较大差距。

表 2-10　苏州上市公司主要行业分布

行　业	家　数	行　业	家　数
机械设备	34	通　信	8
电　子	34	医药生物	8
电力设备	15	建筑装饰	7
基础化工	12	汽　车	6

二、提升苏州上市公司市场绩效的策略

尽管经济运行中面临着诸多困难,但经济发展中不乏积极因素。苏州科技创新综合实力连续十二年居全省首位。2021年全年研究与试验发展(R&D)经费占地区生产总值比重达3.8%。全市财政性科技投入235.1亿元,占一般公共预算支出的比重为9.1%。高新技术产业实现产值21 686.5亿元,占规模以上工业总产值的比重达52.5%,比上年提高1.6个百分点。年末各类人才总量335万人,其中高层次人才32万人,高技能人才82.4万人。入选国家级重大人才工程创业类人才总量连续九年位居全国第一[①]。

加强创新布局,打造科技战略力量;强化企业扶持,夯实创新主体地位;扩大开放合作,集聚优质创新资源;深化改革创新,打造一流创新生态;突出民生导向,推进科技成果惠民。为了提高苏州上市公司的市场绩效,还需要从以下五个方面共同努力。

---

① 2021年苏州市国民经济和社会发展统计公报 http://tjj.suzhou.gov.cn/sztjj/tjgb/202204/7fdf5b27bbcc41d2aea634e7c3a9e19e.shtml。

（一）强化企业创新主体地位

加快建立产学研紧密结合的技术创新体系，支持企业牵头组建创新联合体，承担科技重大专项和科技计划项目。加大对中小微企业技术创新和专业化发展的支持力度。加快培育一批核心技术能力突出、集成创新能力强的创新型领军企业、独角兽企业和瞪羚企业。企业是资本市场的核心，只有加强创新，才能使企业保持市场竞争力，使企业在长期的发展过程中不断做大做强，成为地方经济发展的重要推动力量。

（二）推动上市公司引领产业优化提升

聚焦重点产业集群和标志性产业链，在第三代半导体、量子通信等前沿领域取得实质性进展，围绕生物医药、新一代信息技术、人工智能等领域，组织实施科技攻关专项行动，力争形成一批国产化替代的原创成果。支持上市公司做强产业链，提升产业链的稳定性和竞争力。总结推广上市公司引领产业发展经验，鼓励加强资源统筹，建设以上市公司为依托的高能级产业平台，推动上市公司集聚人才、技术、项目等高端要素，持续孵化具有引领效应的科技项目和科技型企业，打造一批以上市公司为龙头的现代产业集群。

（三）加强制造业的金融保障

根据产业链和产业集群培育升级的金融需求，推动金融机构精准实施个性化解决方案服务，构建一体化金融供给体系。加大对制造业数字化、智能化、绿色化改造的支持力度，加大制造业中期流动资金贷款力度。完善政府、金融机构和企业的三方合作机制，集聚政策性、开发性、商业性金融机构资源，加强对重大产业平台、产业投资工程、重点项目的金融保障。

（四）重视并加快产业数字化的步伐

数字产业化与产业数字化是数字经济推动产业结构升级的两个基本方向。作为全国重要的制造业城市，苏州要大力提高产业整体的数字化水平，促进传统产业的数字化升级，改变苏州的产业结构。在大力发展数字产业化的基础上，重视并加快产业数字化的步伐。加快企业数字化转型，夯实工业互联网生态系统建设的微观基础。加快数字化软件服务的更高层次开放，提升国际竞争力。

（五）积极推动优质企业多渠道上市

支持主业突出的成熟型企业到主板上市，成长性强的创新创业企业到创业板上市，符合国家战略和具有核心竞争能力的科技型企业到科创板上市。支持符合条件的企业进入北交所实现上市，支持有条件的优质企业到境外上市，鼓励优质红筹企业回归境内上市，支持上市公司分拆子公司在境内外上市。多管齐下，为我市企业全方位利用资本市场提供更大支持。

本 章 小 结

本章主要分析了苏州上市公司的市场绩效，从苏州率先指数及其市场表现来分析，苏州率先指数在2021年全年上涨12.20%。

从相对市场绩效分析，本报告首先将苏州率先指数与沪深指数进行对比分析，上证指数在2021年上涨4.80%，深成指全年上涨2.67%，沪深300下跌5.2%。苏州率先指数涨幅较高，其表现强于两市重要指数，全年上涨12.20%。其次，将苏州率先指数与其他区域类指数

比较分析，苏州率先指数涨幅仅次于天津指数，排名第二。在与江苏、浙江和山东省进行指数比较时，苏州率先指数排名落后于浙江指数和山东指数，高于江苏指数。

从行业角度分析，将苏州上市公司按照2021年申万行业一级分类标准进行分类，机械设备类和电子类上市公司最多，各有34家，其次电力设备类15家，基础化工类12家，通信类8家，通过编制分行业指数了解上市公司行业绩效，从分析结果来看，苏州上述五类行业指数全年涨幅均超过相对应的申万一级行业指数，首次取得全面超越的表现。

从分板块角度分析，将苏州上市公司按照沪市主板、深市主板、创业板和科创板进行分类，并对相应板块编制苏州板块指数，分别将沪深主板、创业板和科创板与对应的市场板块指数进行比较分析。从结果来看，苏州沪深主板市场、创业板、科创板指数均高于全国平均水平，指数领先于参照指数。

经本章的分析，苏州传统产业比重较高，加工贸易比重较大，数字化水平有待提高，环境资源的承载压力逐渐增加。同时，通过对比分析深圳、杭州和苏州在上市公司板块分布和行业结构方面的差别，认为我市企业创新能力提升缓慢、产业优化转型还处于攻坚阶段，本章最后为苏州提升上市公司市场绩效提供更多对策，主要从强化企业创新主体地位、推动上市公司引领产业优化提升、加强制造业金融保障、重视并加快产业数字化步伐、积极推动优质企业多渠道上市等策略入手，加快完善我市现代化经济体系建设。

综上所述，2021年苏州上市公司的市场表现由于受到经济环境和行业结构的影响，与优秀城市相比还有差距，在以后的发展过程中，还需要继续加强市场资源的优化配置，促使市场绩效平稳增长。

第三章

苏州上市公司财务绩效分析

2021年苏州新增32家A股上市公司,其中18家在科创板上市;苏州上市公司总数达到175家。本章首先将从盈利能力、偿债能力、成长能力、营运能力、股本扩张能力五个方面,全面分析苏州上市公司财务绩效状况和特征;然后选取对比城市和市场指标,进行财务绩效比较分析;最后分别从行业和市场角度,将苏州上市公司各项财务指标进行对比分析。

本章分析的上市公司截止于2021年12月31日,分析数据来自Wind数据库。

第一节 苏州上市公司财务绩效特征

北京证券交易所的设立为中小企业上市融资打开了一扇新的大门。苏州企业上市热情高涨,2021年新增18家科创板上市公司,北证A股上市公司增加到4家。通过分析苏州上市公司的各项财务指标,2021年苏州上市公司的经营状况基本向好。

一、年财务绩效比较

2021年苏州上市公司财务绩效表现相较于2020年的财务绩效表现喜忧参半,见表3-1。

表3-1 苏州上市公司2017年—2021年财务绩效比较

年 份	净资产收益率平均值(%)	产权比率平均值(%)	营业收入增长率平均值(%)	总资产周转率平均值(次)	每股公积平均值(元)
2017年	9.44	1.25	36.39	0.64	2.17
2018年	2.06	1.84	35.17	0.68	2.15
2019年	−1.70	1.65	6.16	0.59	2.40
2020年	4.39	1.70	7.57	0.56	3.30
2021年	3.40	1.79	31.55	0.63	3.87

由表3-1可知,2021年苏州上市公司体现盈利能力的财务指标略有下滑,其他反映苏州上市公司偿债能力、成长能力、营运能力和股本扩张能力的财务指标均较2020年提高,尤其反映成长能力的指标较2019年和2020年有显著增长,反映上市公司股本扩张能力的指标再创新高。

二、2021 年财务绩效特征分析

2021 年苏州上市公司财务绩效表现较好,其具体特征及形成原因分析如下。

（一）高收益上市公司占比上升

2021 年苏州 175 家上市公司,剔除＊ST 德威(未公布 2021 年净资产收益率),其余 174 家上市公司净资产收益率为正的公司占 84%,平均净资产收益率为 3.4%,较 2020 年略有下降。但如图 3-1 所示,2021 年苏州上市公司净资产收益率平均值大于 10% 的占比为 41.71%,达到五年来最大值。说明苏州高收益上市公司占比有所增加。同时,净资产收益率平均值小于 0 的上市公司占比较 2020 年略有提高,但增幅较小。

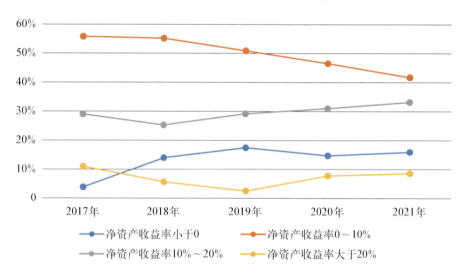

图 3-1 2017—2021 年不同净资产收益率的苏州上市公司占比

2021 年苏州上市公司净资产收益率超过 20% 的有 15 家,行业分布于电子(5 家)、电气设备(2 家)、基础化工(2 家),机械设备、家用电器、石油化工、医药生物、有色金属和综合各一家,净资产收益率较高的苏州上市公司行业门类较 2020 年有所增加。电子信息产业是苏州第一个产值突破万亿级的产业,也是苏州打造数字经济时代产业创新集群的优势产业。电子行业苏州上市公司有 34 家,2021 年有 5 家上市公司净资产收益率超过 20%,可见其盈利能力表现突出。另外,在 15 家净资产收益率超过 20% 的苏州上市公司中,4 家科创板上市公司榜上有名,说明苏州科技企业实力强劲。

（二）长期偿债能力有所降低

2021 年苏州 175 家上市公司,剔除＊ST 德威(未公布 2021 年产权比率),其余 174 家上市公司的产权比率平均水平为 1.79。基于财务稳健要求,产权比率在 1 以下时,上市公司具有较强的长期偿债能力。从 2019 年开始(见图 3-2),苏州上市公司产权比率平均值在逐年上升,长期偿债能力有所降低。

如图 3-2 所示,2021 年苏州有 115 家上市公司的产权比率在 1 以下,占比 65.71%,较 2020 年有所提高。产权比率在 1 以下说明企业偿债能力充分,但会降低盈利能力。2021 年产权比率大于 2 的苏州上市公司占比较 2020 年有所降低。这说明苏州上市公司的财务结构更多地趋于稳健。但是苏州上市公司产权比率平均值仅次于 2018 年水平,究其原因,

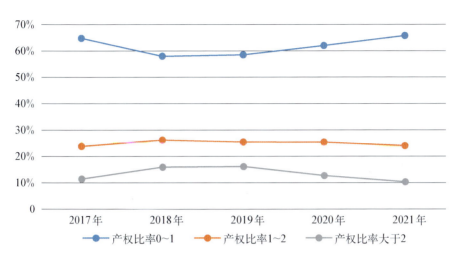

图 3-2　2017—2021 年不同产权比率的苏州上市公司占比

2021 年苏州有 8 家上市公司（未包括 *ST 德威）的产权比率超过 10，即这些上市公司的负债是其股东权益的 10 倍以上。尤其是澳洋健康（002172）的产权比率更是高达 74.2，偿债能力堪忧。

（三）成长能力明显提高

2021 年苏州 175 家上市公司平均营业收入增长率为 31.55%，相较于 2020 年有明显提高。如图 3-3 所示，2021 年苏州上市公司营业收入增长率呈现出高成长企业占比明显提高的状态。营业收入增长率超过 10% 的上市公司占比较 2020 年明显增加，营业收入增长率低于 10% 的上市公司占比明显减少，尤其是营业收入增长率小于 0 的上市公司占比下降明显。

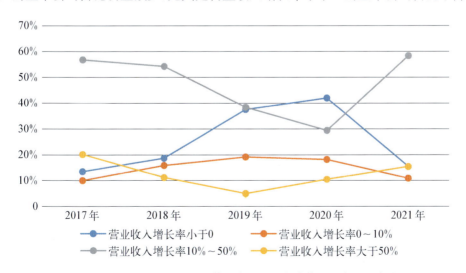

图 3-3　2017—2021 年不同营业收入增长率的苏州上市公司占比

可喜的是，2021 年有 27 家苏州上市公司的营业收入增长率超过 50%，其中：主板上市公司 11 家，创业板上市公司 9 家，科创板上市公司 7 家；行业包括电子（6 家）、机械设备（4 家）、电力设备（3 家）、基础化工（2 家）、医药生物（2 家），钢铁、公用事业、家用电器、建筑装饰、建筑材料、交通运输、汽车、石油化工、通信、综合各1家,行业分布广泛。泽璟制药(688266)2021年营业收入增长率位居榜首。该公司作为一家医药生物企业,应用现代新药研发技术,确保产品专利性和竞争性;发挥自身技术体系特色,确保产品独特性;做好市场调研,确保产品市场占有性和差异性;抓好生产技术,确保产品质量优良性;建设技术和管理团队,确保整体战略规划执行的持续性。全球领先的新药研发技术平台、精准小分子药物研发和产业化平台是该公司小分子新药研发的基础。公司的核心技术之一是全球领先的药物稳定技术。2021年,该公司得到了快速成长。

(四)营运能力有所提高

2021年苏州175家上市公司的总资产周转率平均值为0.63,较2020年有所提高(见图3-4)。总资产周转率是考察企业资产运营效率的一项重要指标,体现了企业经营期间全部资产从投入到产出的流转速度,反映了企业全部资产的管理质量和利用效率。苏州上市公司总资产周转率平均水平有所提高。

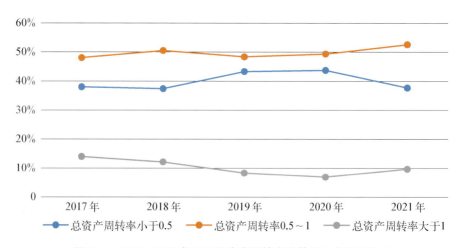

图3-4 2017—2021年不同总资产周转率的苏州上市公司占比

如图3-4所示,总资产周转率大于1的苏州上市公司占比自2017年持续下降以来,该占比在2021年出现了回升。2021年苏州175家上市公司中,有66家上市公司的总资产周转率在0.5以下,占比37.71%,较2020年有所降低;2021年苏州有92家上市公司的总资产周转率为0.5~1,占比52.57%;有17家上市公司的总资产周转率大于1,占比9.72%,较2020年增加了2.77个百分点。苏州上市公司营运能力有所提高。

(五)股本扩张能力进一步增强

2021年苏州上市公司的平均每股公积为3.87元,较2020年提高了0.67元,再创近五年新高。

从图3-5可以看出,2021年苏州上市公司拥有1元以上每股公积的占83.43%,较2020年增加4.27个百分点。其中每股公积在5元以上的占25.72%,较2020年增加6.44个百分点,这一比率自2018年一直保持增长势头。超过平均每股公积水平的上市公司有63家,其中有17家是创业板上市公司。2021年苏州有12家上市公司每股公积超过10元。迈为股份(300751)以每股公积40.52元位居榜首。2021年我国光伏行业继续高歌猛进,制造端、应用端、进出口都取得了快速增长,据CPIA统计国内太阳能电池片产量198 GW,同比增长

46.9％；受益于光伏行业连续多年的高景气，迈为股份业绩持续增长。公司主营产品太阳能电池成套生产设备销量稳步上升，使得公司2021年度净利润保持较高的增长速度。提取较高的每股公积，也为该上市公司未来的发展奠定了更坚实的资本基础。

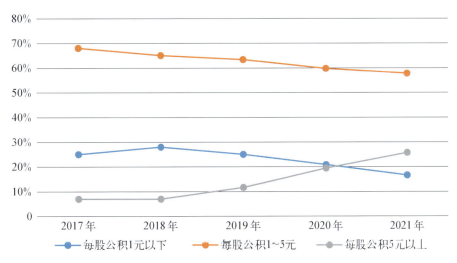

图 3-5　2017—2021 年不同每股公积的苏州上市公司占比

第二节　苏州上市公司财务绩效比较分析

本节把上证 A 股股票和深成指股票的相关财务绩效指标作为市场标准，选择经济发展水平与苏州相当的城市，将这些城市的上市公司财务绩效和苏州上市公司财务绩效进行比较，分析各比较对象的上市公司和苏州上市公司相对财务绩效状况。

一、盈利能力相对比较分析

如图 3-6 所示，2021 年深证成指股票的净资产收益率平均值 11.27％，是比较对象中最高值；2021 年苏州上市公司盈利能力相较于 2020 年有所降低，北京、天津和杭州的上市公司净资产收益率平均值较 2020 年均有所提高。与天津、重庆和杭州的上市公司相比，苏州上市公司净资产收益率平均值偏低，并且低于上证 A 股股票和深成指股票的净资产收益率平均值，未能达到市场平均水平。

二、偿债能力相对比较分析

如图 3-7 所示，2021 年苏州上市公司产权比率平均值最高，且相较于 2020 年有所上升。而 2021 年上证 A 股、北京、上海、天津、杭州的上市公司产权比率平均值相较于 2020 年均有所下降，说明苏州上市公司偿债压力有所提高。

三、成长能力相对比较分析

如图 3-8 所示，2021 年所有比较对象的营业收入增长率平均值均较 2020 年增长，说明上市公司成长能力总体有所提高。在所有城市比较对象中，苏州上市公司的营业收入增长

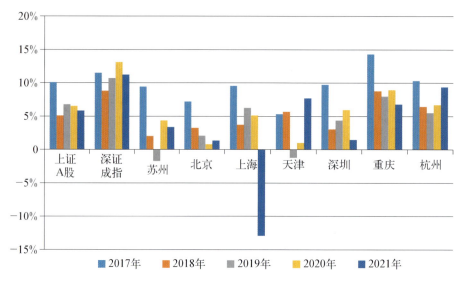

图 3-6 2017—2021 年净资产收益率平均值比较

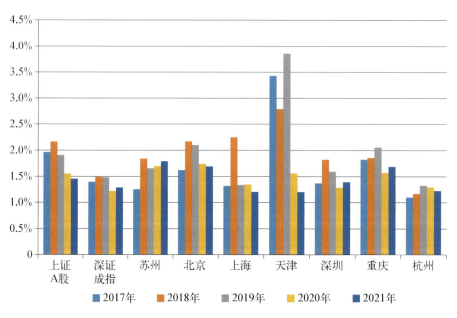

图 3-7 2017—2021 年产权比率平均值比较

率平均值高于深圳、重庆和杭州，较 2020 年表现好，且高于深证成指的上市公司营业收入增长率市场平均水平。苏州上市公司表现出较强的成长能力。

四、营运能力相对比较分析

如图 3-9 所示，2021 年所有比较对象的总资产周转率平均值均较 2020 年增长，说明上市公司营运能力总体有所提高。在城市比较对象中，苏州上市公司的总资产周转率平均值低于天津、深圳和杭州的上市公司总资产周转率平均值，与上海的上市公司总资产周转率平均值持平，且低于市场平均水平。

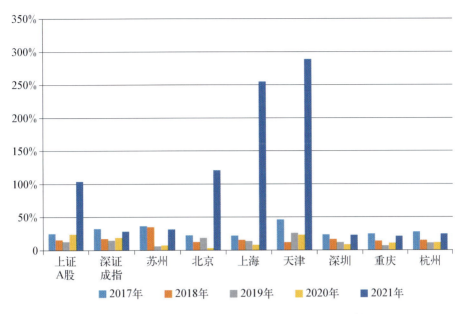

图 3-8 2017—2021 年营业收入增长率平均值比较

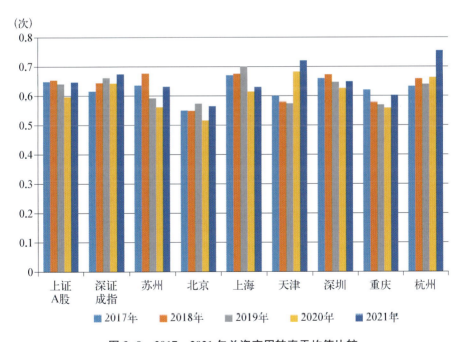

图 3-9 2017—2021 年总资产周转率平均值比较

五、股本扩张能力相对比较分析

如图 3-10 所示,2021 年所有比较对象的每股公积平均值均较 2020 年增长,说明上市公司股本扩张能力总体有所提高。苏州上市公司的每股公积平均值高于深证成指、深圳和重庆上市公司该指标,但低于其他比较对象该指标,说明苏州上市公司股本扩张能力还有一定的增长空间。

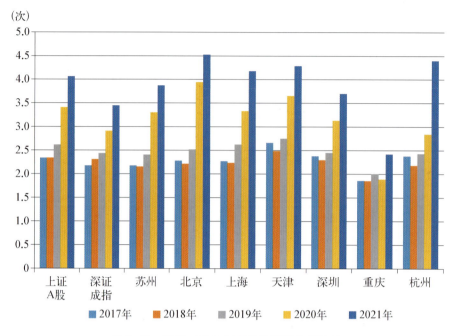

图 3-10　2017—2021 年每股公积平均值比较

第三节　苏州上市公司财务绩效分行业分析

根据 2021 年申万行业一级分类标准,可以将 2021 年苏州上市公司分为电子、机械设备、电力设备、基础化工、通信、医药生物等 27 个行业。我们选择苏州上市公司数量前 5 位(通信和医药生物上市公司家数相同)的六大行业进行比较,按拥有上市公司家数多少依次是电子(34 家)、机械设备(34 家)、电力设备(15 家)、基础化工(12 家)、通信(8 家)、医药生物(8 家)。六大行业共 111 家上市公司,占苏州 175 家上市公司的 63.43%。本节首先将以上苏州主要行业的上市公司 2017 年至 2021 年财务绩效进行描述性分析;然后将 A 股市场上市公司按申万标准(2021)进行行业划分,作为参照,比较分析 2021 年苏州上市公司不同行业各项财务绩效指标情况。

一、盈利能力分行业比较

如图 3-11 所示,在 2021 年苏州上市公司所处的主要行业中,机械设备的净资产收益率平均值最高,其次是电子和医药生物;基础化工行业净资产收益率平均值为负。相较于 2020 年,机械设备、通信和医药生物行业净资产收益率平均值有所提高。而医药生物行业的净资产收益率平均值增长最为明显,从 2020 年的-6.70% 提高为 2021 年的 4.99%。2021 年苏州机械设备行业的 34 家上市公司,有 15 家上市公司的净资产收益率超过 10%。值得一提的是第一次进入苏州主要行业的医药生物行业,共有 8 家上市公司,资产收益率超过 10% 的上市公司 4 家,包括前面提到的泽璟制药(688266)。

如图 3-12 所示,2021 年苏州电子、机械设备和通信行业的净资产收益率平均值高于 A

第三章 苏州上市公司财务绩效分析

图 3-11 2017—2021 年苏州主要行业净资产收益率平均值比较

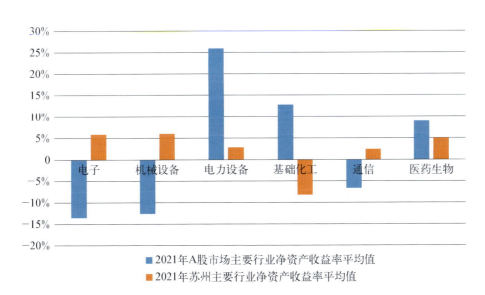

图 3-12 2021 年主要行业净资产收益率平均值比较

股市场相关行业的净资产收益率平均值。除主要行业外，2021年苏州的汽车、计算机、家用电器、纺织服饰、社会服务、房地产、钢铁、环保、商贸零售、石油石化、食品饮料、有色金属、非银金融和综合行业的净资产收益率平均值均超过了A股市场相应行业的平均水平，说明苏州以上行业的上市公司盈利能力较强。相较于2020年，超过A股市场相应行业净资产收益率平均值的苏州上市公司行业增加了4个。

二、偿债能力分行业比较

如图3-13所示，2017—2021年，除了基础化工行业，其他苏州主要行业的产权比率平均值变化不大。与 2020 年相比,2021 年苏州基础化工行业产权比率平均值有明显提高;电子和电力设备行业的产权比率平均值略有提高;机械设备和通信行业的产权比率平均值有所下降。说明这些行业在追求发展的同时,偿债能力出现分化。

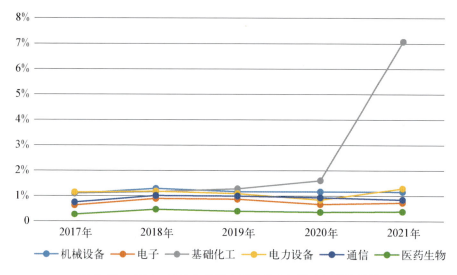

图 3-13　2017—2021 年苏州主要行业产权比率平均值比较

如图 3-14 所示,除了通信和医药生物行业,2021 年苏州其他主要行业的产权比率平均值均高于 A 股市场相关行业的产权比率平均值。除主要行业外,2021 年苏州的交通运输、石油石化、公用事业和综合行业的产权比率平均值均超过了 A 股市场相应行业的平均水平,长期偿债压力相较于市场相应行业要略高一些。

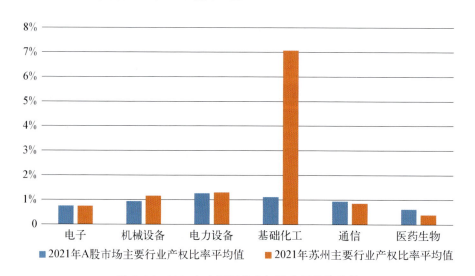

图 3-14　2021 年主要行业产权比率平均值比较

三、成长能力分行业比较

如图 3-15 所示,2021 年苏州六大主要行业的营业收入增长率平均值均较 2020 年有所提升。基础化工行业的营业收入增长率平均值从 2020 年的负值，提升为 2021 年的正值。而成长能力最强的苏州行业是医药生物行业，充分体现出苏州产业发展战略的成就，医药生物行业逐渐成为苏州新的支柱行业。

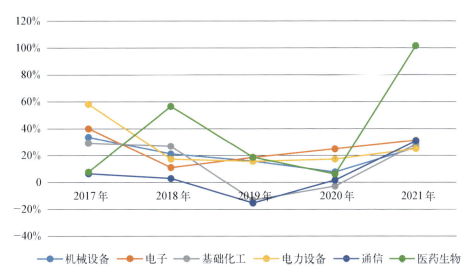

图 3-15　2017—2021 年苏州主要行业营业收入增长率平均值比较

如图 3-16 所示，2021 年机械设备和通信行业的营业收入增长率平均值高于 A 股市场相关行业该指标；而苏州其他四大行业的营业收入增长率平均值低于 A 股市场相关行业该指标。另外，除主要行业外，2021 年苏州的建筑装饰、汽车、计算机、交通运输、钢铁、食品饮料、非银金融、公用事业、综合行业的营业收入增长率平均值均超过了 A 股市场相关行业平均水平，说明苏州以上行业的成长能力较强。

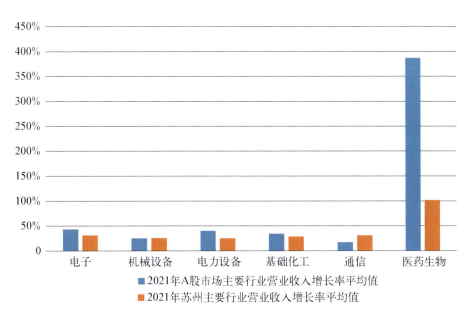

图 3-16　2021 年主要行业营业收入增长率平均值比较

四、营运能力分行业比较

如图3-17所示,2017—2021年,苏州主要行业的总资产周转率平均值保持在0.4～0.8之间,这说明苏州主要行业的营运较为稳定,但波动幅度在扩大。2021年苏州主要行业的总资产周转率平均值较2020年均有所提高,苏州基础化工行业总资产周转率平均值提高幅度最大。

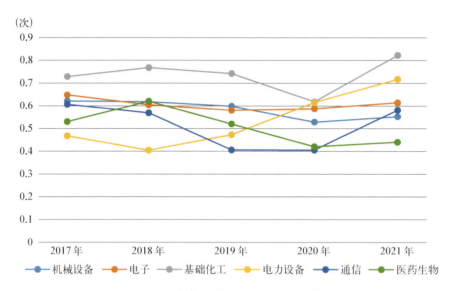

图3-17　2017—2021年苏州主要行业总资产周转率平均值比较

如图3-18所示,通过和A股市场相关行业平均值比较,2021年苏州电力设备、基础化工和医药生物行业的总资产周转率平均值略高,苏州其余三个主要行业的总资产周转率平均值偏低,说明苏州主要行业的营运能力有一定的提升空间。另外,除主要行业外,2021年苏州的家用电器、交通运输、社会服务、环保、食品饮料、有色金属、综合行业的总资产周转率

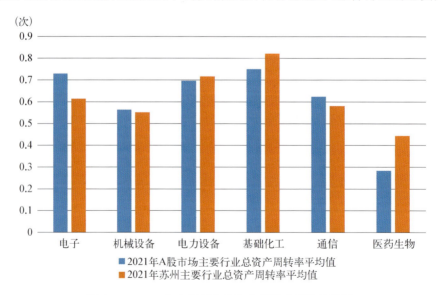

图3-18　2021年主要行业总资产周转率平均值比较

平均值略超过了 A 股市场相关行业平均水平,营运能力良好。

五、股本扩张能力分行业比较

如图 3-19 所示,2017—2021 年,苏州主要行业的每股公积平均值总体呈现增长趋势。2021 年苏州电力设备行业的每股公积平均值 7.44 元,较 2020 年增长了 2.53 元,电子和医药生物行业的每股公积平均值超过 4 元。

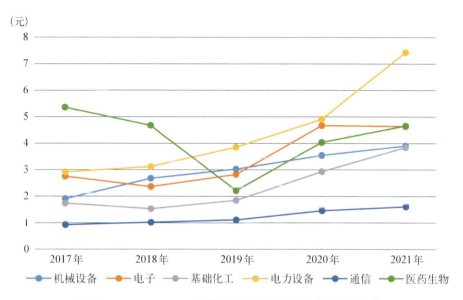

图 3-19　2017—2021 年苏州主要行业每股公积平均值比较

如图 3-20 所示,和 A 股市场相关行业平均值比较,2021 年苏州除了电子和通信行业的每股公积平均值偏低,其他四个主要行业的每股公积平均值高于市场相关行业平均水平。

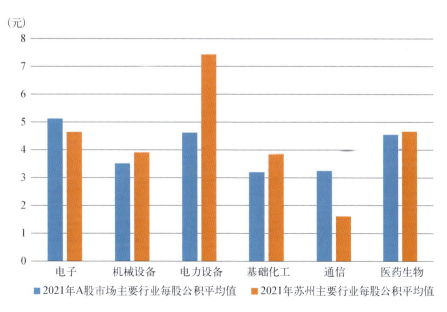

图 3-20　2021 年主要行业每股公积平均值比较

另外，除了主要行业外，2021年苏州的计算机、纺织服饰、交通运输、银行、建筑材料、房地产、食品饮料、非银金融行业的每股公积平均值均超过了Ａ股市场相关行业平均水平，体现出苏州这些行业积累了较大的发展潜能。

第四节　苏州上市公司财务绩效分市场分析

2021年苏州175家上市公司分布在主板86家、创业板47家，科创板38家，北证Ａ股4家。因为科创板于2019年设立，所以我们首先将2019—2021年苏州上市公司总体平均的财务绩效指标和主板、创业板和科创板三个市场的相应指标进行比较，然后将2021年苏州上市公司按市场划分，分别再与主板、创业板、科创板和北证Ａ股四个市场的相应指标进行比较，从两个层面分析苏州上市公司分市场的财务绩效状况。

一、盈利能力分市场比较

如图3-21所示，2021年创业板和科创板市场上市公司净资产收益率平均值较2020年有所提高；而苏州和主板市场上市公司净资产收益率平均值较2020年有所下降。这说明随着国家各项证券市场利好政策的出台，两大助力科技型企业发展的市场中上市公司的盈利能力增强。

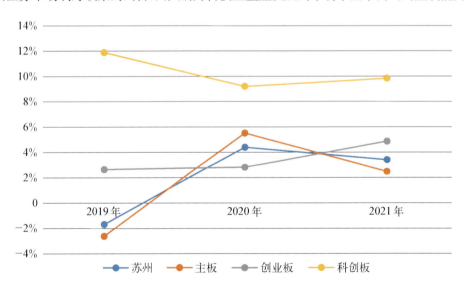

图3-21　2019—2021年上市公司分市场盈利能力比较图

如图3-22所示，具体分市场比较，2021年苏州科创板上市公司的净资产收益率平均值均高于对应市场平均值；苏州北证Ａ股上市公司的净资产收益率平均值略低于对应的市场平均值；而苏州主板和创业板上市公司净资产收益率平均值明显低于相应市场上市公司该指标，尤其是苏州创业板上市公司净资产收益率平均值较对应市场平均值低了3.16个百分点，盈利能力有待提高。

二、偿债能力分市场比较

如图3-23所示，2019—2021年，苏州上市公司和科创板上市公司产权比率平均值持续

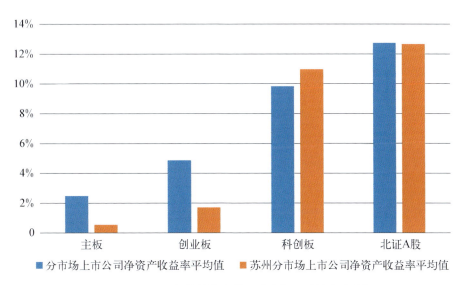

图 3-22　2021 年苏州上市公司分市场盈利能力比较图

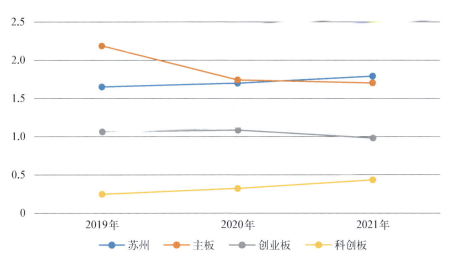

图 3-23　2019—2021 年上市公司分市场偿债能力比较图

增长；主板上市公司产权比率平均值则呈现持续下降态势；2021 年，在各比较对象中，苏州上市公司产权比率平均值最高。

如图 3-24 所示，具体分市场比较，2021 年苏州各市场上市公司产权比率平均值均高于相应市场平均值，说明苏州上市公司偿债风险有所提高，尤其是苏州主板上市公司。

三、成长能力分市场比较

如图 3-25 所示，2019—2021 年，苏州上市公司、主板和创业板上市公司的营业收入增长率平均值变动基本保持一致，并且在 2021 年较 2020 年都有一定比例的增长，但是相较于科创板上市公司的营业收入增长率平均值呈倍数的增长情况，就显得较为逊色。总体来看，各比较对象上市公司都具有较强的成长能力。

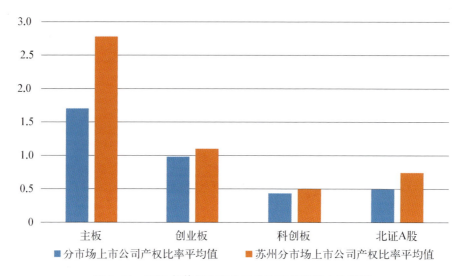

图 3-24　2021 年苏州上市公司分市场偿债能力比较图

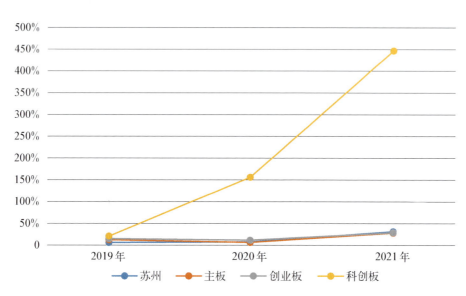

图 3-25　2019—2021 年上市公司分市场成长能力比较图

如图 3-26 所示,具体分市场比较,2021 年苏州创业板和北证 A 股市场上市公司的营业收入增长率平均值高于相对应市场平均值。而苏州主板和科创板市场的上市公司营业收入增长率平均值均低于相对应市场平均值,尤其是苏州科创板上市公司的营业收入增长率平均值相较对应市场平均值差距较大。说明苏州上市公司的成长能力有待进一步提高。

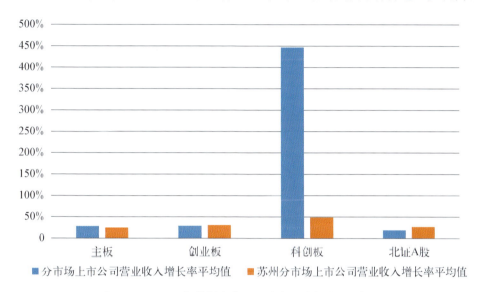

图 3-26　2021 年苏州上市公司分市场成长能力比较图

四、营运能力分市场比较

如图 3-27 所示,2019—2021 年,科创板市场上市公司总资产周转率平均值是比较对象中最低的。在这三年中,各比较对象上市公司总资产周转率平均值呈现出较为一致的变动趋势。

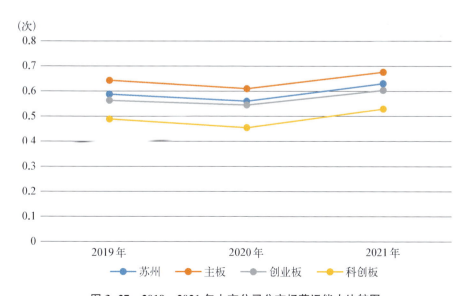

图 3-27　2019—2021 年上市公司分市场营运能力比较图

071

如图 3-28 所示,具体分市场比较,2021 年,除苏州主板上市公司总资产周转率平均值略低于相应市场的平均值;苏州创业板、苏州科创板、苏州北证 A 股上市公司总资产周转率平均值均高于相应市场的平均值,这说明苏州上市公司具有较强的营运能力。

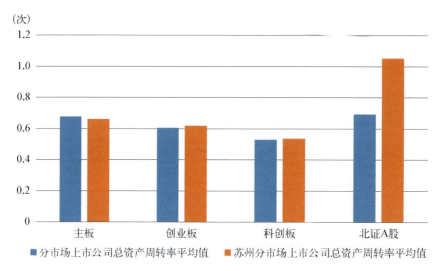

图 3-28　2021 年苏州上市公司分市场营运能力比较图

五、股本扩张能力分市场比较

如图 3-29 所示,2021 年,各比较对象每股公积平均值较 2020 年均有所提高,达到各比较对象近五年的最大值。2019—2021 年,科创板上市公司每股公积平均值始终高于其他比较对象。

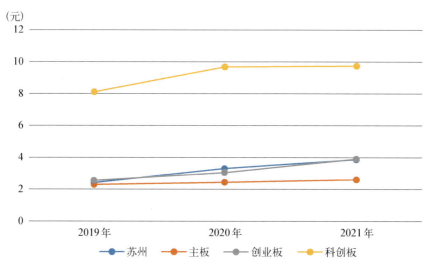

图 3-29　2019—2021 年上市公司分市场股本扩张能力比较图

如图 3-30 所示,具体分市场比较,2021 年苏州主板和苏州创业板上市公司的每股公积平均值高于相对应市场平均值,但与科创板和北证 A 股市场上市公司每股公积平均值相比,苏州对应市场的上市公司每股公积平均值偏低。

第三章　苏州上市公司财务绩效分析

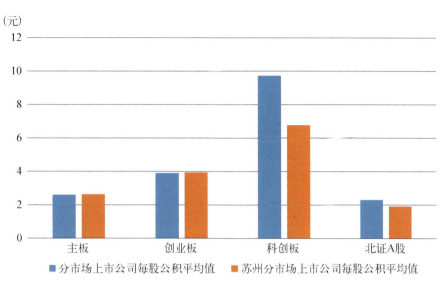

图 3-30　2021 年苏州上市公司分市场股本扩张能力比较图

第五节　苏州上市公司财务绩效评价及建议

一、苏州上市公司财务绩效评价

通过与各城市对象上市公司财务绩效比较，可以看出，2021 年苏州上市公司财务绩效较 2020 年有一定的改善，苏州上市公司盈利能力强于北京、天津和杭州上市公司；苏州上市公司成长能力强于深圳、重庆和杭州的上市公司；苏州上市公司股本扩张能力强于深圳和重庆的上市公司。但是，2021 年苏州上市公司的财务绩效也表现出以下几个主要问题。

一是苏州上市公司偿债风险持续增大，盈利能力和营运能力均低于市场平均水平。从 2019 年开始，苏州上市公司产权比率平均值逐年上升，长期偿债能力有所降低；2021 年苏州上市公司产权比率超过 10 的上市公司有 8 家，偿债能力堪忧。同时，苏州上市公司的净资产收益率平均值和总资产周转率平均值均低于上证 A 股股票和深成指股票的净资产收益率平均值，未能达到市场平均水平，说明苏州上市公司盈利能力和营运能力仍有较大的提升空间。究其原因，从宏观角度看，经济增速放缓，产能严重过剩，导致企业负债螺旋上升。近年来，受金融危机影响，欧美经济陷入长期低迷，导致外需疲软，再加上我国进行产业结构调整，经济增速放缓，造成内需不足。从微观角度看，投入要素成本上升，融资成本居高不下；随着我国对资源环境承载能力限制以及对环境保护的要求不断提高，工业企业面临的节能环保压力不断增加，成为企业一项重要的成本支出。企业经营成本高企、盈利水平下降，是企业债务负担上升的直接原因。

二是苏州科创板上市公司的成长性需要进一步提高。2021 年苏州有 38 家科创板上市公司，这些上市公司的表现可圈可点。2021 年苏州科创板上市公司的净资产收益率平均值、总资产周转率平均值均高于对应市场平均值，说明苏州科创板上市公司盈利能力和营运能力表现较好。但是，苏州科创板上市公司的营业收入增长率平均值、每股公积平均值均低于对应市场平均值,说明苏州科创板上市公司成长能力和股本扩张能力表现偏弱,尤其是苏州科创板上市公司的营业收入增长率平均值相较对应市场平均值差距较大,远低于该市场平均的成长水平。究其原因,科创板上市公司仍需进一步培育,上市公司的核心关键技术还是跟跑或者并跑,领跑这种状态还比较少,硬科技成色还不够鲜亮;科创板上市公司的融资体系仍需进一步充实。资本市场助力科创企业的发展,但单靠资本市场也是不够的,需要现有财政的引领,政府的基金、风投、银行、贷款都要参与,这方面未来有极大的空间可以提升。

二、提高苏州上市公司财务绩效的建议

针对2021年苏州上市公司财务绩效存在的主要问题,提出以下建议。

（一）注重资产质量,优化资本结构

首先,企业资产质量对企业偿债能力有制约性,企业资产质量好坏导致其变现能力存在差异,因此,提高各类资产的质量是提高企业偿债能力的基础。所以,应加强存货的日常管理,安排好生产与销售,存货本身变现能力低,过多会占用资金,直接影响偿债能力;加强应收账款的管理,及时关注相关客户的信用状况,监督应收账款的回收情况;科学地长期投资、购置资产,购置资产时要与企业的实际需要相联系,避免盲目投资,在日常的经营管理中,充分保持各类资产较好的质量水平,为提高企业的偿债能力打好基础。其次,当前市场竞争激烈,很多企业的资金链都相对紧张,而资本市场举债的方式种类繁多,不同的筹资方式,其资金的使用成本、对企业资本结构的影响、风险程度、灵活性也各不相同,因此,优化企业资本结构也会增强企业偿债能力。企业要事先进行合理的筹划,将各种举债方式的优缺点与企业自身的实际需要、承受能力、未来可能产生的收益,以及对自身资本结构的风险影响程度相结合,来慎重选择最适合自己、风险最小的筹款方式,这样才能将偿债风险降到最低。

（二）延伸产业链,培育领跑企业

苏州的科创板上市公司主要分布在电子、机械设备、医药生物和计算机等新兴行业,与苏州以新一代信息技术、生物医药、纳米技术应用、人工智能为四大先导产业的发展方向相契合。为进一步提高科创板上市公司的成长性,有以下建议。首先,对标国际国内一流城市,借鉴先进经验,强化顶层设计,完善政策环境,积极探索建立具有苏州特色的科创板上市公司的分类梯度培育系统。其次,加快推动配套生产性服务业同步高质量发展,使之与制造业发展水平相匹配,进而提升制造业核心业务能力,助力实现产业结构升级。大力培育生产性服务业的科创板上市公司,做强一批优势产业服务链,实现苏州市生产性服务业和先进制造业深度融合、互动发展,促进制造业服务化和服务型制造等新型产业链的形成。延长传统产业链,在新的产业融合中,培育创新型企业。最后,苏州科创板上市公司在跟跑或并跑中,要努力在特色化、精细化、精致化和专业化的基础上继续做大做强,努力成长为领跑企业,通过对产业链上的其他企业产生技术溢出效应,向上下游配套企业传导创新压力,成为产业创新的推动者、领导者和产业链安全的维护者。

本 章 小 结

本章主要分析了苏州上市公司的财务绩效,把财务绩效评价体系分为盈利能力、偿债能力、成长能力、营运能力、股本扩张能力五个方面。

从苏州上市公司财务绩效特征来看,2021年苏州上市公司在成长能力、营运能力和股本扩张能力方面表现比2020年好;盈利能力较2020年略有下降;偿债风险有所增加。

从苏州上市公司财务绩效比较分析看,在城市比较对象中,2021年苏州上市公司盈利能力强于北京上市公司;苏州上市公司成长能力强于深圳、重庆和杭州的上市公司;苏州上市公司股本扩张能力强于深圳和重庆的上市公司。但苏州上市公司盈利能力和营运能力均低于市场平均水平。

从苏州上市公司财务绩效分行业分析看,2021年,在苏州上市公司所处的主要行业中,机械设备的净资产收益率平均值最高,其次是电子和医药生物;苏州电子、机械设备和通信行业的净资产收益率平均值高于A股市场相关行业的净资产收益率平均值。2017—2021年,除了基础化工行业,其他苏州主要行业的产权比率平均值变化不大。与2020年相比,2021年苏州基础化工行业产权比率平均值有明显提高;除了通信和医药生物行业,2021年苏州其他主要行业的产权比率平均值均高于A股市场相关行业的产权比率平均值。2021年苏州六大主要行业的营业收入增长率平均值均较2020年有所提升,而成长能力最强的行业是医药生物行业;2021年机械设备和通信行业的营业收入增长率平均值高于A股市场相关行业该指标;而苏州其他四大行业的营业收入增长率平均值低于A股市场相关行业该指标。2017—2021年,苏州主要行业的总资产周转率平均值保持在0.4～0.8之间,这说明苏州主要行业的营运较为稳定,但波动幅度在扩大;通过与A股市场相关行业平均值比较,2021年苏州电力设备、基础化工和医药生物行业的总资产周转率平均值略高,苏州其余三个主要行业的总资产周转率平均值偏低,说明苏州主要行业的营运能力有一定的提高空间。2017—2021年,苏州主要行业的每股公积平均值总体呈现增长趋势;与A股市场相关行业平均值比较,2021年苏州除了电子和通信行业的每股公积平均值偏低,其他四个主要行业的每股公积平均值高于市场相关行业平均水平。

从苏州上市公司财务绩效分市场来看,2021年,苏州主板上市公司,在股本扩张能力方面高于主板市场平均水平;苏州创业板上市公司在成长能力、营运能力和股本扩张能力方面高于创业板市场平均水平;苏州科创板上市公司在盈利能力和营运能力方面高于科创板市场平均水平;苏州北证A股上市公司在成长能力、营运能力方面高于北证A股市场平均水平。在偿债能力方面,2021年苏州各市场上市公司产权比率平均值均高于相应市场平均值,说明苏州上市公司偿债风险有所提高。

通过对2021年苏州上市公司财务绩效指标分析,可以看到苏州上市公司的进步,但也发现苏州上市公司在发展中存在的两大问题:偿债风险持续增大;科创板上市公司的成长性需要进一步提高,并提出相应的发展建议。

苏州上市公司发展报告（2022）

第四章

苏州上市公司行业结构分析

改革开放以来,第二产业尤其是制造业,一直是苏州经济发展的主要推动力,计算机电子设备、电气机械等行业为苏州贡献了大量的产值和就业。2021年,苏州产业结构继续稳步提升,推动先进制造业和现代服务业深度融合,产业结构持续优化,"苏州制造"品牌影响力不断扩大,实现高新技术产业产值2.2万亿元,增长17.2%,占规模以上工业总产值比重达到52.5%。现代服务业加速发展,服务业增加值达到1.17万亿元,增长8.1%。苏州实施数字经济和数字化发展三年行动计划,数字经济核心产业增加值超过3300亿元。未来苏州仍要坚持以数字撬动存量、缔造增量,推动产业发展向价值链中高端攀升。

本章以苏州上市公司所处产业、行业为研究对象,研究上市公司的产业分布、行业分布、行业结构特征,根据最近5年来上市公司的产业、行业结构变化,将其与全国、主要城市的上市公司行业结构进行比较,挖掘苏州上市公司行业分布结构的优劣势,总结部分苏州退市和警示公司的失败教训,为未来苏州企业的上市计划提供参考。

在选取比较对象时,考虑到苏州的城市发展水平和产业特征,本年度的报告在对比城市中添加了广州,着重比较广州、杭州、南京、成都、武汉这5个城市(以下简称"对比城市"),它们在城市层次、经济规模、上市公司数量、产业结构、发展阶段等方面,与苏州有较强的可比性①。在比较时,本章将列举这5个城市各自上市公司的分产业相关数据,这5个城市合计的数据(以下简称"对比城市合计"),以及全国整体数据。

本章的数据若无特别说明,均来自万得(Wind)数据库中的年报数据或2017—2021年年末市场数据,反映各年上市公司的经营财务流量和年末时点指标。

第一节 苏州上市公司行业分布

一、苏州上市公司的三次产业分布

三次产业分布是行业分布的基础,能概括地说明苏州上市公司的行业分布情况。上市公司需要登记在《国民经济行业分类》(GB/T 4754—2011)中所属的行业类别,而《国民经济行业分类》同时也是三次产业划分的基础。按照国家统计局发布的《三次产业划分规定》,第一产业是指农、林、牧、渔业(不含农、林、牧、渔服务业);第二产业是指采矿业(不含开采辅助活动)、制造业(不含金属制品、机械和设备修理业)、电力、热力、燃气及水生产和供应业,建

---

① 苏州、广州、杭州、南京、成都、武汉,这6个城市的地区生产总值,在全国各市(地级市和直辖市)中的排名分别为6、4、8、10、7、9,拥有的上市公司数排名分别为5、6、4、8、10、13。

筑业；第三产业即服务业，是指除第一产业、第二产业以外的其他行业。

根据上述统计方法，2021年年末苏州144家A股上市公司（含主板、中小板、创业板和科创板）的产业分布、按产业分的全年营业收入和年末市值，归纳在表4-1内。可以看到，苏州第一产业无上市公司，大多数上市公司均属第二产业，第二、第三产业上市公司数之比为4.64∶1，这与多年以来苏州一直以第二、第三产业为主，第一产业占比很小的产业结构基本相符。2017—2021年，苏州共新增78家上市公司，第二、第三产业新增上市公司数之比为7.09∶1；说明最近5年来，苏州上市公司集中于第二产业的趋势日益明显。

表4-1 2021年年末苏州上市公司的三次产业分布

产 业	上市公司数（家）	营业收入（亿元）	市值（亿元）	2017—2021年新增上市公司数（家）
第二产业	144	4 566	14 781	78
第三产业	31	1 624	3 558	11
总　　计	175	6 190	18 339	89

说明：2017—2021年新增上市公司家数指2017—2021年共5年间的新增上市公司数，即2021年年末上市公司数与2016年年末上市公司数之差，下同。

二、苏州上市公司的行业分布

（一）苏州上市公司的行业门类分布

《国民经济行业分类》(GB/T 4754—2011)将所有经济活动划分为20个门类，苏州上市公司涵盖了其中12个门类。表4-2归纳了2021年年末苏州上市公司的行业门类分布、按行业门类分的全年营业收入和年末市值。

表4-2 2021年年末苏州上市公司的行业门类分布

行 业 门 类	上市公司（家）	营业收入（亿元）	年末市值（亿元）	2017—2021年新增上市公司数（家）
电力、热力、燃气及水生产和供应业	1	2	10	0
房地产业	1	119	53	0
建筑业	4	370	254	0
交通运输、仓储和邮政业	4	112	155	1
教育	1	9	27	0
金融业	5	362	1 042	2
科学研究和技术服务业	6	93	304	2

续　表

行　业　门　类	上市公司(家)	营业收入(亿元)	年末市值(亿元)	2017—2021年新增上市公司数(家)
批发和零售业	4	672	494	1
信息传输、软件和信息技术服务业	7	143	1 134	4
制造业	139	4 194	14 517	78
综合	2	76	178	1
租赁和商务服务业	1	39	169	0
总计	175	6 190	18 339	89

从表4-2中可以看到，制造业是苏州上市公司最集中的门类，占据了79%的公司数、68%的营业收入和79%的市值，在其他门类中，信息传输、软件和信息技术服务业、金融业、交通运输、仓储和邮政业、科学研究和技术服务业、建筑业上市公司相对集中，但与制造业相比有非常大的差距。2017—2021年，新增上市公司中有78家属于制造业，占新增上市公司数的88%，说明最近5年来，苏州上市公司的门类分布向制造业进一步集中；在此期间，苏州的信息传输、软件和信息技术服务业、金融业、科学研究和技术服务业上市公司也分别增加了4家、2家和2家，这反映了苏州高端服务业的较快发展情况。

（二）苏州制造业上市公司的行业大类分布

《国民经济行业分类》(GB/T 4754—2011)将所有经济活动在门类之下划分为96个行业大类，苏州上市公司涵盖了其中的36个大类，但除制造业外，每个大类的上市公司都很少，统计意义不明显，因此，本章着重关注苏州制造业上市公司的行业大类分布，见表4-3。

表4-3　2021年年末苏州制造业上市公司的行业大类分布

制造业类别	上市公司(家)	营业收入(亿元)	年末市值(亿元)	2017—2021年新增上市公司数(家)
电气机械和器材制造业	14	1 060	3 244	4
纺织业	1	5	25	1
非金属矿物制品业	2	31	79	2
黑色金属冶炼和压延加工业	1	185	129	0
化学纤维制造业	4	567	1 028	1
化学原料和化学制品制造业	8	196	1 003	4
计算机、通信和其他电子设备制造业	35	995	4 118	17

续 表

制造业类别	上市公司（家）	营业收入（亿元）	年末市值（亿元）	2017—2021年新增上市公司数（家）
金属制品业	12	218	549	7
木材加工和木、竹、藤、棕、草制品业	1	20	48	0
农副食品加工业	1	8	95	1
皮革、毛皮、羽毛及其制品和制鞋业	1	10	15	0
汽车制造业	4	64	208	4
食品制造业	1	24	86	1
铁路、船舶、航空航天和其他运输设备制造业	2	5	63	2
通用设备制造业	14	226	887	8
文教、工美、体育和娱乐用品制造业	1	5	36	1
橡胶和塑料制品业	6	76	258	5
医药制造业	5	77	458	3
仪器仪表制造业	2	18	88	1
有色金属冶炼和压延加工业	5	177	254	2
专用设备制造业	19	228	1 845	14
总计	139	4 194	14 517	78

从表4-3中可以看到，苏州制造业上市公司分布在21个行业大类（比2020年增加了2个大类），最密集的行业大类是计算机、通信和其他电子设备制造业，其次是电气机械和器材制造业、专用设备制造业、通用设备制造业。其中，计算机、通信和其他电子设备制造业占据了制造业25%的上市公司数、24%的营业收入和28%的市值，电气机械和器材制造业占据了10%的企业数、25%的营业收入和22%的市值，这两个行业大类的企业规模相对较大，专用设备制造业和通用设备制造业虽然企业数较多，但营业收入和市值总量均较低，企业规模较小。2017年来，苏州制造业新增上市公司分布较为集中的行业是计算机、通信和其他电子设备制造业、专用设备制造业、通用设备制造业、塑胶和塑料产品制造业和汽车制造业。

第二节 苏州上市公司行业特征分析

一、苏州上市公司行业集中度分析

如上所述，苏州上市公司高度集中于第二产业尤其是制造业，这一现象与苏州产业结构

的历史沿革和现状相符。那么,在全国范围内,与其他城市相比,苏州上市公司的行业集中情况如何呢?

从三次产业分布看,第一产业在全国范围内的上市公司就很少,苏州和对比城市都没有第一产业上市公司,这和各城市的城市化率较高有关。无论在各对比城市和全国范围内,第二产业上市公司都多于第三产业,但各对比城市的第二产业上市公司占比低于全国总体水平,而苏州第二产业上市公司占比高于全国总体水平,这说明,就上市公司而言,各对比城市在产业发展阶段上领先于苏州,见表4-4。

表4-4 苏州、对比城市和全国上市公司的三次产业分布

单位:家

行业门类	苏州	广州	杭州	南京	成都	武汉	对比城市合计	全国合计
第一产业	0	0	0	0	0	0	0	46
第二产业	144	80	126	59	70	44	379	3 341
第三产业	31	51	74	46	31	27	229	1 293
总计	175	131	200	105	101	71	608	4 680
第二产业占比(%)	82	61	63	56	69	62	62	71

从三次产业分布的上市公司市值看,苏州第二产业市值占比明显高过对比城市和全国平均水平,这与企业数分布的结果是一致的,见表4-5。

表4-5 苏州、对比城市和全国上市公司年末市值的三次产业分布

单位:亿元

行业门类	苏州	广州	杭州	南京	成都	武汉	对比城市合计	全国
第一产业	0	0	0	0	0	0	0	7 627
第二产业	14 781	12 469	20 914	5 944	11 403	5 841	56 571	643 977
第三产业	3 558	10 689	13 204	9 575	3 099	2 652	39 218	313 515
总计	18 339	23 157	34 119	15 519	14 501	8 493	95 789	965 119
第二产业占比(%)	81	54	61	38	79	69	59	67

将2016年年末与2021年年末的企业数、市值比较(见表4-6)会发现,5年来,苏州、对比城市和全国的第二产业上市公司数、市值占比均有所上升,这说明,苏州在利用金融市场"上市名额"方面的产业转型步伐,与其他对比城市以及全国都没有太大差别。

表 4-6　2016 年年末苏州与对比城市、全国上市公司三次产业比较

行业门类	2016 年年末上市公司数量（家）			2016 年年末市值（亿元）		
	苏　州	对比城市合计	全国	苏州	对比城市合计	全国
第一产业	0	0	38	0	0	4 896
第二产业	66	205	2 036	5 937	25 390	291 813
第三产业	20	147	900	2 183	27 019	240 932
总　　计	86	352	2 974	8 121	52 410	537 641
第二产业占比（%）	77	58	68	73	48	54

从各行业门类的上市公司数和市值看，无论在全国还是在各对比城市，制造业都是上市公司数最多的行业、市值最集中的行业，这些与中国是一个制造业大国的现实是相匹配的。虽然上市公司在制造业集中是普遍现象，但苏州上市公司在制造业的企业集中度、市值集中度均高于全国，而对比城市上市公司在制造业的企业集中度低于全国，见表 4-7 和表 4-8。

表 4-7　苏州、对比城市和全国上市公司的行业门类分布

单位：家

行　业　门　类	苏州	广州	杭州	南京	成都	武汉	对比城市合计	全国
采矿业	0	2	1	0	0	0	3	77
电力、热力、燃气及水生产和供应业	1	4	6	3	7	5	25	129
房地产业	1	4	7	3	1	2	17	115
建筑业	4	2	5	3	3	4	17	108
交通运输、仓储和邮政业	4	7	0	5	1	2	15	108
教育	1	0	0	0	0	0	0	12
金融业	5	2	8	6	3	2	21	128
居民服务、修理和其他服务业	0	0	0	0	0	0	0	1
科学研究和技术服务业	6	9	3	4	3	0	19	88
农、林、牧、渔业	0	0	0	0	0	0	0	47
批发和零售业	4	3	10	13	4	8	38	186

续表

行业门类	苏州	广州	杭州	南京	成都	武汉	对比城市合计	全国
水利、环境和公共设施管理业	0	1	3	3	0	3	10	90
卫生和社会工作	0	1	2	0	0	0	3	14
文化、体育和娱乐业	0	2	7	2	2	3	16	62
信息传输、软件和信息技术服务业	7	14	28	9	15	5	71	381
制造业	139	73	114	53	60	35	335	3 044
住宿和餐饮业	0	0	1	1	0	0	2	10
综合	2	0	0	0	1	0	1	14
租赁和商务服务业	1	7	5	0	1	2	15	66
总计	175	131	200	105	101	71	608	4 680
制造业占比(%)	79	56	57	50	59	49	55	65

表 4-8 苏州、对比城市和全国上市公司市值的行业门类分布

单位：亿元

行业门类	苏州	广州	杭州	南京	成都	武汉	对比城市合计	全国
采矿业	0	564	113	0	0	0	677	35 627
电力、热力、燃气及水生产和供应业	10	663	1 140	488	1 320	675	4 286	30 655
房地产业	53	1 948	367	186	62	66	2 630	17 029
建筑业	254	101	166	301	641	182	1 392	16 914
交通运输、仓储和邮政业	155	1 836	0	592	132	85	2 645	28 591
教育	27	0	0	0	0	0	0	887
金融业	1 042	1 986	3 913	3 887	1 035	768	11 588	155 487
居民服务、修理和其他服务业	0	0	0	0	0	0	0	15
科学研究和技术服务业	304	794	1 181	583	227	0	2 786	12 786
农、林、牧、渔业	0	0	0	0	0	0	0	7 686

续 表

行业门类	苏州	广州	杭州	南京	成都	武汉	对比城市合计	全国
批发和零售业	494	411	1 568	1 151	198	842	4 170	17 597
水利、环境和公共设施管理业	0	62	462	99	0	120	743	5 669
卫生和社会工作	0	519	846	0	0	0	1 365	4 713
文化、体育和娱乐业	0	105	985	230	175	168	1 663	6 810
信息传输、软件和信息技术服务业	1 134	1 267	3 365	2 824	1 127	250	8 831	49 068
制造业	14 517	11 366	19 496	5 155	9 441	4 984	50 441	563 067
住宿和餐饮业	0	0	28	22	0	0	50	1 055
综合	178	0	0	0	50	0	50	1 225
租赁和商务服务业	169	1 536	488	0	94	353	2 471	10 239
总计	18 339	23 157	34 119	15 519	14 501	8 493	95 789	965 119
制造业占比(%)	79	49	57	33	65	59	53	58

根据表4-7、表4-8中的信息,可以计算出苏州、对比城市和全国范围内的各上市公司在企业数、市值上的赫芬达尔指数 H(3)[①],描绘为图4-1,更全面地刻画行业集中情况。

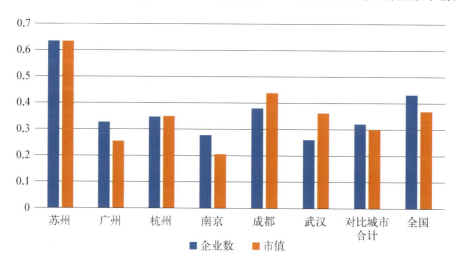

图 4-1 苏州和对比城市、全国上市公司行业赫芬达尔指数 H(3)

---

① 赫芬达尔指数是一种测量集中度的指标,是指总体中前几位所占份额的平方和。上市企业/市值数的行业赫芬达尔指数 H(3),就是上市公司数量/市值前三的行业,其上市公司数/市值占上市公司总数/市值的比例的平方之和,该指数越接近于1,说明分布越集中。

从赫芬达尔指数可以看到,无论在企业数上,还是在市值上,苏州上市公司的赫芬达尔指数都明显高于全国水平和所有对比城市;而各对比城市企业赫芬达尔指数均低于全国水平,除成都外,其他各对比城市的市值赫芬达尔指数均低于全国水平,对比城市合计的两项指数也都低于全国水平。这表明,对比城市上市公司的总体行业集中度低于全国(多元化程度高于全国),苏州则与对比城市正相反。

二、苏州上市公司行业先进度分析

在长期以来实行上市核准制的背景下,公司上市意味着对金融市场"资源"的使用。如果上市公司位于一个更先进、更受金融市场欢迎的行业,能够产生更多利润、获得更高估值,那么它就能用好这张金融市场的"门票",对这个城市的同行业企业产生更强的示范效应,更多地辐射上下游企业,推动城市产业转型升级。相反,如果上市的公司所在行业自身盈利能力一般、不受金融市场青睐,那么该公司的上市就是对地区金融资源的无效占用,无法提高本地上市公司的整体形象。本章希望找出分布于先进行业的上市公司,分析各城市上市公司的行业先进度,同时也需要关注城市是否有较多的上市公司处于落后行业。

(一)先进行业的确定

先进行业(产业)在全国、全世界并无明确的定义或范围[①]。本章讨论的行业先进性,不是纯技术层面上的,而是财务业绩和金融市场表现上的先进,所以在这里尝试根据上市公司的客观数据,自行划定先进行业范围。

先进行业应该在当前能比其他行业创造更多的增加值,在未来有更好的增长前景。在上市公司公开的数据中,盈利能力可以从侧面反映增加值创造能力,在这里仍然用总资产收益率(ROA)和净资产收益率(ROE)作为盈利能力指标;用市净率(PB)来反映企业的增长前景,若市净率较高,说明即便企业当前客观财务指标不高,但投资者仍然愿意付出较高的价格获得企业股份,即投资者看好企业的增长前景[②]。

本章按照 Wind 行业分类标准将上市公司归类。Wind 行业分类标准是 Wind 资讯在广泛借鉴国内外证券市场的行业分类标准(主要是全球行业分类系统,Global Industry Classification Standard,GICS)后,考虑中国证券市场特征后,推出的满足于市场投资研究需要的行业分类标准。目前我国上市公司分布在 24 个 Wind 二级行业,62 个 Wind 三级行业里,本章的研究细化到三级行业。

每个上市公司均有个体的 ROA、ROE、PB 值,但为避免个体值算术平均易受极值影响的问题,并减少单一年度行业特定行情的影响,本章使用多年行业总量重新计算 ROA、ROE、PB 值,纳入计算样本的是 2017 年年初已上市的企业,选取 2017—2021 年的总量数据进行计算。ROA 按照"行业 5 年净利润之和/行业 5 年年末总资产之和"计算,ROE 按照

[①] 我国目前定义工业战略性新兴产业包括节能环保产业、新一代信息技术产业、生物产业、高端设备制造产业、新能源产业、新材料产业、新能源汽车产业等七大产业,高技术制造业包括医药制造业、航空、航天器及设备制造业、电子及通信设备制造业、计算机及办公设备制造业、医疗仪器设备及仪器仪表制造业、信息化学品制造业;各地会根据其产业基础和发展目标,提出一些重点发展的行业,如苏州"十三五"期间提出的"先进制造业"就包括新一代电子信息、高端装备制造、新材料、软件和集成电路、新能源与节能环保、医疗器械和生物医药等行业,而苏州产业转型升级的目标又包括发展文化业、金融业等。但是,各地的先进产业范围并不一致,全国性的新兴产业、高技术制造业又未涵盖第三产业的各部门,且很难与上市公司所处行业一一对应。

[②] 市盈率反映的也是类似信息,但当净利润为负数时,市盈率指标就失去了意义,所以这里只使用市净率指标。

"行业 5 年净利润之和/行业 5 年年末所有者权益之和"计算,PB 按照"行业 5 年年末总市值之和/行业 5 年年末所有者权益之和"计算。每个行业均有自己的 ROA、ROE、PB 排名名次(值最高为第 1 名),将三个排名以 1∶1∶2 的权重加权相加(即最终盈利性和成长性排名影响各占一半),得到各行业的总排名,总排名越低,视作该行业越先进。2016 年年末我国上市公司共涵盖了 62 个 Wind 二级行业,将总排名的前 1/3,即前 21 个行业归类为先进行业,其数据列举在表 4-9。

表 4-9　按照 Wind 行业标准分类的先进行业排名

Wind 三级行业	ROA(%) 及排名	ROE(%) 及排名	市净率 及排名	三项排名序数加权和	总排名
饮料	14.66(1)	21.15(1)	7.85(1)	4	1
生物科技	11.13(2)	14.44(6)	5.59(4)	16	2
医疗保健设备与用品	11.08(3)	16.41(3)	5.41(5)	16	3
生命科学工具和服务	7.98(6)	11.27(9)	7(2)	19	4
个人用品	8.07(5)	12.5(8)	4.54(7)	27	5
家庭耐用消费品	6.15(8)	15.34(4)	3.17(12)	36	6
食品	5.08(10)	9.85(13)	3.67(10)	43	7
软件	4.8(12)	7.24(34)	4.82(6)	58	8
半导体产品与半导体设备	3.97(21)	7.46(33)	4.31(8)	70	9
电子设备、仪器和元件	4.25(17)	9.08(21)	3.05(16)	70	10
办公电子设备	8.08(4)	9.7(16)	2.41(28)	76	11
专业服务	4.68(14)	9.3(19)	2.69(22)	77	12
化工	4.99(11)	10.61(11)	2.39(29)	80	13
医疗保健提供商与服务	3.76(27)	9.7(15)	2.85(19)	80	14
制药	4.25(16)	6.95(38)	3.11(15)	84	15
酒店、餐馆与休闲	3.47(30)	9.78(14)	2.68(23)	90	16
建材	7.46(7)	14.9(5)	1.54(41)	94	17
航空货运与物流	3.89(23)	8.86(23)	2.53(25)	96	18
海运	5.93(9)	17.45(2)	1.33(47)	105	19
建筑产品	3.8(26)	6.9(39)	2.61(24)	113	20
汽车零配件	3.97(22)	7.75(29)	2.17(31)	113	21

说明：括号内为该产业该指标的单项排名。

此外,总排名最后的10个行业分别是多元化零售、房地产管理和开发、商业银行、建筑与工程、消费品经销商、能源设备与服务、电力、多元电信服务、多元金融服务、专营零售[①]。本章在分析时称之为"落后行业",需要说明的是,这些行业并不一定在技术上落后(如能源设备与服务),在经济运行中的地位也可能非常重要(如商业银行),只是就地区来说,这些公司上市后不一定能够在估值上获得金融市场的认可,在打造地区上市公司形象、统筹本地上市资源等方面效率不高。

(二)各地上市公司在先进行业的分布

将苏州、对比城市和全国位于先进行业和落后行业的上市公司数、5年来新增上市公司数及其比例汇总在表4-10内。

表4-10 苏州、对比城市和全国位于先进和落后行业的上市公司数量和比例

城 市	2021年年末先进行业公司数量(家)	2021年年末落后行业公司数量(家)	2017—2021年新增先进行业(家)	2017—2021年新增落后行业(家)	先进行业上市公司占比(%)	新增先进行业上市公司占比(%)
苏 州	88	12	49	4	50	55
广 州	56	12	32	1	43	58
杭 州	78	20	39	7	39	40
南 京	38	19	25	5	36	54
成 都	42	11	17	1	42	46
武 汉	29	13	12	1	41	60
对比城市合计	243	75	125	15	31	49
全 国	2 156	441	931	70	46	55

说明:新增先进行业上市公司数占比=新增先进行业上市公司数/新增上市公司数。

可以看到,2021年苏州位于先进行业的上市公司占比超过了对比城市和全国总体水平,且近5年以来的新增上市公司中,位于先进行业的公司占比也较高。这既是苏州市支持优质企业上市政策导向的成果,也是我国科创板市场创立后,对上市企业盈利要求放宽,使得更多具备良好前景、附加值较高的企业能够在国内上市的结果[②]。与此同时,苏州位于落后行业的上市公司相对较少,相对于全国和对比城市有一定优势;和2020年的结果相比,苏州上市公司在落后行业的分布有明显改善(主要是因为随着上市公司行业绩效的改变,落

---

① 根据计算结果,航空业排名为59位,它是所有行业中唯一整体亏损的行业,因此ROA、ROE排名都是最低的,但这主要是受到新冠肺炎疫情影响的结果,所以在这里没有将其列为落后行业,而是取了不包括航空业在内的,其他10个排名最后的行业作为落后行业。

② 我们在《苏州上市公司发展报告2019》中曾提到,一些前期投入较大、盈利周期长,与我国A股上市的两年、三年盈利要求存在冲突的高科技初创企业,会选择去海外上市,如苏州的信达生物、同程艺龙等。科创板的设立能够缓解这种冲突。

三、苏州制造业上市公司的行业代表性分析

各城市的上市公司是各地各行业的中坚力量,代表着各地各行业能利用资本市场获得发展的那部分生产资源。如果某行业某地上市公司的营业收入占该地该行业产值比例较高,就说明该行业的生产资源已较为充分地接入了资本市场,由上市公司来代表;反之,则说明该地上市公司未能代表该行业,该行业对资本市场利用不足。

所有上市公司的营业收入都是公开数据,但现有统计数据只公布制造业产值,因此,只有制造业的上市公司才能分析其行业代表性,由于苏州上市公司大量集中于制造业,所以针对制造业的分析还是有较强现实意义的。本章从苏州市统计局公布的《2022年苏州市情市力》中获得了苏州市2021年规模以上制造业各行业的产值,将苏州各制造行业上市公司的营业收入除以对应行业产值,得到了反映制造行业上市公司行业代表性的比率,汇总在表4-11内。

表4-11 苏州制造业上市公司营业收入与制造业产值比例关系

行业	2021年主要数据			2020年该行业上市公司营业收入占行业产值比例(%)
	营业收入(亿元)	全市产值(亿元)	营收占产值比例(%)	
电气机械和器材制造业	1 060	3 338	31.7	28.8
纺织业	5	1 278	0.4	1.7
非金属矿物制品业	31	943	3.2	2.6
黑色金属冶炼和压延加工业	185	3 115	5.9	5.9
化学纤维制造业	567	985	57.5	33.1
化学原料和化学制品制造业	196	2 150	9.1	7.8
计算机、通信和其他电子设备制造业	995	11 623	8.6	7.9
金属制品业	218	1 525	14.3	15.9
农副食品加工业	8	491	1.6	
汽车制造业	64	2 413	2.7	2.1
食品制造业	24	217	11.1	
铁路、船舶、航空航天和其他运输设备制造业	5	435	1.2	1.6
通用设备制造业	226	3 772	6.0	5.5
文教、工美、体育和娱乐用品制造业	5	223	2.5	2.2
橡胶和塑料制品业	76	1 659	4.6	4.4

续 表

行　　业	2021年主要数据			2020年该行业上市公司营业收入占行业产值比例（%）
	营业收入（亿元）	全市产值（亿元）	营收占产值比例（%）	
医药制造业	77	591	13.0	9.8
仪器仪表制造业	18	675	2.6	5.1
有色金属冶炼和压延加工业	177	1 039	17.0	14.3
专用设备制造业	228	2 077	11.0	8.1
纺织服装、服饰业		380		
造纸和纸制品业		760		
总计	4 194	36 471	11.5	8.8

2021年苏州有统计的制造业共有21个行业大类，其中，有上市公司对应的行业为19个[①]。2021年制造业上市公司营业收入合计约占制造业产值的11.5%。苏州上市公司的行业覆盖相对全面，产值前10位的制造行业均有上市公司，没有上市公司的制造行业只有2个，行业产值合计只占苏州全市制造业产值的3.1%。各制造行业上市营收占比并不均匀，占比最高的是化学纤维制造业（57.5%），其次是电气机械和器材制造业（31.7%）、有色金属冶炼及压延加工业（17.0%）、金属制品业（14.3%）、医药制造业（13.0%）、食品制造业（11.1%）和专用设备制造业（11.0%），其余行业占比均在10%以下，如计算机、通信和其他电子设备制造业，虽然上市公司数量多，营业收入总量也不小，但相对于苏州庞大的该行业产值而言，上市公司营业收入只占产值的8.6%。

与2020年相比，2021年制造业上市公司营业收入占制造业产值的比例上升了2.7个百分点，没有上市营收的行业从4个减少到了2个，上市营收占比超过10%的行业从4个增加到了7个，这都说明2021年，苏州上市公司的行业代表性有了明显提高。

四、苏州上市公司行业竞争力分析

本章从两个角度分析苏州各行业上市公司的竞争力，一是各行业上市公司的规模竞争力用平均市值来反映，体现得到市场认可的公司规模；二是各行业上市公司的经营能力，用总资产收益率和净资产收益率这两个财务指标来反映，体现经营的最终目标即盈利。此外，本章还专门针对苏州近年来的摘牌、戴帽（ST）企业所在的行业做一些讨论。

（一）苏州主要上市行业公司的平均市值

由于包括苏州在内的多个城市，很多行业都只有1～2家上市公司，此时计算得到的平均市值主要反映公司个别情况，不宜据此对该地行业做出判断。因此，本章主要关

---

① 另外，苏州有两家上市公司分别属于木材加工和木、竹、藤、棕、草制品业和皮革、毛皮、羽毛及其制品和制鞋业，但市级的产值统计中没有出现这两个行业，在表中未做统计和对比。

注苏州上市公司分布相对密集的 4 个行业(以上市公司数达到或超过 5 家为标准),即制造业,信息传输、软件和信息技术服务业,科学研究和技术服务业,金融业,将其平均市值、对比城市同类行业上市公司平均市值和全国同类行业上市公司平均市值都归纳在表 4-12 内。

表 4-12 2021 年年末苏州、对比城市和全国上市公司主要行业平均市值

单位:亿元

行 业 门 类	苏州	广州	杭州	南京	成都	武汉	对比城市	全国
金融业	208	993	489	648	345	384	552	1 215
科学研究和技术服务业	51	88	394	146	76	0	147	145
信息传输、软件和信息技术服务业	162	90	120	314	75	50	124	129
制造业	104	156	171	97	157	142	151	185

说明:各地数字中,高于苏州的用橙底色表示,低于苏州的用浅绿底色表示,下同。

可以看到,除了信息传输、软件和信息技术服务业外,苏州上市公司主要行业的平均市值均低于大多数对比城市和全国总体水平,而对比城市相同行业的平均市值,又经常低于全国平均水平。这一方面说明,苏州各行业上市公司规模都相对较小,缺少规模竞争力;另一方面也和苏州近年新增大量科创板上市公司有关。

(二)苏州上市公司主要行业的收益率指标

总资产收益率(ROA)和净资产收益率(ROE)可以反映上市公司的盈利能力。同花顺数据库中给出了各上市公司的总资产收益率和净资产收益率,但若直接对各行业上市公司的收益率做算术平均,就无法反映各公司在规模上的差异,尤其是分城市、分行业的统计结果可能会被个别公司的极端数字扭曲。因此,本章在计算时,先统计分城市、分行业的 2021 年总资产、总所有者权益和总净利润,然后按照"ROA=总净利润/总资产","ROE=总净利润/总所有者权益"的算法,计算出苏州上市公司分布密集的 4 个行业的公司总资产收益率、净资产收益率,分别汇总在表 4-13、表 4-14 中,并与对比城市、全国整体水平相比较。

表 4-13 2021 年苏州、对比城市和全国上市公司主要行业总资产收益率

单位:%

行 业 门 类	苏州	广州	杭州	南京	成都	武汉	对比城市	全国
金融业	0.92	2.23	0.77	0.99	1.24	1.18	1.01	0.94
科学研究和技术服务业	2.11	4.74	12.51	5.85	−0.61		7.08	6.38

续 表

行 业 门 类	苏州	广州	杭州	南京	成都	武汉	对比城市	全国
信息传输、软件和信息技术服务业	5.09	3.13	5.06	5.64	−2.79	−7.87	3.60	2.69
制造业	3.07	5.63	7.17	4.37	6.18	4.86	6.09	5.19

表 4-14 2021 年苏州、对比城市和全国上市公司主要行业净资产收益率

单位：%

行 业 门 类	苏州	广州	杭州	南京	成都	武汉	对比城市	全国
金融业	8.73	10.51	9.12	10.49	11.97	5.30	9.96	10.04
科学研究和技术服务业	4.02	8.49	14.87	11.06	0.81		11.03	10.07
信息传输、软件和信息技术服务业	6.72	5.35	7.85	9.48	−5.73	−24.12	6.12	4.50
制造业	6.54	10.22	15.00	9.20	12.00	9.04	12.01	10.62

可以看到，除了信息传输、软件和信息技术服务业外，苏州市主要上市行业的公司，其总资产收益率和净资产收益率，都落后于多数对比城市，也落后于全国，制造业尤其明显。收益率的对比和平均市值的对比，整体态势相同，这说明苏州上市公司整体"小而不强"。

（三）苏州问题上市公司的行业特征分析

在 2021 年年末的 175 家苏州上市公司中，有 1 家（300325 德威退）在 2022 年退市。此外，苏州目前还有 2 家上市公司（002499＊ST 科林、600083＊ST 博信）戴着＊ST 帽子，处于退市边缘，1 家上市公司（002089ST 新海）戴着 ST 帽子。这里先梳理一下这些公司的大致问题，再从行业角度归纳一些经验教训。

德威退在 2021 年处于＊ST 状态，在上一年的上市公司分析报告中已有提及，问题是原主业（高分子线缆材料）市场表现不佳，试图转型进入氢能源领域失败；＊ST 科林和＊ST 博信也是 2021 年时就处于＊ST 状态的公司，上年的报告中也已提及，前者的问题同样是主业表现不佳，转型失败，后者是壳资源，新业务尚未注入。这两家企业今年均出现过退市风险警示。

ST 新海的主营业务为通信制造业，但近年来积极投入新能源行业，包括新能源汽车和光伏电池，但从历年来的盈利情况看，该公司的转型同样是在主营业务经营不佳情况下的被迫转型。

2022 年苏州的 1 家摘牌企业和 3 家风险警示企业，都是在原有主营业务（制造业）饱和或衰退情况下，试图转型到资本市场更青睐、更能讲出"故事"的行业，如光伏、氢能源等，但这些新赛道虽然"先进"，但参与者良莠不齐，近年来也已经非常拥挤，所以这些公司的转型都不成功。相对来说，2021 年，苏州的长城退（原股东为江苏宏宝）和原鹿港文化的原股东找到了新的投资人，重组成功，基本平安地离开了证券市场，可以为主营业务表现不佳的企业提供一些启示：如果能够审时度势，急流勇退，趁壳资源还有价值的时候出售获得现金，也不失为苏州产业资本的一条出路；而如果要进行产业转型，则需要对新行业有更深刻了解后再审慎进入，不能盲目追赶资本市场的热点。

第三节　苏州上市公司行业结构的问题和改善策略

一、苏州上市公司行业结构的问题

（一）上市公司分布过度集中

如前所述，苏州上市公司在企业数、营业收入和市值各方面，都高度集中于制造业，其他行业上市公司数较少，集中程度超过了全国平均水平，就赫芬达尔指数看，集中情况与发展水平、阶段相似的城市有较大的差异；2016—2021年，集中趋势不但未见缓解，反而有进一步加强的趋势。这种过度集中一方面不利于苏州其他行业的企业利用资本市场；另一方面，也会使苏州板块股票的价格和形象过多受制于制造业周期。不过，这一问题在未来几年可能难以改变，随着科创板注册制的实施，大量规模较小的企业更容易上市，而和科创主题有关的企业，更多地位于制造业，这也是全国新上市公司的普遍问题。

（二）上市行业与城市行业基础不匹配

苏州制造业有些行业上市公司营收占行业产值比例很高，有些行业却很低甚至没有，尤其是苏州制造业产值最大的计算机、通信和其他电子设备制造业，虽然上市公司已经很多了，但由上市公司完成的营收占比仍然偏低。这说明，苏州各行业的制造业利用资本市场的能力与其规模不匹配，市场对苏州板块股票的印象也会与苏州本地行业发展状况脱节。当然，出现这一现象也有其客观原因：上市公司需要一定的规模要求，部分行业的公司规模普遍过小，无法上市，有些行业的产能集中度又较高，上市一两家大企业就会带来较高的营收占比，部分行业大量产能系外商投资企业贡献，目前无法在我国证券市场上市。需要看到的是，2021年，这一现象相对于2020年有了不小的改观。

（三）规模和收益竞争力均不足

2021年年末苏州多数主要上市行业公司的平均市值、收益率不但低于多数对比城市，而且还低于全国平均水平，这表明，苏州各行业上市公司在规模和收益上相对于其他城市缺少竞争力。上市公司的市值规模是上市公司开展业务的信用基础之一，规模较小会限制苏州上市公司在业务拓展、融资等环节的空间，尤其是不利于一些资产较轻，依靠投资者信心来获取资金的新兴行业发展；对照几年来的上市公司发展报告可以看出，苏州主要上市行业公司的收益率常年不佳，苏州的公司虽"小"却不"美"，以至于出现了部分公司盲目实施转型的失败案例。

二、改善苏州上市公司行业结构和竞争力的策略

（一）升级城市行业基础

苏州上市公司行业结构的改善主要应通过增量来实现，即增加那些存在不足行业的上市公司，而非让上市公司数量较多行业的上市公司退出。要通过增量来调整行业结构，就要

有符合调整结构目标的城市行业基础:对于要增加上市企业的行业,要有一批达到上市基本要求,分布在各行业尤其是先进行业的备选企业,而为了要有这批达标企业,每个行业就要有一系列从未达标到正准备达标的企业梯队,以及为这些企业提供生态支持的周边小企业。推动城市行业基础升级转型,是匹配上市公司与城市行业基础、提高上市行业先进程度、实现上市公司行业多元化分布的根本策略。

（二）先进行业上市公司深耕主营业务

2021年苏州市位于先进行业的上市公司数量比对比城市都多,但上市公司的规模和收益率竞争力却不高。这说明,苏州的上市公司虽然已经在行业门槛上跨进了"先进",但却未能真正在竞争力上"先进"起来,不足以拉动全市上市公司的表现。这些上市公司需要不忘初心,坚持在主营业务上深耕,将行业的先进性发挥出来。因为本章的先进行业本来就是根据财务业绩和市场业绩筛选出来的,所以在先进行业深耕主营业务,也是和企业所有者的利益激励相容的。

（三）业绩不佳的上市公司理性转型

部分上市公司业绩不佳后会尝试转型或者业务多元化,但转型需要考虑公司的现有基础和市场态势,不能单纯因为资本市场青睐,而盲目进入一些新行业;如果转型风险较大,那么在价格合适的情况下,及时将壳资源转让变现,收缩原有业务,手持现金等待时机,也不失为一条可行的策略。

（四）为企业壮大提供微观激励和多层次金融支持

在苏州上市公司行业竞争力分析中发现,上市公司规模竞争力差既是苏州所有上市公司普遍存在的现象,也是各对比城市(发展阶段类似的"二线城市")所共同面临的问题。近年来随着我国经济的供给侧结构性改革、中国制造2025计划的推进,上市公司竞争力的马太效应正逐步呈现,苏州作为二线城市,资源有限,企业的发展主要还是依靠微观主体的经营,政策引导只能发挥辅助作用:通过进一步完善产权和法治,鼓励企业积极发展壮大,并在风险可控的情况下,建议金融机构适当为苏州上市公司提供多层次金融支持,使之能扩大资产规模,更好地与全国其他企业竞争。

需要说明的是,目前针对苏州上市公司行业竞争力改善的建议,基于苏州各行业上市公司竞争力不存在明显分化的前提,在未来应继续监测对比各行业上市公司的竞争力,根据情况变化而制定更有针对性的策略。

本 章 小 结

本章以苏州上市公司所处产业、行业为研究对象,研究了苏州上市公司的产业、行业分布,分析了苏州上市公司的行业集中度、行业先进度、行业代表性和行业竞争力等结构特征,将其与全国整体水平,以及广州、杭州、南京、成都、武汉5个有可比性的城市做了对比,并对比列举了最近5年来苏州上市公司产业、行业分布和结构的变化情况。

本章发现,苏州大多数上市公司均属第二产业,且最近5年来,苏州上市公司的产业分布进一步向第二产业集中;制造业是苏州上市公司最集中的门类,制造业明显密集分布的大类主要是计算机、通信和其他电子设备制造业、电气机械和器材制造业、专用设备制造业、通用设备制造业。与对比城市相比,苏州上市公司过度集中于制造业,不利于苏州其他行业的企业利用资本市场,并使苏州板块股票的价格和形象波动受制造业周期的影响过大。

本章综合考虑了收益率和市值指标,根据我国所有上市公司最近5年来的实际表现,在62个Wind三级行业中筛选出21个行业为先进行业,10个为落后行业,发现近年来随着大量公司新增上市,苏州上市公司位于先进行业的比例稳步提高,占比已超过了全国和对比城市平均水平。本章还发现,苏州各制造行业上市公司营收占行业产值之比高低不一,上市行业与城市行业基础仍不够匹配,部分高产值行业上市公司营收占比较低,2021年这一情况有明显改善。

可以看到,苏州上市公司主要行业的平均市值和竞争力都低于大多数对比城市和全国总体水平,部分上市公司盲目开展转型和多元化,成效不佳。

针对发现的问题,为改善苏州上市公司的行业结构和行业竞争力,立足于增量改进,本章提出了包括升级城市行业基础、先进行业上市公司深耕主营业务、业绩不佳的上市公司理性转型以及为企业壮大提供微观激励和多层次金融支持等四条策略建议。

苏 州 上 市 公 司 发 展 报 告 (2022)

第五章

苏州上市公司再融资规模与影响分析

本章将上市公司再融资的范畴界定为：上市公司在首次公开发行股票(IPO)以后，通过证券市场以配股、增发新股、发行可转换债券或发行公司债券等方式，向投资者再次筹集资金的行为。上市公司利用证券市场进行再融资，是其能够快速扩张持续发展的重要动力源泉之一。再融资对于上市公司而言，不仅能够扩大经营规模，还可以加大研发和创新投入，有助于推动企业转型升级；对地方经济而言，再融资能够引进外部投资，带动配套资源向上市公司集中，并且辐射到上下游产业链的众多中小企业，拉动经济的整体转型和升级。本章对苏州上市公司2021年度再融资规模、结构及募集资金应用效果进行分析，对苏州地区上市公司的再融资能力进行横向对比研究，并为提高苏州地区上市公司再融资能力提出相关的对策和建议。

第一节　苏州上市公司再融资规模与结构分析

随着我国资本市场的建设及发展，我国上市公司的再融资规模不断扩大，再融资的方式也日益多样化。在目前我国资本市场持续发展的背景下，苏州上市公司数量不断增加，苏州上市公司的再融资方式也呈现出多样化的结构。苏州上市公司利用资本市场再融资，增强资金实力，进一步扩大自身的经营规模，积极进行产业转型、升级，增强上市企业的市场活力，积极助推苏州区域经济的发展。

一、我国上市公司再融资现状

我国上市公司再融资的方式可以分为股权融资与债务融资两大类。股权融资的再融资方式主要有增发、配股和发行可转换债券。上市公司向全体社会公众发售股票简称为增发，增发分为定向增发和非定向增发，增发认购股份可以以现金方式认购，也可以以资产方式认购。配股是上市公司向现有股东折价发行股票以筹集资金的行为，我国证监会成立后，配股的政策和规定陆续出台，配股融资需要具备一定的条件。可转换债券是指具有固定面值和一定存续期限的，并且持有人有权在规定期限内按照一定比例将其转换成发行公司普通股票的债务凭证。

上市公司进行债务融资的工具主要有发行企业债和公司债券。我国企业发行企业债券需要经国家发改委审批。公司债券是指上市公司依照法定程序发行、约定在一年以上期限内还本付息的有价证券。公司债券是由证监会监管的中长期直接融资品种，发行公司债券的企业包括股份有限公司和有限责任公司，对发债主体的限制较企业债券宽松，范围较企业债券有所扩大，符合发行公司债券机构的数量远远大于发行企业债券机构的数量。发行公司债券可以以公开发行和非公开的方式进行。非公开发行债券不用履行核准程序，但对发行对象的选择、发行方式等方面有特定要求。非公开发行债券是公司经证券承销商或自行在证券市场上向限定的合格投资者，以非公开的方式销售债券。非公开发行公司债券的公司为股份有限公司或者有限责任公司。发行的对象是应当具备相应的风险识别和承担能力，知悉并自行承担公司债券的投资风险的合格投资者。发行人的董事、监事、高级管理人员及持股比例超过百分之五的股东可以参与本公司非公开发行公司债券的认购与转让。发行方式为非公开发行的，只能针对特定少数人进行债券发售，而不能公开向不特定的一般投资者进行劝募，不得采用广告、公开劝诱和变相公开方式进行募集。每次发行对象不得超过二百人。非公开发行公司债券，可以申请在证券交易所、全国中小企业股份转让系统、机构间私募产品报价与服务系统、证券公司柜台发行和转让。

近年来我国金融监管部门也积极倡导推行一些新型的债务型再融资工具，满足不同种类上市公司的多样化的再融资需求。创新性再融资工具包括可分离交易可转债、短期融资券、中期票据、集合票据。发行公司为降低债券融资的成本或增加债券的吸引力，向债券认购者配送公司的认股权证，这种与普通可转债较为相似的金融产品就是可分离交易可转债。短期融资券是指企业依照法律规定的条件和程序在银行间债券市场发行和交易并约定在一定期限内还本付息的有价证券；中期票据是指期限通常在 5~10 年之间的票据；集合票据是指 2 个以上、10 个以下具有法人资格的中小企业债务融资工具，集合发行能够解决单个企业独立发行规模小、流动性不足等问题。多样化的再融资体系所包括的再融资方式还有资产证券化，资产证券化是以特定资产组合或特定现金流为支持，发行可交易证券的一种融资形式。根据证券化的基础资产不同，可以将资产证券化分为不动产证券化、应收账款证券化、信贷资产证券化、未来收益证券化、债券组合证券化等类别。近年来，一种新型债务融资工具在银行间债券市场兴起，在银行间债券市场以非公开定向发行方式发行的债务融资工具称为非公开定向债务融资工具(private placement note，PPN)，其是向特定数量的投资人发行的债务融资工具，并限定在特定投资人范围内流通转让。其发行方式具有灵活性强、发行相对便利、信息披露要求相对简化、适合投资者个性化需求、有限度流通等特点。由于采取非公开方式发行，非公开发行方案较为灵活，利率、规模、资金用途等条款可由发行人与投资者通过一对一的谈判协商确定。发行定向融资工具只需向定向投资人披露信息，无需履行公开披露信息义务。

根据 Wind 数据库的统计，2021 年全年我国 A 股市场首发上市融资 5 426.75 亿元，比 2020 年 IPO 规模增加了 4 198.44 亿元，2021 年 IPO 规模是 2020 年的 4.42 倍，IPO 规模呈现大幅度的上升；2021 年再融资方式中的公开增发规模为 0；2021 年定向增发的再融资规模达到了 9 082.92 亿元，比 2020 年定向增发增加了 620.63 亿元，增长率为 7.33%；2021 年配股再融资募集资金 493.35 亿元，相比于 2020 年下降了 130.39 亿元；2021 年发行可转债募集资金 2 743.85 亿元，相比于 2020 年增长了 158.31 亿元，增长率为 6.12%；2021 年 A 股市场发行公司债券 34 525.24 亿元，相比于 2020 年有小幅增长，增加了 827.79 亿元，增长率为 2.46%。将表 5-1 中的五种再融资方式的金额合计，2021 年再融资规模合计达 52 272.11 亿元，较 2020 年再融资规模合计金额 45 397.73 亿元增长了 6 874.38 亿元，增长率为 15.14%；2021 年再融资规模是 2021 年 IPO 规模的 2.63 倍。从 2021 年的再融资结构看，公开增发方式又回归到零状态，再融资结构中定向增发规模在 2016 年高峰期后持续下降，但在 2020 年

定向增发又开始上升,一直到 2021 年仍处于上升态势,可转债和公司债仍然是重要的再融资方式,证监会发布的 2020 年再融资政策的影响作用仍然在持续,2021 年再融资规模呈稳定增长态势。

表 5-1　我国 A 股市场近年来主要融资方式的规模状况

单位:亿元

年　份	IPO	公开增发	定向增发	配　股	可转债	公司债
2017	2 301.09	0	12 575.98	202.50	945.26	10 618.64
2018	1 378.15	0	7 641.35	188.78	774.75	16 160.94
2019	2 532.48	89.50	6 749.21	168.14	2 676.89	25 157.03
2020	1 228.31	25.71	8 462.29	626.74	2 585.54	33 697.45
2021	5 426.75	0	9 082.92	493.35	2 743.85	34 525.24

注:2017—2019 年数据来自同花顺数据库,2020—2021 年数据来自 Wind 数据库。

二、我国再融资政策的变化及原因分析

我国上市公司的再融资方式及结构受到监管部门相关政策的影响,证券监管部门依据以往上市公司再融资行为的表现及影响、市场情况的变化,不断对再融资政策进行调整、修正以适应市场的变化。

2006 年 4 月证监会颁布的《上市公司证券发行管理办法》、2007 年 9 月颁布的《上市公司非公开发行股票实施细则》、2014 年颁布的《创业板上市公司证券发行管理暂行办法》,一起构成了我国上市公司的再融资制度体系的基本内容。这套再融资制度体系的最大特色是引入了非公开发行制度,而且对上市公司非公开发行(定向增发),除了基本的合法合规经营外,几乎不设置任何实质性的财务条件(创业板有最近两年盈利的要求)。由于发行条件宽松、定价灵活,定向增发受到了不少上市公司的青睐。这套再融资制度体系建立以后,再融资在上市公司整体融资方式中的比重就不断提高,2016 年再融资规模创下历史之最,其中定向增发规模高达 1.72 万亿。但是部分上市公司跨界融资、频繁融资,融资规模远超实际需要量,影响了资本市场资金配置的效率。此外,大量定向增发股份解禁后,股东和机构的大规模减持也成为市场的"失血点"。2017 年 2 月 17 日,证监会对《上市公司非公开发行股票实施细则》部分条文进行了修订,此次证监会对《上市公司非公开发行股票实施细则》的修订,直指定向增发过度融资、高折价利益输送以及再融资品种结构失衡,主要目的在于重构融资格局,包括再融资不同方式之间、首发和再融资之间,以期达到在满足上市公司正当合理的融资需求前提下,优化融资结构、服务供给侧改革、引导资金流向实体经济最需要的地方。2017 年再融资新政出台后,主要从以下三个方面的内容对上市公司的再融资带来了影响:一是上市公司申请非公开发行股票的,拟发行的股份数量不得超过本次发行前总股本的 20%;二是上市公司申请增发、配股、非公开发行股票的,本次发行董事会决议日距离前次

募集资金到位日原则上不得少于18个月,前次募集资金包括首发、增发、配股、非公开发行股票,但对于发行可转债、优先股和创业板小额快速融资的,不受此期限限制;三是上市公司申请再融资时,除金融类企业外,原则上最近一期末不得存在持有金额较大、期限较长的交易性金融资产和可供出售的金融资产、借予他人款项、委托理财等财务性投资情形。2017年5月,证监会发布了《上市公司股东、董监高减持股份的若干规定》(以下简称"减持新规"),减持新规在减持数量、减持方式以及信息披露等方面对上市公司股东的减持股份行为作出了较为严格的要求,沪深交易所也同步出台了相关减持实施细则,意在封堵减持制度漏洞,维护市场秩序。

2017年再融资新政以及减持新规一方面对上市公司的再融资行为进行限时、限价和限量的规定,增加了上市公司定向增发的难度,促使上市公司转向发行可转债、公司债等再融资方式;另一方面使得资金提供方的资金成本和风险增加,降低了市场的流动性。2017—2019年全年上市公司定向增发的规模从2016年度定向增发的高峰规模开始回落,2017年开始上市公司可转债的发行规模及公司债券的发行规模显著增加,从而改变了定向增发在再融资结构中一家独大的局面,债务融资比重明显上升,优化再融资结构的效果明显。再融资结构的优化,不仅为上市公司再融资渠道和结构带来了积极变化,也从多个维度引导投资者关注价值投资而非短期逐利,明确募集资金用于实处,有助于营造健康的投融资市场,真正实现资金"脱虚向实"。但同时再融资新政和减持新规也给上市公司的经营带来了巨大的压力,上市公司为缓解日益绷紧的资金链,不断地进行股权质押,在经济下行压力加大和市场环境恶化的双重压力下,很多上市公司出现了股权质押风险。

为进一步缓解上市公司的流动性风险,2018年11月,证监会修订发布《发行监管问答——关于引导规范上市公司融资行为的监管要求》(以下简称《监管问答》),明确通过配股、发行优先股或董事会确定发行对象的非公开发行股票方式募集资金的,可以将募集资金全部用于补充流动资金和偿还债务。并且允许前次募集资金基本使用完毕或募集资金投向未发生变更且按计划投入的上市公司,申请增发、配股、非公开发行股票不受18个月融资间隔限制,但相应间隔原则上不得少于6个月。此次修订在严格控制上市公司定增再融资规模的基础上,放宽了上市公司两类再融资资金使用范围。此次政策修订标志着再融资政策有所放松,意在引导上市公司聚焦主业、理性融资、合理确定融资规模、提高募集资金使用效率,防止将募集资金变相用于财务性投资,政策导向是以扶持实体经济为重点。

2019年7月5日,证监会发布了《再融资业务若干问题解答》,共针对涉及再融资具有共性的法律问题与财务会计问题修订了30条解答,涵盖同业竞争、关联交易、公开承诺、重大违法行为核查、发行人涉诉事项、对外担保、募集资金用途、募投项目实施方式、非公开发行认购资金来源、股东大会决议有效期、大比例质押、土地问题及相关信息披露等。本次的问题解答定位于相关法律法规规则准则在再融资审核业务中的具体理解、适用和专业指引,主要涉及再融资具有共性的法律问题与财务会计问题,以供各再融资申请人和相关中介机构对照使用。

2020年2月14日证监会发布《关于修改〈上市公司证券发行管理办法〉的决定》《关于修改〈创业板上市公司证券发行管理暂行办法〉的决定》《关于修改〈上市公司非公开发行股票实施细则〉的决定》(以下简称《2020年再融资新规》),修改后的再融资规则自发布之日起施行,精简再融资发行条件、优化非公开制度安排和延长批文有效期等规则,松绑主板、中小板

和创业板的再融资要求,再融资政策规范与鼓励并行,定向增发市场步入了新阶段。为进一步支持上市公司做优做强,回应市场关切,证监会同步对《发行监管问答——关于引导规范上市公司融资行为的监管要求》(以下简称《再融资问答》)进行修订,适度放宽非公开发行股票融资规模限制。《2020年再融资规则》《再融资问答》主要从增加发行对象数量、调整定价基准日、放宽发行价格折扣、放宽非公开发行股票融资规模限制、缩短股份锁定期、精简创业板上市公司再融资条件、限制明股实债等七个方面优化了非公开发行机制,主要修订内容包括:一是增加发行对象数量,将目前主板和创业板上市公司非公开发行股票发行对象数量分别不超过10名和5名,统一调整为不超过35名;二是调整定价基准日,恢复"锁价发行"定价机制。调整了主板和创业板上市公司非公开发行股票的定价基准日的规定,恢复了"锁价发行"的定价机制;三是放宽发行价格折扣,将上市公司非公开发行股票的发行价格不得低于定价基准日前二十个交易日公司股票均价的90%修改为80%;四是放宽非公开发行股票融资规模限制,将拟发行的股份数量由"不得超过本次发行前总股本的20%"修改为"原则上不得超过本次发行前总股本的30%";五是缩短股份锁定期,且不适用减持规则的规定,将锁定期由主板36个月,创业板12个月分别缩短至18个月和6个月,并且通过非公开发行股票取得的上市公司股份,其减持不适用《上市公司股东、董监高减持股份的若干规定》的有关规定;六是精简创业板上市公司再融资条件,拓宽创业板再融资服务覆盖面,取消创业板上市公司非公开发行股票连续2年盈利的条件,取消创业板上市公司公开发行证券最近一期末资产负债率高于45%的条件,取消创业板上市公司前次募集资金基本使用完毕,且使用进度和效果与披露情况基本一致的条件,将其调整为信息披露要求,将再融资批文有效期从6个月延长至12个月,上市公司有了更多的机会选择发行窗口;七是明确不得作出保底保收益承诺、提供财务资助或者补偿,上市公司及其控股股东、实际控制人、主要股东不得向发行对象作出保底保收益或变相保底保收益承诺,且不得直接或通过利益相关方向发行对象提供财务资助或者补偿。2020年《上市公司证券发行管理办法》《创业板上市公司证券发行管理暂行办法》《上市公司非公开发行股票实施细则》及《再融资问答》的修订,旨在深化金融供给侧结构性改革,完善再融资市场化约束机制,增强资本市场服务实体经济的能力,助力上市公司抗击疫情、恢复生产,支持上市公司做优做强。

2021年10月30日证监会发布《北京证券交易所上市公司持续监管办法(试行)》《北京证券交易所上市公司证券发行注册管理办法(试行)》《北京证券交易所向不特定合格投资者公开发行股票注册管理办法(试行)》,与科创板和创业板相比,北交所上市公司再融资差异主要体现在以下几方面:一是证券发行种类,包括股票、可转换债券和证监会认可的其他债券品种,但不包括存托凭证;二是发行类别,向不特定合格投资者公开发行和向特定对象发行;三是发行程序,包括授权发行、自办发行、储架发行;四是盈利条件,北交所无相关盈利要求;五是审计报告无保留意见,要求最近1年财务会计报告未被出具否定意见或无法表示意见,最近1年财务报告被出具保留意见的,所涉事项的重大不利影响已消除;六是合规合法性,要求上市公司、控股股东、实控人最近3年内不存在重大违法行为,最近1年内未受到行政处罚、公开谴责、立案调查等,并且上市公司、控股股东、实控人未被列入失信被执行人名单;七是定价,上市公司向不特定合格投资者公开发行股票的,发行价格应当不低于公告招股意向书前20个交易日或者前1个交易日公司股票均价,上市公司向特定对象发行股票的,发行价格应当不低于定价基准日前20个交易日公司股票均价的80%(定价基准日为发行期首日);八是配售,上市公司向原股东配售股份的,应当采用代销方式发行,不包括拟配售股份数量不超过本次配售前股本总额的50%的要求;九是锁定期,向特定对象发行的股票,自发行结束之日起六个月内不得转让,做市商为取得做市库存股参与发行认购的除外,但做市商应当承诺自发行结束之日起6个月内不得申请退出为上市公同做市,发行对象属于特殊情形的,其认购的股票自发行结束之日起12个月内不得转让。北京证券交易所上市公司再融资的差异,体现了北京证券交易所服务"更早、更小、更新"的创新型中小企业即"专精特新"类初创企业的定位,对于进一步健全多层次资本市场,加快完善中小企业金融支持体系,推动创新驱动发展和经济转型升级,都具有十分重要的意义。

三、苏州上市公司再融资规模与结构统计

本章从同花顺数据库、Wind数据库查询苏州上市公司的再融资情况,苏州上市公司2017—2021年再融资的总体情况统计,见表5-2和表5-3:

表5-2 2017—2021年苏州上市公司再融资笔数及规模

	苏州A股上市公司数量(家)	再融资公司(家)	再融资笔数(笔)	再融资总规模(亿元)
2017年	104	18	23	443.77
2018年	107	21	25	932.23
2019年	120	16	17	230.21
2020年	144	22	25	512.34
2021年	175	34	37	777.70

[注1]:同一家上市公司在同一年度内以同一种方式多次再融资,合并为一笔再融资统计。
[注2]:2017—2019年数据来自同花顺数据库,2020—2021年数据来自Wind数据库。

表5-3 2017—2021年苏州上市公司再融资规模及结构汇总表

单位:亿元

	2017年	2018年	2019年	2020年	2021年
增发	213.87	701.82	5.19	151.57	166.27
配股	0	0	4.94	59.86	81.03
可转债	0	90.1	48.08	17.84	178.70
公司债	126.80	71	43	89.5	111
企业债	0	0	0	0	0
可分离可转债	0	0	0	0	0

续 表

	2017 年	2018 年	2019 年	2020 年	2021 年
中期票据	54.00	14.3	0	0	0
短期融资券	44.00	27	109	178	240.70
集合票据	0	0	0	0	0
资产支持证券	5.10	28.01	0	14.57	0
非公开定向债务融资工具	0	0	20	1	0
合计	443.77	932.23	230.21	512.34	777.70

注：2017—2019 年数据来自同花顺数据库，2020—2021 年数据来自 Wind 数据库。

2021 年苏州上市公司再融资具体情况见表 5-4：

表 5-4　2021 年苏州 34 家上市公司 37 笔再融资具体情况

上市公司名称	再融资方式	再融资金额（亿元）	募集资金去向
苏州固锝	增发	3.01	1. 支付本次交易的现金对价 2. 标的公司一期项目年产太阳能电子浆料 500 吨 3. 补充标的公司流动资金 4. 支付中介机构费用及相关税费
安洁科技	增发	10.14	1. 智能终端零组件扩产项目 2. 新能源汽车及信息存储设备零组件扩产项目 3. 总部研发中心建设项目 4. 补充流动资金
天瑞仪器	增发	0.32	补充上市公司流动资金
晶方科技	增发	10.29	集成电路 12 英寸 TSV 及异质集成智能传感器模块项目
柯利达	增发	2.09	1. 苏州柯依迪智能家居股份有限公司装配化装饰系统及智能家居项目 2. 补充流动资金
罗普斯金	增发	5.06	补充流动资金
华软科技	增发	6.40	1. 支付购买标的资产的现金对价 2. 支付中介机构费用 3. 补充流动资金
天顺风能	增发	1.53	苏州天顺风电叶片技术有限公司 20% 的股权
恒铭达	增发	3.50	1. 昆山市毛许路电子材料及器件、结构件产业化项目（二期） 2. 补充流动资金

续 表

上市公司名称	再融资方式	再融资金额（亿元）	募集资金去向
富瑞特装	增发	4.71	1. 新型LNG智能罐箱及小型可移动液化装置产业化项目 2. 常温及低温LNG船用装卸臂项目 3. LNG高压直喷供气系统项目 4. 氢燃料电池车用液氢供气系统及配套氢阀研发项目 5. 补充流动资金
吴通控股	增发	1.80	1. 5G消息云平台建设项目 2. 5G连接器生产项目 3. 偿还银行贷款
苏大维格	增发	8.00	1. 盐城维旺科技有限公司光学级板材项目 2. SVG微纳光制造卓越创新中心项目 3. 补充流动资金
南大光电	增发	6.13	1. 光刻胶项目 2. 扩建2 000吨/年三氟化氮生产装置项目 3. 补充流动资金
天华超净	增发	7.80	电池级氢氧化锂二期建设项目
天孚通信	增发	7.86	面向5G及数据中心的高速光引擎建设项目
苏试试验	增发	6.00	1. 实验室网络扩建项目 2. 面向集成电路全产业链的全方位可靠度验证与失效分析工程技术服务平台建设项目 3. 宇航产品检测实验室扩建项目 4. 高端制造中小企业产品可靠性综合检测平台 5. 补充流动资金
聚灿光电	增发	7.02	1. 高光效LED芯片扩产升级项目 2. 补充流动资金
凯伦股份	增发	15.00	补充流动资金
科森科技	增发	5.01	1. 高精密模具扩建项目 2. 微创手术器械零部件生产项目 3. 智能穿戴,智能家居类产品部件制造项目 4. 补充流动资金项目
迈为股份	增发	34.20	1. 异质结太阳能电池片设备产业化项目 2. 补充流动资金
罗博特科	增发	2.00	补充流动资金
春秋电子	增发	5.27	1. 年产1 000万套精密结构件项目 2. 补充流动资金

续 表

上市公司名称	再融资方式	再融资金额（亿元）	募集资金去向
广大特材	增发	13.13	1. 宏茂海上风电高端装备研发制造一期项目 2. 补充流动资金
东吴证券	配股	81.03	1. 发展资本中介业务 2. 发展投资与交易业务 3. 信息技术及风控合规投入 4. 向全资子公司增资 5. 偿还债务
东吴证券	公司债	100.00	补充公司长期运营资金
东吴证券	短期融资券	232	补充公司流动资金
江苏国泰	可转债	45.57	1. 江苏国泰海外技术服务有限公司投资建设国泰缅甸纺织产业基地项目 2. 江苏国泰智造纺织科技有限公司年生产粗纺纱线3 000吨和精纺纱线15 000吨项目 3. 江苏国泰海外技术服务有限公司在越南新建越南万泰国际有限公司纱线染整项目 4. 集团数据中心建设项目 5. 偿还银行贷款 6. 补充流动资金
东方盛虹	可转债	50.00	1. 盛虹炼化（连云港）有限公司1 600万吨炼化一体化项目 2. 偿还银行贷款
晶瑞电材	可转债	5.23	1. 集成电路制造用高端光刻胶研发项目 2. 阳恒化工年产9万吨超大规模集成电路用半导体级高纯硫酸技改项目 3. 补充流动资金或偿还银行贷款
苏州银行	可转债	50.00	支持本行未来各项业务健康发展
金陵体育	可转债	2.50	1. 高端篮球架智能化生产线技改项目 2. 营销与物流网络建设项目 3. 补充流动资金
赛伍技术	可转债	7.00	年产25 500万平方米太阳能封装胶膜项目
科沃斯	可转债	10.40	1. 多智慧场景机器人科技创新项目 2. 添可智能生活电器国际化运营项目 3. 科沃斯品牌服务机器人全球数字化平台项目
华兴源创	可转债	8.00	1. 精密检测、组装自动化设备生产基地（一期） 2. 精密检测、组装自动化设备生产基地（二期） 3. Mini/MicroLED和MicroOLED平板显示检测设备产能建设 4. 半导体SIP芯片分选机、测试机产能建设 5. 补充流动资金

续 表

上市公司名称	再融资方式	再融资金额（亿元）	募集资金去向
苏州高新	短期融资券	8.70	偿还有息负债
	公司债	8.00	无公示募集资金去向
东华能源	公司债	3.00	本期债券的募集资金扣除发行费用后，全部（100%）用于采购生产可用于疫情防控的医疗物资的原材料（数据来源于募集说明书）

注：除部分数据来自上市公司年报、债券募集说明书外，其余数据来自 Wind 数据库。

四、苏州上市公司 2021 年再融资状况分析

根据表 5-2，表 5-3 和表 5-4 的内容，对苏州上市公司 2021 年再融资的总体状况作如下具体分析：

1. 2021 年再融资规模较 2020 年显著增加

2021 年苏州 175 家上市公司中有 34 家公司共 37 笔再融资行为，有再融资行为的上市公司在苏州上市公司总数中的占比是 19.43%。2021 年苏州上市公司的再融资所筹集的资金规模比 2020 年再融资所筹集的资金规模增加了 265.36 亿元，增长幅度为 51.79%。增长主要来自可转债发行规模明显增长，2020 年发行可转债的苏州上市公司只有 5 家，合计募集资金总额为 17.84 亿元，而 2021 年有 8 家苏州上市公司可转债发行规模合计为 178.70 亿元，2021 年苏州上市公司可转债发行总规模是 2020 年的 10.02 倍，增长率高达 901.68%。另一种股权融资方式——配股在 2021 年度也显著增长，2021 年度配股规模相比 2020 年度增长了 35.37%。苏州上市公司 2021 年定向增发规模相比 2020 年虽然只增长了 9.70%，但是 2021 年采用定向增发的苏州上市公司有 23 家，相比 2020 年进行定向增发的 12 家苏州上市公司，在数量上增长了近 1 倍。2021 年度苏州上市公司股权形式的再融资规模显著增加，再融资规模增长的同时再融资结构上有明显的变化。

2. 再融资结构中股权融资的占比上升

根据表 5-3 可见，2021 年再融资方式中增发、配股和可转债规模较 2020 年均有明显的增长，2021 年苏州上市公司股权融资在 2021 年全年再融资总规模的占比从 2020 年的 44.75% 上升到了 54.78%。2021 年苏州上市公司再融资总规模中债务融资占比则从 2020 年的 55.25% 下降到 45.22%。具体融资占比情况见表 5-5。

表 5-5 2016—2021 年苏州上市公司股权融资与债务融资占比

	2017 年	2018 年	2019 年	2020 年	2021 年
股权融资	48.19%	84.95%	25.29%	44.75%	54.78%
债务融资	51.81%	15.05%	74.71%	55.25%	45.22%

注：2017—2019 年数据来自同花顺数据库，2020—2021 年数据来自 Wind 数据库。

3. 东吴证券2021年再融资规模持续增长

2021年东吴证券有三种形式的再融资：配股募资81.03亿元、公司债发行规模100亿元、短期融资券发行规模232亿元，合计再融资规模413.03亿元，占2021年度苏州上市公司再融资总规模的53.11%，2021年东吴证券再融资规模是其2020年再融资规模的1.35倍。作为证券类金融机构，东吴证券的再融资情况反映出其近年来在证券行业中的快速发展。但从2021年再融资总规模777.70亿元中扣除掉东吴证券再融资的413.03亿元，属于实体经济中的苏州上市公司的再融资规模为364.67亿元。

4. 再融资募集资金去向主要用于主营业务的项目投资

2021年苏州上市公司的37笔再融资中，募集资金去向绝大部分用于新建项目投资或用于补充流动资金，说明再融资募集资金用途主要用于上市企业主营业务，这与监管部门对再融资资金的规范性引导用于主业经营保持一致。对疫情影响较大的上市企业通过再融资补充资金，保持企业活力，推动上市企业的可持续发展及支持苏州地区实体经济的发展大有裨益。

第二节 苏州上市公司再融资能力及再融资影响分析

一般认为，影响上市公司再融资能力的因素主要有：盈利能力、资本运作能力、总体获利能力、资本规模、资本结构、成长能力、公司背景、收益波动率等。

一、苏州上市公司2021年再融资能力状况

上市公司利用资本市场的再融资功能，可以推进上市公司快速发展、做优做强，提升上市公司质量和核心竞争力。本节提出再融资能力概念，来代表上市公司利用资本市场平台综合开展股票融资、债券融资的水平。具体而言，再融资能力的衡量用如下公式表示：

再融资能力＝股票融资强度＋债券融资强度

其中，股票融资强度为苏州上市公司当年发行股票与增发融资额与净资产的比例；债券融资强度为苏州上市公司当年发行债券融资额与总资产的比例。根据上述定义，2021年34家苏州上市公司的再融资能力计算结果如表5-6所示。

表5-6 2021年苏州上市公司再融资能力

公司简称	股票融资强度	债券融资强度	再融资强度	行业
东方盛虹	37.65%	9.86%	47.51%	化学纤维制造业
苏州固锝	11.81%		11.81%	计算机、通信和其他电子设备制造业
国泰国际		30.54%	30.54%	批发业
罗普斯金	28.73%		28.73%	有色金属冶炼和压延加工业
华软科技	34.38%		34.38%	软件和信息技术服务业

续 表

公司简称	股票融资强度	债券融资强度	再融资强度	行 业
天顺风能	2.30%		2.30%	电气机械和器材制造业
恒铭达	23.02%		23.02%	计算机、通信和其他电子设备制造业
苏州银行		1.19%	1.19%	货币金融服务
富瑞特装	25.40%		25.40%	专用设备制造业
吴通控股	14.85%		14.85%	软件和信息技术服务业
苏大维格	37.48%		37.48%	计算机、通信和其他电子设备制造业
南大光电	31.22%		31.22%	计算机、通信和其他电子设备制造业
天华超净	42.87%		42.87%	计算机、通信和其他电子设备制造业
天孚通信	40.82%		40.82%	计算机、通信和其他电子设备制造业
苏试试验	44.76%		44.76%	专业技术服务业
金陵转债		20.72%	20.72%	文教、工美、体育和娱乐用品制造业
晶瑞电材	19.19%	24.69%	43.88%	化学原料和化学制品制造业
聚灿光电	45.23%		45.23%	计算机、通信和其他电子设备制造业
凯伦股份	53.38%		53.38%	非金属矿物制品业
迈为股份	58.70%		58.70%	专用设备制造业
罗博特科	23.97%		23.97%	专用设备制造业
东吴证券	22.28%	169.57%	191.85%	资本市场服务
赛伍技术		16.24%	16.24%	橡胶和塑料制品业
科沃斯		16.59%	16.59%	电气机械和器材制造业
科森科技	17.27%		17.27%	金属制品业
春秋电子	28.64%		28.64%	计算机、通信和其他电子设备制造业
华兴源创		16.66%	16.66%	专用设备制造业
广大特材	43.85%		43.85%	金属制品业
东华能源		2.64%	2.64%	石油、煤炭及其他燃料加工业
苏州高新		0.60%	0.60%	房地产业
安洁科技	19.11%		19.11%	批发业

续　表

公司简称	股票融资强度	债券融资强度	再融资强度	行　业
柯利达	18.42%		18.42%	建筑装饰、装修和其他建筑业
天瑞仪器	1.66%		1.66%	仪器仪表制造业
晶方科技	26.43%		26.43%	计算机、通信和其他电子设备制造业

注：2021年度数据来自Wind数据库。

将表5-6中苏州发生再融资行为的上市公司，按照定义的再融资能力进行归类，计算机、通信和其他电子设备制造业融资强度较高，聚灿光电、天华超净、天孚通信三家这类公司的股票融资强度都在40%以上，其中聚灿光电的股票融资强度最高。金融类上市公司中，东吴证券再融资能力表现突出，东吴证券股票融资强度和债券融资强度较均衡，再融资能力高达191.85%。

二、苏州上市公司2021年再融资状况的横向比较

从全国范围看，苏州上市公司数量增长较快，上市后保持较强的再融资能力，也是推动上市公司进一步发展的重要影响因素。下文将上海、深圳上市公司的同期再融资情况和苏州上市公司再融资情况做横向比较。

表5-7　2017—2021年上海上市公司再融资规模及结构

单位：亿元

年　度	2017	2018	2019	2020	2021
增发	669.53	556.71	531.24	659.21	657.43
配股	0	0	0	2.34	0
可转债	150.33	2	586.18	183.35	1 858.02
公司债	80.80	1 358.43	365.25	266.88	1 482.31
企业债	0	50	0	0	0
可分离可转债	0	0	0	0	0
中期票据	81.80	725.50	372.00	193.00	966.10
短期融资券	499.00	2 724.3	2 403	3 180.80	873.00
集合票据	0	0	0	0	0
资产支持证券	0	0	155.14	235.60	1 171.45
非公开定向债务融资工具	0	0	22.00	15.00	64.00
合计	1 481.46	5 416.94	4 434.81	4 736.18	7 072.31

注：2017—2019年数据来自同花顺数据库，2020—2021年数据来自Wind数据库。

表 5-8 2017—2021 年深圳上市公司再融资规模及结构

单位：亿元

年　度	2017	2018	2019	2020	2021
增发	962.51	460.27	502.15	759.48	620.50
配股	0	25.57	0	138.89	0
可转债	19.00	61.47	108.27	252.93	1 196.71
公司债	241.40	540.77	346.38	429.46	1 461.15
企业债	0	20.00	43.00	0	104.00
可分离可转债	0	0	0	0	0
中期票据	100.00	256.00	111.00	268.00	918.45
短期融资券	228.00	1 236.00	2 913.50	576.50	417.90
集合票据	0	0	0	0	0
资产支持证券	588.21	1 066.39	1 839.15	895.96	1 741.15
非公开定向债务融资工具	0	0	0	0	0
合计	2 139.12	3 666.48	5 863.45	3 321.23	6 459.86

注：2017—2019 年数据来自同花顺数据库，2020—2021 年数据来自 Wind 数据库。

将表 5-3 中苏州上市公司的再融资规模与表 5-7、表 5-8 中的同期上海、深圳上市公司的再融资规模进行对比，2021 年上海上市公司再融资规模较 2020 年出现了 49.33% 的大幅度增长，2021 年再融资募集的资金规模为 7 072.31 亿元，是苏州上市公司 2021 年再融资规模的 9.09 倍。2021 年深圳上市公司再融资规模较 2020 年也出现了高达 94.5% 的大幅度增长，2021 年再融资募集的资金规模为 6 459.86 亿元，是苏州上市公司 2021 年再融资规模的 8.31 倍。2021 年度数据的比较说明，上海、深圳上市公司再融资规模较苏州更大，深圳 2021 年再融资规模增长率也比苏州明显高。从再融资结构状况看，2021 年苏州上市公司再融资总额中股权融资占比是 54.78%，而同期上海上市公司再融资总额中股权融资占比是 35.57%，深圳上市公司再融资总额中股权融资占比是 28.13%，可见苏州上市公司股权融资占比偏高，有明显的股权融资偏好，债务融资工具应用不足，再融资结构多样化程度不高。

通过与同期沪深地区上市公司再融资情况的横向比较发现，2021 年苏州上市公司再融资规模仍偏小，再融资规模增长率相比深圳地区较低，再融资方式多样化程度还不高，股权融资偏好较明显。

三、苏州上市公司 2021 年再融资影响分析

上市公司再融资行为对上市公司经营行为产生直接的影响，从经营规模及经营绩效方面可以看出再融资募集资金运用的效果，上市公司再融资行为对市场方面也有相关影响。本节以上市公司为研究对象，上市公司再融资行为的影响主要以上市公司的经营规模及盈

利指标的变化来体现。本文选取了资产规模、营业收入、利润总额三个反映经营规模的指标,选取了净资产收益率(ROE)、总资产收益率(ROA)和投入资本收益率(ROIC)三个盈利性指标,将2021年的指标与2020年的相应指标对比,考察苏州市2021年有再融资行为的上市公司在再融资前后其经营规模及盈利性的变化情况。

1. 再融资对苏州上市公司经营规模的影响

通过表5-9和图5-1可见,2021年有再融资行为的32家苏州上市公司(不包括东吴证券、苏州银行),其2021年平均资产规模、平均营业收入、平均利润较2020年度水平都有所上升,具体而言,2021年有再融资行为的32家苏州上市公司的平均资产规模增长了36.3%,平均营业收入增长了28.89%,平均利润总额增长了41.39%。

表5-9 2021年苏州32家再融资上市公司的经营规模指标年度对比

单位:亿元

公司简称	资产规模		营业收入		利润总额	
	2020年	2021年	2020年	2021年	2020年	2021年
东方盛虹	290.19	507.17	53.60	67.96	2.02	29.52
苏州固锝	24.02	28.81	9.21	11.40	0.86	2.06
国泰国际	103.94	149.23	0.11	0.12	3.08	8.33
罗普斯金	14.34	20.26	3.78	5.49	0.03	-0.18
华软科技	27.25	26.99	1.90	2.64	-0.85	-3.49
天顺风能	75.03	79.08	2.12	0.74	17.75	11.56
恒铭达	14.12	18.38	4.61	7.47	0.74	-0.16
富瑞特装	22.01	24.55	3.93	2.25	0.56	-0.56
吴通控股	17.51	18.51	3.61	3.60	-3.26	0.42
苏大维格	20.17	25.60	5.87	7.69	0.45	-1.34
南大光电	16.36	26.67	2.69	3.92	0.86	0.58
天华超净	13.16	24.16	5.65	4.69	1.28	2.03
天孚通信	14.57	23.39	8.29	8.61	1.63	1.74
苏试试验	20.11	28.01	5.70	7.03	0.39	0.44
金陵转债	9.54	12.06	3.99	4.71	0.94	0.09
晶瑞电材	15.57	21.18	2.65	3.87	0.03	-0.23
聚灿光电	22.93	30.71	12.79	13.11	-0.15	-0.12
凯伦股份	32.50	52.55	20.54	24.56	3.17	0.73
迈为股份	27.25	78.24	17.75	25.35	4.41	6.43

续　表

公司简称	资产规模		营业收入		利润总额	
	2020年	2021年	2020年	2021年	2020年	2021年
罗博特科	16.84	20.48	4.98	10.46	−0.83	−0.40
赛伍技术	32.25	43.11	21.52	27.30	2.21	1.68
科沃斯	43.42	62.68	41.94	42.55	2.70	4.39
科森科技	49.55	55.64	26.83	34.18	0.82	1.85
春秋电子	24.95	27.47	15.04	14.56	0.39	0.86
华兴源创	34.64	48.01	13.32	16.10	1.83	2.77
广大特材	36.76	56.68	17.45	22.82	1.93	2.37
东华能源	104.66	113.79	33.84	51.48	3.52	3.48
苏州高新	211.11	251.97	0.00	0.00	2.50	3.90
安洁科技	62.17	59.81	11.88	15.22	4.66	2.32
柯利达	41.81	42.11	20.25	21.60	−0.02	−3.27
天瑞仪器	24.59	25.70	5.19	5.14	1.48	0.50
晶方科技	37.87	43.16	11.04	12.99	4.47	6.00
平均值	46.91	63.94	11.63	14.99	1.86	2.63

注：数据来自 Wind 数据库。

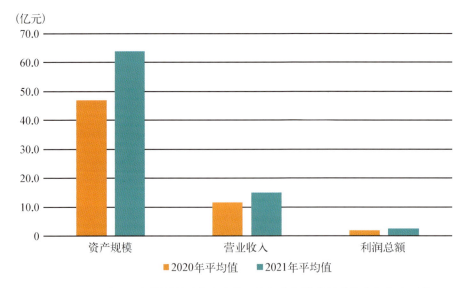

图 5-1　2021 年 32 家苏州再融资上市公司的经营规模总平均值指标年度对比

苏州两家有再融资行为的上市金融机构经营规模变化情况如下:

根据东吴证券2021年度报告,2021年资产规模为1 243.18亿元,较2020年的1 054.75亿元增长了17.87%;2021年营业收入规模为92.45亿元,较2020年的73.56亿元增长了20.43%,2021年净利润总额23.92亿元,较2020年的17.07亿元增长了40.13%。

根据苏州银行2021年度报告,2021年资产规模4 530.29亿元,较2020年的3 880.68亿元增长了16.74%;2021年营业收入规模为108.29亿元,较2020年的103.64亿元增长了4.49%;2021年净利润总额31.07亿元,较2020年的25.72亿元增长了20.80%。

总体而言,通过各种方式的再融资,苏州34家有再融资行为的上市公司的资金实力得以壮大,经营规模也得以增长,营业收入增加,在2021年宏观经济复苏的格局下,平均利润呈现出稳定增长态势,说明苏州地区有再融资行为的上市公司韧性较强,在经济复苏期保持了较强的活力。

2. 再融资对苏州上市公司盈利性的影响

根据表5-10,将2021年苏州市32家(不包括东吴证券、苏州银行)有再融资行为的上市公司的盈利性指标的平均值作图,由图5-2中可见,2021年32家上市公司(不包括东吴证券、苏州银行)的ROE、ROA与ROIC比2020年度水平均有所上升,具体上升情况为:ROE上升了0.73个百分点,ROA上升了0.36个百分点,ROIC上升了0.41个百分点。可见,从平均值来分析,通过再融资增强了苏州上市公司的经营实力,在2021年宏观经济复苏、但实体经济仍然存在一定困难的大环境下,以ROA、ROE和ROIC衡量的上市公司的平均盈利水平的指标都略有上升,说明苏州这32家有再融资行为的上市公司的盈利水平仍有所提高。

表5-10 2021年苏州32家再融资上市公司的盈利性指标对比

公司简称	ROE(%)		ROA(%)		ROIC(%)	
	2020年	2021年	2020年	2021年	2020年	2021年
东方盛虹	2.00	20.12	1.83	7.26	1.67	7.81
苏州固锝	4.98	10.13	5.00	9.42	5.31	9.92
国泰国际	11.05	12.53	8.08	7.92	10.30	10.58
罗普斯金	2.10	2.19	1.33	2.59	1.54	2.45
华软科技	3.07	−12.69	4.01	−5.54	3.93	−7.12
天顺风能	16.81	18.12	10.98	11.28	11.68	12.26
恒铭达	8.46	2.10	7.85	2.12	8.19	1.87
富瑞特装	4.96	2.46	4.91	2.28	4.25	2.88
吴通控股	−42.93	5.27	−20.37	3.86	−26.50	4.24
苏大维格	3.44	−19.69	2.77	−10.23	2.76	−12.80

续　表

公司简称	ROE(%)		ROA(%)		ROIC(%)	
	2020年	2021年	2020年	2021年	2020年	2021年
南大光电	6.86	8.42	4.72	5.78	6.56	8.29
天华超净	27.31	40.87	18.17	34.19	19.54	35.59
天孚通信	21.97	16.54	21.71	16.35	22.09	16.31
苏试试验	13.22	13.89	7.96	8.86	9.66	10.25
金陵转债	4.44	3.65	4.44	3.52	4.31	3.28
晶瑞电材	8.19	13.76	6.57	11.12	6.86	10.56
聚灿光电	2.86	14.65	2.73	7.50	4.16	10.21
凯伦股份	23.26	3.47	12.04	1.81	14.85	2.37
迈为股份	25.40	16.88	10.29	8.62	22.16	15.55
罗博特科	−9.33	−6.08	−4.96	−2.03	−7.97	−3.04
赛伍技术	12.20	8.29	8.38	5.33	10.01	6.15
科沃斯	22.99	49.06	13.89	26.54	21.73	43.06
科森科技	−2.54	14.51	0.02	7.10	0.02	9.93
春秋电子	14.89	13.96	8.73	8.14	11.66	10.27
华兴源创	10.47	9.37	9.94	7.15	10.31	8.35
广大特材	12.52	7.23	7.26	4.03	8.96	5.16
东华能源	12.40	10.84	7.15	6.09	6.54	5.52
苏州高新	3.22	4.35	1.72	1.95	2.01	2.17
安洁科技	8.03	3.39	6.33	2.83	7.56	3.11
柯利达	1.40	−26.48	0.78	−7.47	1.58	−14.13
天瑞仪器	1.28	−4.50	2.12	−1.59	1.07	−2.24
晶方科技	14.27	15.97	13.33	14.34	13.27	14.54
平均值	7.79	8.52	5.93	6.29	6.88	7.29

注：数据来自各上市公司年报。

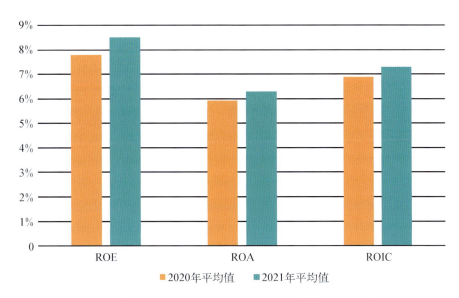

图 5-2 2021 年苏州 32 家再融资上市公司的盈利性指标平均值年度对比

作为金融机构,东吴证券、苏州银行的盈利性指标与制造业类等上市公司的盈利性指标不适合一并进行平均值的统计,具体分析这两家金融机构 2021 年度盈利性指标如下:

东吴证券 2021 年报中的财务数据显示,2021 年基本每股收益为 0.59 元,较 2020 年的基本每股收益 0.44 元增加了 0.15 元;2021 年加权平均净资产收益率为 8.42%,较 2020 年的加权平均净资产收益率 6.61%,增加了 1.81 个百分点。2021 年,在党中央的坚强领导下,中国持续巩固疫情防控和经济复苏成果,始终走在全球主要经济体复苏前列。2021 年我国经济运行总体平稳,GDP 同比增长 8.1%,为世界经济注入信心和活力。在这一背景下,中国 A 股市场保持平稳运行,交易活跃度显著提升。随着资本市场自上而下的改革持续深化,注册制全面施行、北交所设立等一系列政策红利的不断释放,证券行业将迎来重大发展机遇。同时,居民财富正加速向金融资产配置转移,权益财富管理迎来发展契机。公司坚持以建设规范化、市场化、科技化、国际化现代证券控股集团为发展愿景,以"坚持根据地、融入长三角、服务中小微"为战略导向,积极抢抓资本市场改革发展机遇,加大服务实体力度,加快财富管理转型,持续提升风险合规管理水平,各项业务经营稳步推进,行业影响力逐年提升,各项工作取得显著成效,经营业绩持续上扬。

据苏州银行 2021 年报中的财务数据显示,2021 年基本每股收益为 0.93 元,较 2020 年的基本每股收益 0.77 元增加 0.16 元;2021 年加权平均净资产收益率为 9.96%,较 2020 年的加权平均净资产收益率 8.96% 增加 1.00%。宏观经济的复苏有利于提高银行业盈利水平,苏州银行 2021 年度盈利能力呈现出增长态势。

总体而言,通过各种方式的再融资,苏州上市公司的资金实力得以壮大,经营规模也得以增长。在 2021 年宏观经济环境虽然呈现出复苏态势,但仍然受疫情影响较大,市场环境不稳定,一些行业发展面对困境的情况下,有再融资行为的苏州上市公司的盈利水平总体有一定的上升。

第三节 苏州上市公司再融资存在的问题及对策研究

一、苏州上市公司再融资中存在的问题

从以上对苏州上市公司2021年的再融资状况、再融资能力及再融资影响的分析，可以看出苏州上市公司再融资中存在以下问题。

（一）再融资结构的变化体现为股权融资占比上升明显

从表5-5"2017—2021年苏州上市公司股权融资与债务融资占比"可以看出，近5年苏州上市公司的再融资结构很不稳定，定向增发规模较高的年份，股权融资占比就较高。2019年由于定向增发规模下降，股权融资占比从2018年的84.95%下降到2019年的25.29%，2019年的债务融资的占比达到5年来的最高值74.71%，而2020年债务融资占比下降到55.25%。2020年再融资新政后，苏州地区定向增发规模快速上升，2021年苏州上市公司定向增发规模166.27亿元，加之2021年的可转债融资规模较大，达到178.70亿元，股权融资占比也从2020年的44.75%上升到2021年的54.78%，股权融资占比明显超过上海及深圳。可见，再融资结构的变化不是上市公司主动调整再融资结构的结果，而是受再融资政策影响的结果。苏州上市公司再融资结构的不稳定性，反映出上市公司一定程度上没有建立多元化的再融资结构体系，依赖定向增发的股权融资偏好没有改变。

（二）债务融资能力不足，多样化的债务融资工具没有充分应用

2021年苏州地区再融资总额中债务融资占比是45.22%，债务融资金额为351.70亿元，只有公司债券、短期融资券两种债务工具的应用，而2021年度上海或深圳上市公司采用过的企业债、资产证券化、中期票据、非公开定向债务融资工具这几种债务融资工具在苏州同年没有应用过。在351.70亿元的债务融资额中扣除东吴证券的100亿元公司债、232亿元短期融资券，属于实体经济中上市公司的债务融资金额只有19.70亿元，可见苏州地区上市公司中的实体行业企业债务融资能力不足。

二、提升苏州上市公司再融资能力的对策

苏州上市公司需要进一步增强再融资能力，积极利用政策，采取多样化的再融资方式，提高再融资资金的利用效果。在遵守证券法律法规、符合证券监管要求下，本节主要从上市公司角度探讨进一步提升苏州上市公司再融资能力、优化上市公司再融资结构的相关对策，以促进苏州上市公司通过再融资方式可持续、高质量发展。

（一）上市公司需进一步严格落实新《证券法》下的信息披露要求

上市公司再融资要获得成功必须满足两个基本前提：一是公司本身符合融资的条件，二是投资方有投资该公司的意愿，两个前提缺一不可。因此，如果要以法律法规的方式来降低上市公司再融资的难度和成本的话，就必须充分考虑这两个前提。2020年再融资新政大幅度降低上市公司（尤其是创业板公司）非公开发行股票融资的门槛，目的就是要让上市公司今后更加容易达成或满足再融资的条件；而之所以要取消《减持规定》有关条款对"减持通过非公开发行股票取得的上市公司股份"的适用，并缩短锁定期，也是为了有效提升投资方

通过非公开发行方式购买到的股份的灵活性,进而强化投资者参与市场投资的意愿和积极性。

2020年再融资新规的出台还有一个直接的背景,那就是《证券法》的修改,2020年3月新的《证券法》已开始实施,为适应中国资本市场快速发展的需要,更能有效保护投资者利益、促进资本市场发展,修订后的《证券法》于2020年3月已开始实施,新《证券法》最引人瞩目的举措莫过于取消核准制,走出了全面推行注册制的第一步。注册制对于上市公司而言,在享受更加便利的融资渠道的同时,也将承担更多的义务和责任:一方面,新《证券法》强化了上市公司的信息披露义务,扩大了信息披露义务人的范围、完善了信息披露内容、规范了信息披露义务人的自愿披露行为等;另一方面,对证券违法违规行为的处罚力度大大提高。以信息披露为例,公司处罚上限从30万元提高到了1 000万元,个人处罚上限从30万元提高到了500万元。正是为了坚持市场化法治化的改革方向,落实新《证券法》确立的"以信息披露为核心的注册制"理念,提升上市公司再融资的便捷性和制度包容性,证监会对上市公司再融资规则的部分条款进行了修改,也体现了上市公司再融资中信息披露工作的重要性。例如,针对创业板的精简发行条件条款将有助于拓宽创业板再融资服务覆盖面。具体看来,此次调整取消创业板公开发行证券最近一期末资产负债率高于45%的条件;取消创业板非公开发行股票连续2年盈利的条件;将创业板前次募集资金基本使用完毕,且使用进度和效果与披露情况基本一致由发行条件调整为信息披露要求。上市公司再融资需要就前一次募集资金的使用进度和效果,依照国家相关规定履行信息披露义务。因此上市公司严格落实新《证券法》下的信息披露要求,也是保证再融资顺利完成的重要基础性工作。

(二)推动创新型中小企业发展,争取在北交所再融资的机会

中小企业是数量最大也最具有创新活力的企业群体,是经济和社会发展的主力军,也是推动经济实现高质量发展的重要基础。2021年,在81家北交所首批上市公司中,有4家来自苏州,此次北交所开市对中小企业借助资本市场力量实现高质量发展、对苏州培育形成多层次优质企业发展梯队具有十分重大的意义。2021年10月30日发布的《北京证券交易所上市公司证券发行注册管理办法(试行)》坚持市场化法治化方向,在深入总结新三板发行监管实践的基础上,吸收借鉴成熟市场做法,建立和完善契合创新型中小企业特点的持续融资机制。北交所围绕中小企业的发展特点,在再融资制度上进行了多项创新。第一,在两次再融资之间不设置间隔期要求,适应中小企业融资金额小、时间周期短的特点;第二,对于符合条件的授权发行,设置了快速、便捷的简易审核程序,以支持创新型中小企业融资发展;第三,允许自办发行,简化申请材料和申报安排,进一步降低企业融资成本。

同时,北交所也降低了投资门槛。由于新三板对投资者的定位主要为成熟的机构投资者,在2019年12月27日前,新三板的投资者资金入场门槛为近10个转让日的日均金融资产在500万元以上。随后2019年12月27日发布的《全国中小企业股份转让系统投资者适当性管理办法》规定,基础层准入金额门槛为200万元,创新层为150万元,精选层为100万元。直到2021年全国股转公司发布修改后的《全国中小企业股份转让系统投资者适当性管理办法》,规定基础层准入条件为申请权限开通前10个交易日日均资产高于200万元,创新层为前10个交易日日均资产高于100万元。此次北交所发布《北京证券交易所投资者适当性管理办法(试行)》规定其投资者应在申请权限开通前20天日均资产不低于50万元,进一步降低了投资门槛,有利于更多资金进入,提高北交所的竞争力。

北交所作为服务创新型中小企业的主阵地,是多层次资本市场改革发展迈出的关键一步。在此背景下,地方政府出台精准的支持政策来培育、扶持、发展中小企业,鼓励人才引进,培育创新技术,激活中小企业的科技发展潜能,能让中小企业得到多层次资本市场的助力,迎来更高质量的发展。同时,中小企业要抓住机遇,做好科学合理融资规划,提升自主创新能力和核心竞争力。

(三)提升上市公司投资者关系管理

随着资本市场运行机制不断完善,投资者关系管理对上市公司进行再融资的重要性日益凸显。尤其当出现一系列财务造假事件之后,严重打击了投资者的信心,导致上市公司遭受到一系列的信任危机,使市场中参与各方都不断提升对投资者关系管理的重视程度。新时期的资本市场开展了多项投资者关系的工作,证监会不断出台相关文件来规范上市公司开展投资者关系管理。为深入了解上市公司投资者关系管理的状况,推动提升上市公司投资者关系管理工作质量,深交所于2020年3月22日首次开展上市公司投资者关系管理状况调查工作,截至目前,已经连续第三年开展该项调查;上交所则举办了多次"沪市上市公司投资者关系管理"培训。

面对2020年修订的《证券法》开启的融资新时代,上市公司紧跟资本市场发展的脚步,不断优化投资者关系工作,促进公司与投资者的高质量互动,有利于保护市场中股东及战略投资者的利益,致力于创造一个透明公平的投融资市场。上市公司改进投资者关系管理,具体应做好以下三方面。第一,完善投资者关系管理的维护观念,实施针对性划分管理措施。上市公司应认识到投资者是重要的投资人,从战略发展分析加强投资者关系管理的价值,细化维护关系的操作程序。同时,上市公司应针对突发事件制定对应的应急机制,在关键发展阶段,及时向投资者公开准确、完整的信息,获得投资者的信任,有效化解投资者方面的危机。依据现阶段上市公司投资者管理工作,在分析实际管理现状中,需要结合不同投资者的消费情况、投资特性等,将其分为不同阶段,并实施针对性的关系维持措施。上市公司在发展过程中,就资料信息管理权限而言,处理与投资者关系时,可依据具体的管理登记进行针对性划分,在制度管理环境内纳入所有投资者。这能使投资者获取相应的资料查询权限,加深对上市公司的经济效益、未来发展的了解,同时使投资者更加认同上市公司的运营管理,对和投资者间维持良好关系发挥有效促进作用,为公司发展提供重要保障。第二,构建健全的投资者关系管理制度,加强投资者的来访管理。现阶段上市公司在接纳投资者时,主要是通过管理平台与机构投资者进行沟通。对此,上市公司可集中在一季度末等时间点,集中接纳来访的中小投资者,提前告知投资者具体的接纳地点与实践,同时加强公司各方面的宣传,让中小投资者能直观了解公司文化等。上市公司还应积极解答中小投资者提出的疑问,让广大投资者能更加信任公司,从而使投资者长期投资。其次,上市公司应加强投资者热线的管理,及时解答投资者反馈的发展问题等,借助较少的投入获得较好的管理成效,上市公司应监督投资者热线的运行情况,若发现问题处理不及时等问题,直接追究负责人的管理责任,为投资者问题反馈保持畅通的渠道。第三,及时公开完整的公司信息,主动与投资者构建良好关系。上市公司及时披露完整、准确的公司信息,有利于增强投资者对公司的信任度,使投资者加深对公司的发展战略以及产业发展趋势的理解。同时,上市公司也应主动和投资者沟通交流,积极向投资者展示企业文化等,吸引更多潜在投资者了解公司经营状况、未来发展前景等,从而达到争取更多融资来源的目标。

（四）推动上市公司绿色发展，积极利用绿色金融的各种融资方式

绿色发展作为五大发展理念之一，正逐步成为经济高质量发展的底色。监管部门出台多项政策支持绿色产业公司上市和再融资，让更多社会资金参与绿色企业发展，壮大绿色经济，加快实现"双碳"目标。2021年10月26日，国务院印发《2030年前碳达峰行动方案》，文件提出，拓展绿色债券市场的深度和广度，支持符合条件的绿色企业上市融资、挂牌融资和再融资；研究设立国家低碳转型基金，支持传统产业和资源富集地区绿色转型；鼓励社会资本以市场化方式设立绿色低碳产业投资基金。同年11月5日，工业和信息化部、人民银行、银保监会、证监会联合发布的《关于加强产融合作推动工业绿色发展的指导意见》指出，要研究有序扩大绿色债券发行规模，鼓励符合条件的企业发行中长期绿色债券。支持符合条件的绿色企业上市融资和再融资，降低融资费用。鼓励推广《"一带一路"投资原则》，进一步发展跨境绿色投融资，支持开展"一带一路"低碳投资。12月3日，工业和信息化部发布的《"十四五"工业绿色发展规划》明确，将加大财税金融支持；鼓励地方财政加大对绿色低碳产业发展、技术研发等的支持力度，创新支持方式，引导更多社会资源投入工业绿色发展项目；扩大环境保护、节能节水等企业所得税优惠目录范围，开展绿色金融产品和工具创新，完善绿色金融激励机制，有序推进绿色保险；加强产融合作，出台推动工业绿色发展的产融合作专项政策，推动完善支持工业绿色发展的绿色金融标准体系和信息披露机制，支持绿色企业上市融资和再融资，降低融资费用，研究建立绿色科创属性判定机制。

以苏州高新区为例，作为全国首批国家级高新区，苏州高新区不仅培育了一批新能源企业，还积极构建绿色产业体系，健全绿色发展机制，为推动绿色产业发展提供有效路径。绿色低碳产业的发展壮大离不开金融活水的精心浇灌，从资本市场功能来看，资本市场对于绿色产业发展具有推动作用，当前已有多项政策提出"支持已上市绿色企业通过增发等方式进行再融资"。持续推动资本市场与绿色企业之间的良性循环，首先要细化配套政策切实推动绿色企业上市；其次，进一步丰富和完善绿色金融支持工具体系，引导和撬动更多社会资金参与绿色低碳经济领域；最后，加强投资者教育，鼓励市场投资者关注企业的ESG表现，提高绿色投资意识。

（五）多渠道、多样化再融资，优化上市公司再融资结构

我国上市公司有着股权融资的偏好，但在成熟的证券市场中，股权融资并非最佳的融资方式，债务融资不仅具有抵税作用，而且还具有财务杠杆效应，能够减少由于所有权和经营权分离而产生的代理成本。因此，一方面应通过完善相关的法律法规体系，扩大企业债券或公司债券的发行规模，减少对债券市场运行的不必要的行政干预，来促进债券市场的发展和完善；另一方面上市公司要摒弃股权融资偏好，积极尝试创新型再融资方式。上市公司应当在基于合理融资需求的基础上，根据本公司的特点，如与市场的信息不对称程度、股权结构、盈利能力、资本结构等，结合资本市场现状，选择最适合本公司的再融资方式，形成合理的再融资结构。

对于经营业绩良好、具备再融资条件的上市公司，控股股东和高管应该摸清不同再融资方式的条件及利弊，面对定增政策的严格和定增市场的萎缩，配股和可转债等融资方式均是监管部门的鼓励品种，且审核周期短于定增。同时，不局限于股权融资，充分利用证监会鼓励债务融资的政策，勇于尝试可分离交易的可转换公司债券、中期票据等方式，使得再融资方式多样化，也有利于提高再融资成功率。

（六）完善再融资募集资金管理与使用监管，健全风险管控机制

从苏州上市公司再融资情况来看，主要有两个明显特点，一是定向增发规模增长幅度较大；二是股权融资占比明显上升。定向增发自2006年正式推行以来，已成为主要的股权再融资方式。过多地依赖股权融资虽然可以获得大量资金，却难以利用财务杠杆，也会分散企业控制权。同时上市公司大规模定向增发，导致资金大量闲置，其中很大比例被用作财务性投资，定向增发脱实向虚，容易引发一系列风险问题。

为了有效配置资本市场的资源，预防再融资风险。对于上市企业来说，一方面，建立完善的信息披露机制、提高企业透明度，强化上市公司对再融资决策、募投项目变更决策等前景分析，尤其是突出对相关风险因素的充分分析要求，让项目运作在社会公众的监督下运行，从而提高企业经营的谨慎性，降低风险。另一方面，建立及时有效的融资风险评估体系，对上市企业的每一笔融资进行全程追踪、反馈、评估和修正。对上市企业实施再融资活动开展更加有效的管理，建立合理的再融资结构，既要适度运用债务融资工具，又要避免过度债务融资造成的上市企业负债增长现象的发生，同时也要避免上市企业不规范担保行为中存在的安全风险问题。

本 章 小 结

受再融资新规的持续影响，2021年苏州上市公司再融资总规模较2020年有较大幅度的增长，再融资结构也有较明显的变化。与上海、深圳上市公司同时期再融资情况相比，苏州上市公司再融资规模偏小，再融资方式多样化程度还不够，苏州上市公司再融资能力还有待提高。上市公司再融资行为的影响主要以上市公司的经营规模及盈利指标的变化来体现，2021年苏州市34家有再融资行为的上市公司其经营规模的平均水平均有所上升，盈利性指标平均水平也有所上升，再融资资金的利用效果有一定程度的提升。我国资本市场的改革持续推进，上市公司长期可持续的发展离不开再融资，为进一步提高苏州上市公司的再融资能力，进一步推动苏州地区上市公司高质量发展，提升上市公司再融资能力的对策有：上市公司需进一步严格落实新《证券法》下的信息披露要求；推动创新型中小企业发展，争取在北交所再融资的机会；提升上市公司投资者关系管理；推动上市公司绿色发展，积极利用绿色金融的各种融资方式；多渠道、多样化再融资，优化上市公司再融资结构；完善再融资募集资金管理与使用监管，健全风险管控机制。

第六章

苏州上市公司并购重组及其影响分析

并购与重组(Merger & Acquisition，M&A)指两个以上公司合并、组建新公司或相互参股。通过并购重组，上市公司可以增强企业经营实力，扩大企业规模；实现规模经济和范围经济；获取技术、人才或其他特殊资源；进入新的行业；实现买壳上市。企业并购重组是一项复杂性与技术性并存的专业投资活动，近年来已成为解决期限错配、结构错配或方向错配的资产的有效手段，在当前加快供给侧结构性改革的背景下，通过并购重组可以借助资源的重新配置与调节，提高金融资源的配置效率，恢复经济结构平衡、巩固经济发展基础、提高经济运行效率，以促进地区经济发展，实现经济和产业的转型升级。本章将分析2021年苏州上市公司并购重组的规模、影响，探讨提升苏州上市公司并购绩效的对策。

第一节　上市公司并购的政策完善

2021年，为了进一步规范上市公司并购重组行为，证监会和相关部门对并购重组政策做了相应的规范和调整。

一、进一步规范上市公司并购重组政策

2021年，并购重组有关法律法规在证监会和交易所层面均得到进一步完善和优化。在证监会层面，为进一步打击涉及并购重组的违法犯罪行为，证监会进一步强化了内幕信息知情人的管理，并从严从快从重查处欺诈发行、虚假陈述、操纵市场、内幕交易、利用未公开信息交易以及编造、传播虚假信息等重大违法案件；同时要求证券公司完善保荐承销、重大资产重组财务顾问尽职调查、工作底稿等执业规范，进一步明确证券公司的基本职责和执业重点，压实投行责任；此外，还结合当前市场改革趋势对并购重组委员会(以下简称"并购重组委")委员的任期、分组等运行机制进行进一步优化。在交易所层面，一方面结合证监会相关要求对交易所层面的并购重组相关业务指引进行修订完善；另一方面，按照注册制要求完善并购重组相关业务规则和运行机制，在上市委设立并购重组委，分别参与创业板和科创板上市公司发行股份购买资产和重组上市申请的审核工作。

二、修改完善并购重组政策相关条款

2021年，相关部门积极修改完善并购重组的相关条款，进一步完善现有政策。

2021年2月5日，为贯彻落实2020年3月1日起施行的新《证券法》，进一步规范上市公司内幕信息知情人登记和报送行为，加强内幕交易综合防控，证监会颁布《关于上市公司

内幕信息知情人登记管理制度的规定》。

2021年6月22日,深沪证券交易所分别发布上市公司重大资产重组审核标准、审核规则,分别就创业板和科创板的上市公司并购重组审核标准和程序作出规定;同时修订《上市委员会管理办法》,在上市委设并购重组委,从上市委委员中遴选部分委员担任并购重组委委员,分别参与创业板和科创板上市公司发行股份购买资产和重组上市申请的审核工作。

2021年7月6日,中共中央办公厅、国务院办公厅印发了《关于依法从严打击证券违法活动的意见》,要求依法从严从快从重查处欺诈发行、虚假陈述、操纵市场、内幕交易、利用未公开信息交易以及编造、传播虚假信息等重大违法案件。

2021年7月9日,证监会发布《关于注册制下督促证券公司从事投行业务归位尽责的指导意见》,要求证券公司完善保荐承销、重大资产重组财务顾问尽职调查、工作底稿等执业规范,进一步明确证券公司的基本职责和执业重点,压实投行责任。

2021年7月23日,深沪证券交易所根据相关规定,经履行相关程序,分别聘任并购重组委员会委员。

2021年9月17日,证监会发布了北京证券交易所发行上市、再融资、持续监管相关的11件内容与格式准则,从而夯实北京证券交易所的制度基础、规范上市公司信息披露行为、保护投资者合法权益。

2021年10月30日,证监会发布《北京证券交易所上市公司持续监管办法(试行)》,对标的资产的行业要求、实施重大资产重组的标准、发行股份价格等进行了规定。

2021年11月12日,证监会发布关于修改《中国证券监督管理委员会上市公司并购重组审核委员会工作规程》的决定,对并购重组委委员的任期和分组安排情况进一步优化。具体来看,第七条修改为:"并购重组委委员每届任期1年,可以连任,连续任期最长不超过2届,但涉及资本市场重大改革需要的除外。"第二十条第一款修改为:"并购重组委委员分成召集人组和专业组。分组名单应当在中国证监会网站予以公示。"

第二节　苏州上市公司并购重组规模与结构分析

2021年,尽管受到新冠肺炎疫情的影响,苏州上市公司仍积极通过并购重组调整经营结构,拓展经营领域,提升经营效率。中国证监会上市公司监管部并购重组委2021年共召开34次会议,审批上市公司发行股份进行并购重组活动。受新冠肺炎疫情等因素影响,2021年申请并购重组的公司数量大大减少。其中,苏州共有3家公司先后提出并购申请,有2家无条件通过,通过率达到2/3。此外,2021年苏州市涉及上市公司并购活动的共有205家次[①]。

一、并购公司数量

根据中国证监会上市公司监管部并购重组委审核的结果,2021年以下3家苏州上市公司先后提出并购重组申请,并得到审核,见表6-1。

---

① 资料来源:Wind资讯。

表 6-1 并购重组委审核的公司

上会时间	公司名称	有无条件	公司代码	并购身份
2021.2.8	天顺风能	无条件	002531	收购方
2021.7.7	沙钢股份	未通过	002075	收购方
2021.12.22	东方盛虹	无条件	000301	收购方

2021年,在3家通过证监会并购审议的公司中,2家无条件通过,占总数的66.67%,1家未通过,见图6-1。无条件收购案例有天顺风能(苏州)股份有限公司和江苏东方盛虹股份有限公司。

未通过的是沙钢股份有限公司发行股份购买资产的案例,并购重组委给出的审核意见为:申请人未能充分披露标的资产海外政策风险和核心竞争力,盈利能力存在较大不确定性,不符合《上市公司重大资产重组管理办法》第四十三条的相关规定。

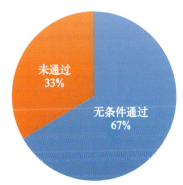

图 6-1 苏州市上市公司并购重组通过证监会审核的类型

从全国范围内来看,2021年,证监会并购重组委共召开34次工作会议,审核了41家公司,创业板并购重组委共审核了2家公司。其中,无条件通过19家,有条件通过19家,未通过5家,整体通过率为88.37%,较2019年的81%有所改善,未通过率为11.63%。

从苏州市来看,与2020年相比,苏州上市公司申请发行股票进行并购重组的数量持平,通过比例与2020年相同。相比之下,2020年两次为有条件通过,但2021年的两例均为无条件通过。由此可见,2021年苏州市上市公司申请发行股票进行并购重组的情况略有好转。

二、苏州市上市公司并购的规模

2021年苏州上市公司的并购规模差异较大,以下分别从并购价格区间、是否属于重大资产重组和并购公司的规模来考察。

在2021年苏州全部127起成功并购事件中,有112起披露了交易价格,这112起并购事件的平均价格高于2020年。其中,并购价格超过10亿元的有8起(2020年有1起),在1亿至10亿元之间的有26起,在5000万至1亿元之间的有10起,在1000万至5000万元之间的有30起,低于1000万元的有38起。与2020年相比,2021年的平均并购价格有所上升,但完成并购的平均价格有所上升。2021年平均并购价格为3.32亿元,完成并购的平均并购价格为1.83亿元,而2020年平均并购价格为2.56亿元,完成并购的平均并购价格为1.59亿元。2021年全国平均并购价格为8.97亿元,完成并购的并购价格平均为4.46亿元。2021年,苏州全部并购的平均价格和完成并购的平均价格都低于全国水平。图6-2显示了苏州112起披露了交易价格的已完成并购事件中的并购价格区间。

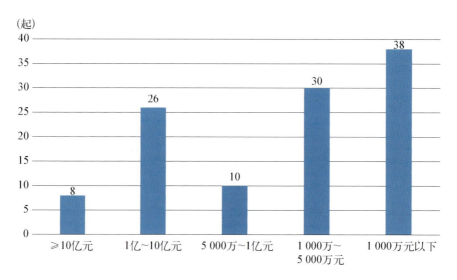

图 6-2 苏州市上市公司并购价格区间

三、区域比较

为了更全面地反映苏州上市公司在全国城市中的地位,表 6-2 列出了上海、北京、天津、重庆、深圳和杭州等主要城市上市公司并购重组情况,同时也列出了全国上市公司并购重组数据。

表 6-2 公司参与并购情况的区域比较

	苏州	上海	北京	天津	重庆	深圳	杭州	全国
总次数	144	442	536	92	52	313	157	7 322
完 成	127	364	437	81	46	262	123	5 089
进行中	6	59	73	5	1	29	24	1 945
失 败	11	19	26	6	5	22	10	288

由表 6-2 可见,2021 年全国上市公司并购重组事件共 7 322 起,比 2020 年增加 2 325 起,完成并购重组 5 089 起,失败 288 起,有 1 945 起正在进行中。其中,与 2020 年相比,完成并购数量增加 2 429 起,失败数量增加 197 起,进行中的数量减少 295 起。在 7 个城市中,北京上市公司并购次数超过了上海,北京和上海上市公司并购次数明显领先于其他城市,属于并购重组的第一阵营。深圳低于北京和上海,但明显高于其他城市,基本属于上市公司并购重组的第二阵营。在其他城市中,杭州略高于苏州,两者均明显高于天津和重庆。苏州和杭州的并购次数比 2020 年有了明显增加,而天津则出现了显著的减少,重庆也有较大幅度下降。苏州市作为一个地级市,并购重组数量超过了直辖市天津和重庆,反映了苏州上市公司在并购重组方面已经走在全国城市的前列。

从上市公司并购行为的进度看,不同地区公司并购活动也存在很大差异,如图 6-3 所示。

第六章 苏州上市公司并购重组及其影响分析

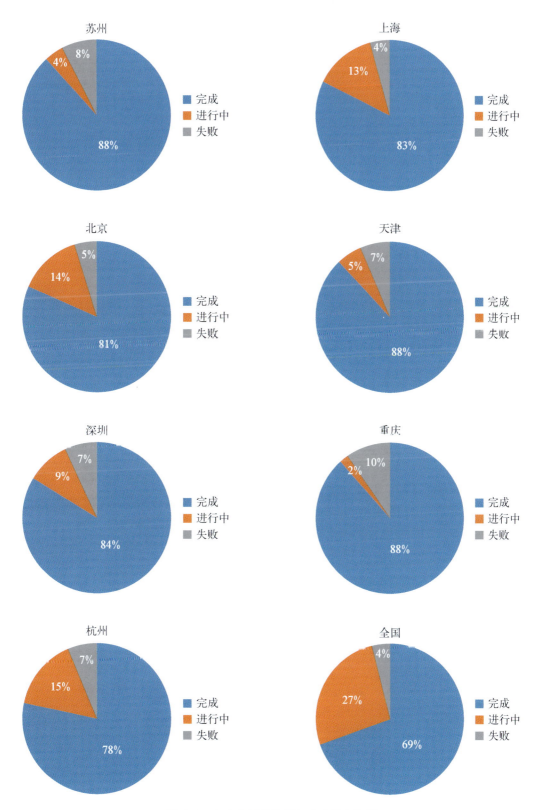

图 6-3 上市公司并购重组完成情况比较

苏州市上市公司并购活动中,已完成的占88%,进行中的占4%,失败的占8%。苏州上市公司已完成并购的比重在七个城市中位居前列,比全国平均水平高了19个百分点。进行中的并购活动比重在七个城市中偏低,仅高于重庆,说明苏州上市公司并购还有进一步提高的空间。与其他城市相比,苏州上市公司并购失败的比重较高,高于全国水平,也高于苏州市2020年的水平,说明苏州上市公司并购活动更加活跃的同时,并购效率也需要提升。

第三节 苏州上市公司并购重组的影响分析

上市公司并购重组是公司重大战略行为,必然会影响公司的规模、业绩、扩张能力、海外竞争力和转型升级。

一、公司经营业绩

公司并购会影响公司的营业收入,进而影响净利润。但是,由于并购发生时,发起并购的上市公司必须支付巨额的并购费用,其短期内的净利润将会受到复杂的影响。

2021年,苏州市共有两家上市公司顺利通过证监会并购重组委的审议。图6-4显示了这两家上市公司并购前后的净利润情况。这两家公司的总利润和平均利润均显著高于2020年的水平。在2021年复杂的经济形势下,这两家上市公司的净利润仍然明显改善,在一定程度上说明并购重组产生了积极影响。尽管东方盛虹并购时间较晚,对2021年业绩影响有限,但其并购之前的相关业务调整已经对公司产生了一定的影响。

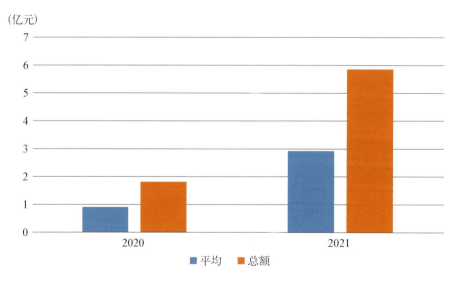

图6-4 两家公司并购前后的净利润

二、扩张能力

并购重组会引起上市公司资产规模的扩张,增强公司的扩张能力。一般来说,收购了其他企业或项目的公司的规模将会扩大。图6-5显示了完成并购的两家上市公司在并购前后资产总规模和平均规模的变化情况。并购带来了上市公司资产规模的扩张,提升了公司的

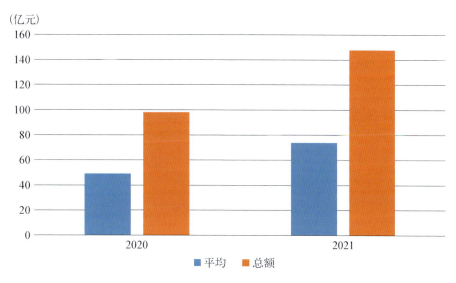

图 6-5　两家公司并购前后的资产规模

扩张能力。

图 6-6 显示了苏州两家上市公司并购前后的营业收入总额及平均值的变动情况。并购后,这两家上市公司的营业收入总额从并购前的 417.5 亿元升至 598.88 亿元,平均营业收入也从并购前的 208.75 亿元上升到 299.44 亿元。

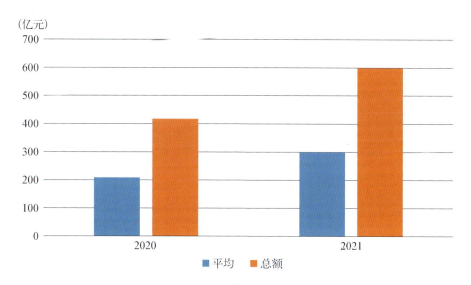

图 6-6　两家公司并购前后的营业收入

公司资产规模和营业收入的变动表明,2021 年的并购活动扩大了苏州市上市公司的经营规模,资产总额和营业收入都有明显上升。

三、拓展产业链

苏州上市公司并购重组的一个显著特征是通过并购,顺应国家关于产业链、供应链发展的战略规划,提升公司的竞争力。

东方盛虹拟以发行股份及支付现金方式购买江苏斯尔邦石化有限公司100％股权并募集配套资金,已于2021年12月获证监会批准。交易完成后,东方盛虹将正式进军化工新材料领域,并形成"炼化＋聚酯＋新材料"的产业矩阵。

本次交易之前,东方盛虹以民用涤纶长丝的研发、生产和销售为核心,以热电等业务为补充开展业务经营。在本次交易前,东方盛虹已经通过实施产业链纵向整合,逐步布局"原油炼化-PX/乙二醇-PTA-聚酯-化纤"全产业链一体化经营发展的架构,已形成了从"一滴油到一根丝"的业务经营体系。此前,2019年3月、4月,东方盛虹收购盛虹炼化、虹港石化100％股权,并投资建设盛虹炼化一体化项目,形成"原油炼化-PX/乙二醇-PTA-聚酯-化纤"新型高端纺织产业链架构,进入炼油、化纤之间协同发展的新阶段和新格局。

本次交易完成后,东方盛虹将进一步横向拓展新材料业务,并将形成聚酯化纤、石化、新材料、热电四大主要业务板块,进一步完善全产业链布局。

四、补强产业链

苏州上市公司还通过并购积极进行产业结构调整,拓展自身的产业链。

以天顺风能(苏州)收购苏州天顺风电叶片技术有限公司的股权为例,天顺风能(苏州)向昆山新长征投资中心(有限合伙)以发行股份及支付现金方式购买其所持有的苏州天顺风电叶片技术有限公司(下称"苏州天顺")20％股权,新增发股份于2021年4月15日正式上市。本次交易是天顺风能收购重要子公司苏州天顺的少数股权,有利于天顺风能增强独立性。本次交易完成后,苏州天顺将成为上市公司的全资子公司。

本次成功收购,有利于公司加强主业,会对公司未来盈利形成积极影响。本次交易标的苏州天顺,主要从事研发、生产、安装风力发电设备配套的风能叶片、机械件、电气件和液压件及其配套零部件等。天顺风能表示,苏州天顺与公司同处于风电产业链,本次交易完成后,天顺风能将进一步加强在风电产业链的布局,发挥与苏州天顺之间的协同效应。

第四节　苏州上市公司并购重组存在的问题与对策

一、苏州上市公司并购重组存在的主要问题

通过以上分析,可以发现苏州上市公司并购重组过程中主要存在以下问题。

(一) 并购规模偏小

苏州上市公司并购重组规模偏小,体现在并购重组规模低于全国平均水平。并购重组规模偏小,既与苏州上市公司规模总体偏小相一致,也反映了苏州规模较大的上市公司在并购重组活动中不活跃。这种情况不利于并购重组积极效应的充分体现,也不利于实现规模经济,在一定程度上制约了苏州上市公司的发展。

(二) 缺乏有影响力的并购

尽管并购活动有所增加,2021年苏州市仍缺乏有影响力的并购重组活动。苏州上市公司通过证监会并购重组委审批的并购案例仅3例,获准仅2例,与2020年持平,维持近年来的最低点。这一方面是新冠肺炎疫情影响的结果,另一方面也与苏州上市公司规模普遍偏

小有着密切的关系。

（三）并购成功率有待进一步提高

2021年苏州上市公司并购重组的成功率不容乐观。纵向来看，与2020年相比，苏州上市公司并购成功率持平；横向来看，苏州上市公司并购重组失败的比率在主要城市中较高。并购重组成功率的下降，反映了上市公司在复杂的宏观经济环境中实施并购重组的能力仍存在不足。只有进一步做好并购重组之前、之中和之后的各项工作，才能有效提高并购成功率，通过并购重组壮大苏州上市公司的实力，实现资源的优化配置。

二、相关对策分析

从苏州上市公司2021年并购历程可见，要提高并购重组能力，就必须做到以下几点。

（一）提高对经营环境的敏感度

2022年，是我国社会政治生活中一个重要的年份，我们迎来了党的第二十次全国代表大会。随着我国明确了"双碳"目标，绿色科技和绿色金融等相关行业的发展会面临更大的机遇。与此同时，新冠肺炎疫情仍未结束，在全球疫情和国际经济环境的影响下，苏州上市公司发展面临一个全新的环境。苏州上市公司在并购过程中，首先应当加强对中央政策的解读，跟踪并购政策的变化，针对新的政策导向确定并购战略，更加偏向公司技术升级、绿色发展方面的并购重组，提高并购重组的成功率。

（二）明确并购目的

公司必须明确并购目的，根据公司发展的实际需要确定并购对象。公司并购的目的很多，比如借壳上市或买壳上市、扩大企业规模、获得特殊资源、多元化经营的需要等。为了提高并购绩效，公司在并购前应注意两个方面问题。一是并购要与企业整体发展战略相匹配。上市公司发展战略是一切经营行为的指导思想，发展战略决定着企业的命运，因此必须在企业总体发展战略的要求下实施并购，将并购作为实现企业发展战略的重要手段。二是要考虑并购对企业长远利益的影响。企业更应该看清自身的优势和劣势，确定并购对自己长远的发展是否有正面的影响。公司并购决策应从长远利益出发，而不应仅仅追求财务、股价等短期效应。总而言之，公司在并购前必须根据公司发展战略明确并购目的。

（三）选择合理的并购策略

为提升并购绩效，苏州上市公司在并购过程中应立足自身特点，着眼于长远发展战略，制定科学合理的并购交易策略。从并购类型上看，横向并购可以扩大公司生产规模，实现规模经济效应。同时，横向并购过程中，并购公司和目标企业处于同一行业，信息较为充分，公司可以通过同行业的整合来增强竞争力。纵向并购可以为公司在产业链上获得更大优势，实现范围经济，但由于公司对上下游企业熟悉程度相对较差，并购中面临的不确定性也很大。混合并购虽然可以避免原来所处行业的经营风险，提高潜在的获利机会，但是在实施混合并购前要审慎决策，不能盲目进行多元化扩张。

（四）设计有效的并购方案

在明确并购目的和并购策略后，苏州上市公司需要制定有效的具体的并购方案。并购方案包括对并购对象、并购时机、并购策略的具体分析和实施步骤，需要从公司所处的行业、生命周期、行政区域以及公司股权结构等方面慎重论证并购交易的可行性，做到专业化和科学化。从国外成熟市场的并购事件来看，并购方案大多是通过投资银行来策划完成的。投资银行积累了丰富的并购重组经验,市场敏感度高,具备高素质的专业化人才,对于整个并购事件的把握要强于收购公司。因此,并购重组活动的成败以及后期的绩效改善状况在很大程度上取决于收购公司所选择的投资银行对于并购重组活动的设计方案。

(五)注重并购后的整合

苏州上市公司必须重视并购之后的整合,才能改善并购绩效。并购的根本目的是通过并购交易为公司创造价值,增加股东财富。并购的成败在很大程度上取决于并购后的整合,通过整合将并购双方融为一体,其中涉及企业资源、流程以及责任等多方面的调整,对并购后企业绩效的提升至关重要,因此公司应注重并购后的整合问题。人力资源的整合、财务及资产的整合、组织制度及生产的整合、文化的整合等都是并购后整合的主要内容。只有在整合上取得成功,才能取得并购的最终成功。因此,苏州上市公司必须在发展战略的指导下,制定系统的整合计划,并有效地执行。

本 章 小 结

并购重组能够扩大上市公司的规模,为上市公司获得新的资源,同时还能促进上市公司的多元化经营,实现上市公司的长期发展战略。苏州上市公司在2021年的并购重组活动比2020年明显增加,经证监会并购重组委审核的并购公司数量与2020年持平。从苏州市上市公司2021年并购重组情况来看,公司在选择并购对象、并购手段时,需要加强对行业的关注,选择最优并购手段,制定科学的并购策略和并购方案,降低并购成本,加快并购过程中企业文化的整合。

苏州上市公司发展报告（2022）

第七章

苏州新三板挂牌企业分析

新三板(全国中小企业股份转让系统,简称"全国股转系统")作为服务创新、创业、成长型中小微企业的主要平台,是我国多层次资本市场体系的重要组成部分,在助力中小微企业良性发展、激发民营经济活力等方面发挥了重要作用。自 2013 年正式揭牌运营以来,新三板进行了一系列的重大制度改革和探索。2016 年实施的分层管理将新三板市场分为基础层和创新层;2020 年精选层正式设立并开市交易;2021 年为持续深化新三板改革,增强对中小微企业的金融支持,新三板精选层整体平移变更为北交所,为我国资本市场的改革发展带来新格局(见图 7-1)。

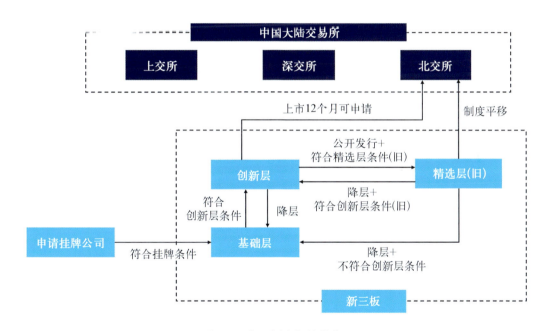

图 7-1　新三板市场结构变迁

在挂牌总数方面,自 2016 年实施分层管理以来,新三板迎来快速扩张期并在 2017 年达到顶峰,挂牌企业由 2016 年的 10 163 家增加至 11 630 家,同比增长 14.43%。然而,在 2017 年发生大规模摘牌事件后,新三板挂牌企业总量逐年下降,2021 年新三板市场共计拥有 6 932 家挂牌企业,同比降低 15.33%。分层统计方面,截至 2021 年年末,除精选层整体平移至北交所外,基础层挂牌企业总量为 5 707 家,较上年减少 18.56%。创新层挂牌企业总量为 1 225 家,较上年增长 7.64%(见图 7-2)。

图 7-2 新三板各层挂牌企业数量

全国范围来看,2021年江苏省新三板挂牌企业数量达841家,占全国比重12.13%,仅次于广东省(974家)和北京市(898家)。省内范围来看,2021年苏州新三板挂牌企业数量达267家,占全省比重31.75%,位列全省第一。

第一节　苏州新三板发展状况

一、苏州新三板挂牌企业总体状况

2013年苏州设立新三板产业引导基金,借由财政资金的杠杆效应吸引社会资金注入新三板后备企业。2014年,随着新三板试点扩大至全国,苏州市政府陆续出台了《苏州市新三板挂牌企业三年培育计划》《苏州市金融支持企业自主创新行动计划(2015—2020)》等政策,加强了与全国中小企业股份转让系统公司的交流合作。同年10月,太湖金谷作为全国股转系统首家委托服务机构在苏州高新科技金融广场正式揭牌。依托于苏州现有的产业经济基础,太湖金谷充分发挥地处长三角经济区的区位优势,致力于打造新三板新型金融服务平台,助推高科技中小微企业的成长发展。

然而,自2017年以来,由于新三板缺乏流动性和融资功能,市场整体下行,苏州市新三板挂牌企业总量呈下降趋势。截至2021年年末,苏州新三板挂牌企业共计267家,较上年同期下降13.31%;全省范围来看,2021年年末苏州市挂牌企业总量占江苏省挂牌企业总量的31.75%,且近五年来该比例均维持在三分之一左右,对江苏省新三板市场的发展起着不可或缺的作用(见图7-3)。

截至2021年12月31日,苏州市新三板挂牌企业的市值总和为654.73亿元。从市值的整体分布来看,苏州新三板挂牌企业市值规模依然存在明显差异,大部分公司市值规模较小(见表7-1)。在有市值的184家公司中,69家市值规模在1亿元以下,占比37.50%;13家市值规模超过10亿元,占比7.07%;无百亿级公司。

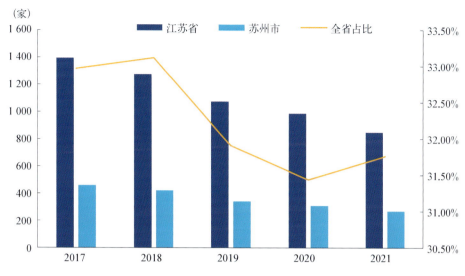

图 7-3　苏州新三板挂牌企业统计

表 7-1　苏州新三板挂牌企业市值分布

市 值 分 布	苏州新三板挂牌企业家数	占　　比
1 亿元以下	69	37.50%
1 亿～3 亿元	54	29.35%
3 亿～10 亿元	48	26.09%
10 亿～50 亿元	13	7.07%

苏州新三板挂牌企业的财务状况见图 7-4。剔除财务数据缺失的公司后，2021 年苏州新三板挂牌企业营业收入均值为 22 311.29 万元，较 2020 年同期增长 5.62%；净利润均值 1 030.24 万元，较 2020 年同期下滑 5.70%。营业收入均值与净利润均值的分布结构呈两极分化状态。

纵观新三板整体的发展历程，近年来新三板摘牌数量上升而挂牌数量降低，这主要是由于以下三方面的原因。

（一）新三板市场缺乏融资功能和流动性

中小微企业登陆新三板市场的重要目的是寻求融资，然而由于新三板挂牌企业鱼龙混杂、财务能力不佳等，许多优质企业无法被准确估值，企业希望通过挂牌上市实现企业价值和再融资的目的不能达到。再加上二级市场流动性缓慢，股权交易量较低，股价不振，导致许多企业重新思考挂牌的必要性。

（二）挂牌与监管成本高昂

企业在新三板挂牌需要承担的费用除挂牌成本外还包括持续合规成本。由于挂牌企业必须根据相关规定进行信息披露，因此企业每年都需要向主办券商、会计师事务所、律师事务所等中介机构支付服务费用，包括但不限于辅导费、年报审计费和法律意见咨询费等。连

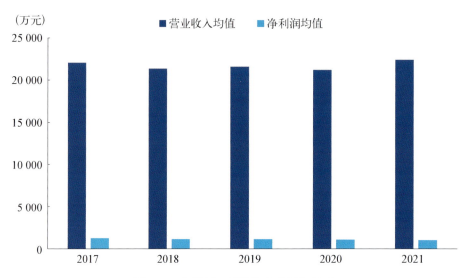

图 7-4　苏州新三板挂牌企业财务状况

年上涨的中介费用使得企业的挂牌成本进一步增加,一些企业会因此选择主动摘牌。

（三）为 IPO 转板上市做准备

近年来,注册制改革和新三板转板上市机制等一系列政策先后推出,并以科创板、创业板为试点优先进行推广,一定程度上缓解了我国新三板市场上长期存在的转板难题。时间周期和转板成本的降低让许多高成长小规模的优质企业将新三板作为"踏板",进而转板冲刺 IPO,希望能以此提升企业实力,促进企业升级发展。因此,为转板等经营战略需求做准备也在一定程度上导致退市公司数量的递增。

二、江苏省新三板挂牌企业比较

自 2013 年国务院确定将新三板的试点扩大至全国后,各地区中小型企业陆续登陆新三板市场,区域分布迅速扩大,目前挂牌企业基本覆盖各省、自治区、直辖市及辖区内各地,对区域经济发展做出重要贡献。截至 2021 年 12 月 31 日,新三板共有挂牌企业 6 932 家,其中,江苏省挂牌企业达 841 家,占比 12.13%,仅次于广东省(974 家)和北京市(898 家),见表 7-2。

表 7-2　新三板挂牌企业数量前五省(区、市)

所 属 地 域	总挂牌家数	家 数 占 比
广　东	974	14.05%
北　京	898	12.95%
江　苏	841	12.13%
浙　江	612	8.83%
上　海	516	7.44%

从江苏省内情况来看,新三板挂牌企业呈区域集中特点(见图7-5)。与2020年相比,2021年新三板挂牌企业数量排名前四的城市分别为苏州、无锡、南京、常州。其中苏州新三板挂牌企业达267家,占全省比重31.75%,持续位列全省第一;而无锡新三板挂牌企业达134家,超过南京的129家,位列全省第二。就地域划分而言,苏南(南京、苏州、无锡、常州、镇江)、苏中(南通、泰州、扬州)、苏北(徐州、连云港、宿迁、淮安、盐城)地区新三板挂牌企业分别为651家、108家、82家,苏南地区明显高于苏中、苏北地区。

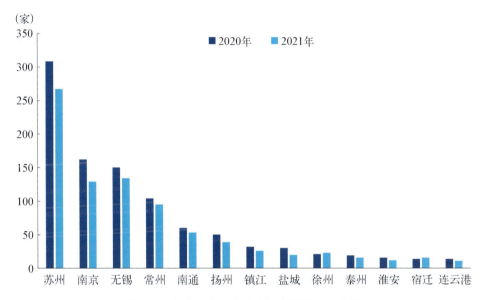

图7-5 江苏省各地级市新三板挂牌企业数量

融资难、融资贵历来是中小企业发展过程中面临的显著问题。全国中小企业股份转让系统自2013年运营以来,已成为资本市场服务中小企业的"主战场",帮助不少中小企业解决了融资需求。定向增发是新三板挂牌企业的主要融资方式。2021年,江苏省共有58家公司实施完成了66次增发,募资总额达31.50亿元。其中,常州11家公司实施完成了12次增发,共募集资金16.87亿元,占比53.56%;苏州虽然募资总额不及常州,但增发次数、增发家数均为第一,分别为20次、17家。连云港、泰州、镇江全年无增发实施(见表7-3)。

表7-3 江苏省各地级市融资情况

所属地区	增发次数	增发家数	募资总额(亿元)
苏 州	20	17	4.91
常 州	12	11	16.87
无 锡	12	10	3.89
扬 州	2	2	2.05
南 京	8	7	1.51

续 表

所属地区	增发次数	增发家数	募资总额（亿元）
宿 迁	4	3	1.06
徐 州	4	4	0.55
盐 城	1	1	0.30
南 通	2	2	0.21
淮 安	1	1	0.15
连云港	0	0	0.00
泰 州	0	0	0.00
镇 江	0	0	0.00

三、主要城市挂牌企业比较

将苏州与全国主要城市新三板挂牌企业数量作比较，可以发现苏州新三板挂牌企业数量在全国范围也属于较高水平。具体来看，与国内四大直辖市相比，截至2021年年末北京、上海新三板挂牌企业数量分别为898家、516家，位列第一、第二；苏州新三板挂牌企业数量达267家，远超天津(132家)和重庆(84家)。与国内计划单列城市相比，苏州新三板挂牌企业数量仅次于深圳(347家)，且远高于厦门、宁波、青岛、大连。与重点省会城市相比，苏州具有较为明显的领先优势，广州、杭州、武汉、成都、西安各地的新三板挂牌企业数量均少于苏州(见图7-6)。总体来说，苏州新三板挂牌企业数量位居全国第四，在推动新三板市场的健康持续发展中具有重要地位。

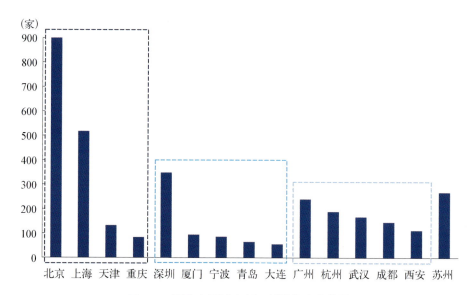

图7-6 国内主要城市新三板挂牌企业数量

在融资情况方面,四大直辖市中北京、上海募资总额较多,分别为 41.85 亿元、13.54 亿元;天津(2.6 亿元)和重庆(0.56 亿元)明显低于苏州。计划单列市中,深圳共有 26 家公司实施完成了 29 次增发,募资总额达 14.55 亿元;青岛(3.97 亿元)、宁波(3.52 亿元)、大连(1.16 亿元)、厦门(0.65 亿元)的募资总额均低于苏州。重点省会城市中,广州、杭州、成都的募资总额均在 5 亿元以上,超过苏州的 4.91 亿元;西安、武汉募资总额较少(见表 7-4)。

表 7-4 国内主要城市融资情况

地 区		增 发 次 数	增 发 家 数	募资总额(亿元)
直辖市	北 京	49	46	41.85
	上 海	44	41	13.54
	天 津	11	11	2.60
	重 庆	5	5	0.56
计划单列市	深 圳	29	26	14.55
	青 岛	6	6	3.97
	宁 波	12	11	3.52
	大 连	7	7	1.16
	厦 门	6	5	0.65
重点省会城市	广 州	20	20	5.26
	杭 州	16	16	7.98
	成 都	13	11	7.34
	西 安	11	11	3.19
	武 汉	11	9	2.24
苏 州		20	17	4.91

第二节 苏州新三板挂牌企业的特征分析

一、苏州新三板挂牌企业的区域分布分析

近年来,苏州市以其快速的经济发展与开放的市场环境为中小微企业打造良好的服务平台,并在新三板挂牌工作上取得了显著成果。2021 年,苏州新三板挂牌企业达 267 家,其

中 56.55%属于苏州市辖区,43.07%分布于四大县级市。在市辖区中,工业园区挂牌企业数量为 35 家,占比 13.11%;姑苏区定位为历史文化名城保护区,挂牌企业数量较少,占比 6.37%。在四大县级市中,昆山挂牌企业数量为 51 家,占比 19.10%;张家港挂牌企业数量为 30 家,占比 11.24%;此外,常熟和太仓挂牌企业数量为 22 家和 12 家,分别占比 8.24%和 4.49%(见图 7-7)。

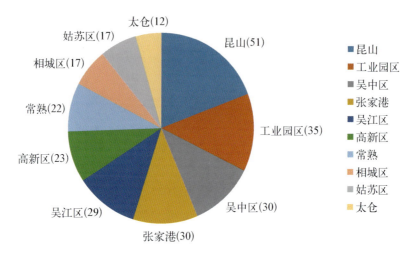

图 7-7 苏州新三板挂牌企业区域分布

分析苏州市各区域新三板挂牌企业的财务状况可知,在营收规模方面,姑苏区、昆山企业平均营业收入较高,张家港、太仓企业平均营业收入较低。截至 2021 年年末,在苏州市新三板挂牌企业中,姑苏区、昆山挂牌企业营业收入均值分别达到 66 118.71 万元、27 103.85 万元,明显高于张家港、太仓的 15 045.32 万元、13 751.44 万元。

在盈利能力方面,姑苏区、常熟企业盈利能力较强,相城区、高新区企业盈利能力较弱。截至 2021 年年末,姑苏区、常熟新三板挂牌企业分别以 1 540.63 万元、1 539.59 万元的净利润均值位列第一和第二,远高于相城区、高新区的 571.72 万元、49.51 万元(见图 7-8)。

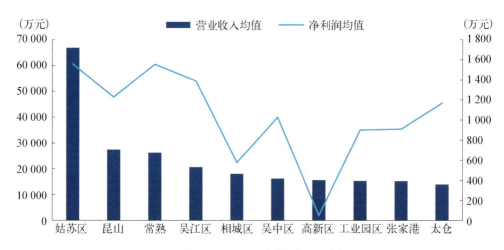

图 7-8 苏州各区域新三板挂牌企业财务状况

二、苏州新三板挂牌企业的市场分层分析

作为全国中小型企业股权融资的重要平台,新三板市场准入端包容度较高,因此挂牌企业在发展阶段、财务状况、行业特征等方面均具有较大差异。分层管理制度对公司质量进行筛选,并为不同层级的挂牌企业提供差异化安排,更有利于中小型企业的投融资精准对接。

截至2021年年末,苏州新三板基础层挂牌企业数量为218家,占总体比重81.65%;创新层挂牌企业数量49家,占总体比重18.35%。在发行流通方面,基础层挂牌企业总股本1 004 998.56万股,其中可交易股份数量501 296.05万股;创新层挂牌企业总股本504 359.31万股,其中可交易股份数量323 327.17万股(见表7-5)。由此可见,基础层板块在挂牌数量、总股本、可交易股份数量方面均领先于创新层板块。

表7-5 苏州新三板市场分层统计

	挂牌数量	占比	总股本(万股)	可交易股份数量(万股)
基础层	218	81.65%	1 004 998.56	501 296.05
创新层	49	18.35%	504 359.31	323 327.17
总计	267	100%	1 509 357.87	824 623.22

根据全国股转系统发布的2021年市场层级定期调整公告,全年共有277家挂牌企业调入创新层,4家挂牌企业从创新层调出至基础层。其中,苏州范围内共有苏州飞宇精密科技股份有限公司等12家挂牌企业按市场层级定期调整程序调入创新层,无企业调出至基础层(见表7-6)。

表7-6 苏州新三板定期调入创新层的挂牌企业名单

证券代码	证券名称	证券代码	证券名称
831237.NQ	飞宇科技	839532.NQ	建伟物流
832089.BJ	禾昌聚合	870355.NQ	建院股份
833444.NQ	华恒股份	871444.NQ	永信药品
833599.NQ	营财安保	872753.NQ	宏宇环境
835834.NQ	达伦股份	872892.NQ	春阳股份
837453.NQ	通锦精密	873510.NQ	三新股份

就交易活跃度而言,如图7-9所示,截至2021年年末,基础层挂牌企业成交总额、成交总量分别为19 003.20万元、9 696.44万股,换手率均值1.76%;创新层挂牌企业成交总额、成

交总量分别为139 811.72万元、16 927.97万股,换手率均值10.28%。创新层板块市场活跃度明显高于基础层板块。

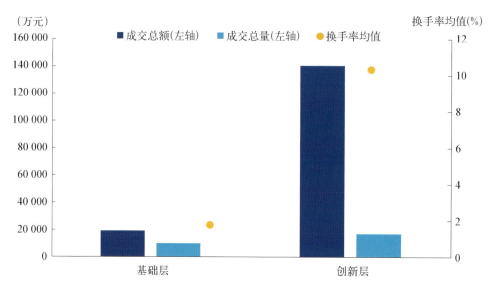

图7-9 2021年苏州新三板市场交易活跃度

分析不同层级挂牌企业的财务状况可知,在营收规模方面,2021年创新层挂牌企业营业收入均值45 503.45万元,远高于基础层挂牌企业的17 098.37万元。在盈利能力方面,创新层挂牌企业净利润均值、ROE均值分别为2 759.62万元、13.58%;基础层挂牌企业净利润均值、ROE均值分别为641.46万元、1.41%。创新层板块的盈利能力同样高于基础层板块。

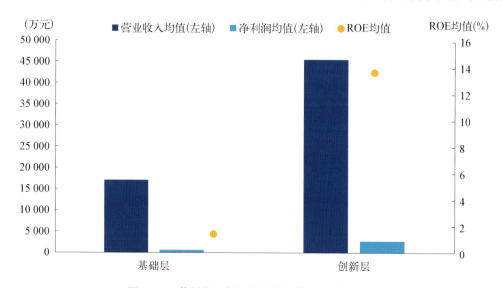

图7-10 苏州新三板不同层级挂牌企业财务状况

从不同层级挂牌企业的IPO情况来看,截至2021年年末,苏州新三板市场共有12家挂牌企业处于IPO申报状态中,除太湖雪属于基础层板块以外,其余11家挂牌企业均属于创新层板块(表7-7)。在审核进度方面,9家公司处于"辅导备案登记受理"状态,飞宇科技处

于"报送辅导备案材料"状态,闻道网络处于"中止审查"状态,玮硕恒基处于"已问询"状态。在拟上市板方面,10家挂牌企业拟登陆北京证券交易所,另有玮硕恒基、明阳科技两家挂牌企业拟登陆创业板市场。

表7-7 苏州新三板不同层级挂牌企业IPO情况

序号	证券简称	所属分层	审核状态	拟上市板/挂牌层
1	太湖雪	基础层	辅导备案登记受理	北证
2	闻道网络	创新层	中止审查	北证
3	祥龙科技	创新层	辅导备案登记受理	北证
4	巨峰股份	创新层	辅导备案登记受理	北证
5	佳合科技	创新层	辅导备案登记受理	北证
6	瑞铁股份	创新层	辅导备案登记受理	北证
7	通锦精密	创新层	辅导备案登记受理	北证
8	苏州电瓷	创新层	辅导备案登记受理	北证
9	飞宇科技	创新层	报送辅导备案材料	北证
10	华恒股份	创新层	辅导备案登记受理	北证
11	玮硕恒基	创新层	已问询	创业板
12	明阳科技	创新层	辅导备案登记受理	创业板

三、苏州新三板挂牌企业的行业分布分析

苏州新三板挂牌企业基本涵盖各行业,且不少挂牌企业是所属细分行业内的领军企业,具有良好的发展前景。2021年,根据Wind一级行业分类,苏州新三板挂牌企业共涉及九大行业,主要集中在工业、信息技术、材料、可选消费四大类,分别有107家、61家、38家、35家,合计占比达90.26%,行业结构较为合理(见图7-11)。

根据2021年年报,不同行业的新三板挂牌企业在营收规模、盈利能力、成长性上表现各异。从营收规模看,材料、工业类企业高于可选消费和信息技术类企业。截至2021年年末,在苏州新三板挂牌企业中,材料、工业类企业营业收入均值分别达到26 837.17万元、23 838.62万元,高于可选消费、信息技术类企业的17 832.28万元、14 251.62万元(见图7-12)。

从盈利能力看,材料、工业类企业盈利能力高于可选消费、信息技术类企业。2021年年末,材料、工业、可选消费、信息技术类企业净利润均值分别为1 381.71万元、1 327.22万元、691.81万元、597.92万元,ROE均值分别为8.06%、11.42%、2.50%、7.31%(见图7-13)。由此可见,代表传统产业类型的材料、工业类新三板企业盈利能力高于代表新兴产业类型的可选消费和信息技术类新三板企业。

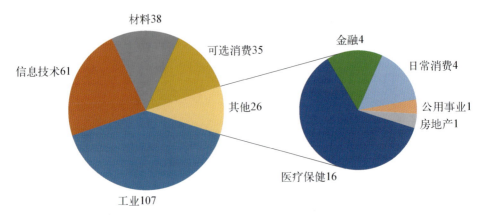

图 7-11　苏州新三板挂牌企业行业分布

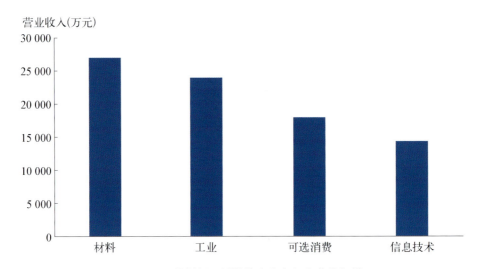

图 7-12　苏州新三板挂牌企业各行业营收规模

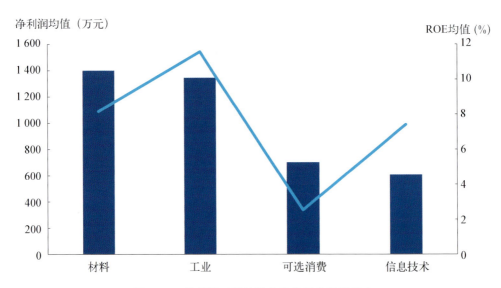

图 7-13　苏州新三板挂牌企业各行业盈利能力

第七章 苏州新三板挂牌企业分析

从成长性来看,可选消费、工业类企业表现较为亮眼。截至2021年年末,在苏州新三板挂牌企业中,可选消费类企业净利润同比增长率均值为67.59%,远超工业、信息技术、材料类企业;工业类企业营业收入同比增长率均值为24.93%,高于其他三类企业;相较之下,信息技术、材料类企业在营业收入同比增长率和净利润同比增长率方面均略显不足(见图7-14)。

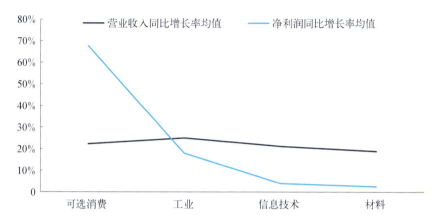

图7-14 苏州新三板挂牌企业各行业成长性

总体来看,工业等传统产业类型是苏州市产业结构的重要组成部分,具有较高的营收规模和盈利能力;而代表新兴产业的可选消费类企业总体规模还较小,虽然目前营收规模和盈利能力较低,但在成长性方面却显著高于工业、材料等传统产业。因此,政府未来应进一步扶持、推动新兴产业的发展,实现苏州市产业结构的升级优化。

四、苏州新三板挂牌企业的股票转让方式分析

新三板市场作为服务中小微企业的重要平台,自2014年迅速扩容以来,迎来高速发展期,但同时也面临着流动性不足的难题。为提高市场流动性,2018年1月15日新三板引入集合竞价交易机制,将原采取协议转让方式的股票统一变更为集合竞价。盘中交易方式变更为集合竞价和做市交易两种,供基础层、创新层挂牌企业自主选择。其中,基础层股票一日5次集合竞价,每个交易日的9:30、10:30、11:30、14:00、15:00进行集中撮合;创新层股票一日25次集合竞价,第一次撮合时间为9:30,之后每隔10分钟对接受的申报进行集中撮合,每次集中撮合前3分钟不得撤单(见表7-8)。

表7-8 新三板挂牌企业股票交易规则

	基础层股票	创新层股票
交易方式	挂牌企业可以在集合竞价和做市交易中任选一种	挂牌企业可以在集合竞价和做市交易中任选一种
集合竞价撮合频次	一天5次	一天25次
具体撮合时点	9:30、10:30、11:30、14:00、15:00	第一次撮合时间为9:30,之后每隔10分钟撮合一次
禁止撤单时间	每次集中撮合前3分钟	每次集中撮合前3分钟

截至2021年12月31日,苏州共有253家挂牌企业采用集合竞价交易,14家挂牌企业采用做市交易。此外,2021年,苏州新三板区间成交总额为158 814.91万元,区间成交量为26 624.39万股。其中,集合竞价交易板块成交额与成交量分别为67 934.96万元和14 313.67万股,各自占比42.78%和53.76%;做市交易板块成交额与成交量分别为90 879.95万元和12 310.72万股,各自占比57.22%和46.24%(表7-9)。由此可见,虽然相较于做市交易,集合竞价的交易方式占据主导地位,但二者在成交总额、成交总量方面并无太大差异。

表7-9 苏州新三板挂牌企业挂牌转让方式分布

交易方式	挂牌数量	成交额(万元)	成交量(万股)
集合竞价交易	253	67 934.96	14 313.67
做市交易	14	90 879.95	12 310.72
总计	267	158 814.91	26 624.39

就个股表现而言,2021年新三板累计141家挂牌企业发生交易行为。集合竞价交易板块成交127家,其中上涨84家,占比66.14%。以成交金额为统计基准来看,集合竞价板块中前五大交易活跃企业分别为玮硕恒基、达诺尔、华恒股份、方林科技、吉玛基因,其中区间成交额最高的是玮硕恒基(16 367.53万元),区间成交量591.53万股(见表7-10)。

表7-10 集合竞价下前五大活跃个股明细

证券简称	区间成交均价(元)	区间成交量(万股)	区间成交额(万元)	换手率(%)
玮硕恒基	27.67	591.53	16 367.53	15.62
达诺尔	22.74	554.32	12 606.99	25.09
华恒股份	5.61	1 685.45	9 454.74	13.46
方林科技	8.85	607.96	5 378.03	17.98
吉玛基因	15.93	261.80	4 170.85	12.30

做市交易板块成交14家,其中上涨8家,占比57.14%。以成交金额为统计基准来看,做市板块中前五大交易活跃企业分别为巨峰股份、苏州电瓷、民生科技、友诚科技、创元期货,其中区间成交额最高的是巨峰股份(38 646.10万元),区间成交量5 481.92万股。值得注意的是,苏州电瓷虽然以20 508.28万元的区间成交额位居第二,但其换手率达201.15%,远超其他做市股票,同样具有极高的交易活跃度(见表7-11)。

表7-11 做市交易下前五大活跃个股明细

证券简称	区间成交均价(元)	区间成交量(万股)	区间成交额(万元)	换手率(%)
巨峰股份	7.05	5 481.92	38 646.10	50.16
苏州电瓷	7.63	2 688.99	20 508.28	201.15
民生科技	15.60	951.74	14 847.80	28.58
友诚科技	13.72	808.67	11 092.41	19.74
创元期货	2.89	757.65	2 190.38	1.52

第三节 苏州新三板企业发展存在的问题与提升策略

一、苏州新三板挂牌企业存在的问题

近年来,苏州市新三板挂牌工作取得显著成果,但通过分析挂牌企业的发展现状、财务指标等方面发现,新三板挂牌工作面临着新形势和新挑战。因此,政府必须及时把握新三板市场政策变化和制度改革发展方向,进一步提升服务中小型企业资金需求的精准性和实效性,推动苏州新三板市场的健康稳定发展。当前,苏州市新三板挂牌企业主要存在以下三个方面的问题。

（一）融资效率相对较低

挂牌于新三板市场的中小型企业由于市值规模较小、缺乏财务信息、项目技术保密等原因,通常导致企业和银行等大型金融机构之间面临严重的信息不对等问题,这极大地拉高了企业的融资成本和融资难度,限制了企业的创新活力。目前新三板挂牌企业的融资方式以定向增发为主,股权质押融资和债券融资为辅。在实施定向增发前,挂牌企业必须经过备案、审核、登记等发行流程,及时披露相关信息,最终执行定向增发方案并发布股份变动报告书。2021年,苏州市共有17家公司实施完成了20次增发,募资总额达4.91亿元,占全省比重的15.59%。从全国范围来看,苏州市募资总额与直辖市、计划单列市、重点省会城市相比均不占明显优势。总体来说,苏州市新三板市场上的中小企业融资模式较为单一,融资规模较小,融资效率有待进一步提高。

（二）市场交易活跃度较低

新三板自2013年扩容至全国以来,市场规模增长迅速,但市场交易量却不容乐观,交易活跃度低、流动性不足的问题日益凸显,严重影响了新三板市场作为服务中小型企业主阵地的市场功能的发挥。新三板市场的流动性困境主要是挂牌企业质量差异较大、投资者市场准入门槛较高、交易机制设计问题、信息披露机制等问题导致的。截至2021年年末,苏州新三板市场成交额与成交量分别为158 814.91万元、26 624.39万股,换手率均值为4.02%,与国内主板、次板的流动性指标相比仍存在较大差异。"流动性是市场的一切",新三板市场流动性不足的问题会降低资本市场的资源配置效率,制约我国中小型企业的创新发展。

（三）新兴产业规模较小

新兴产业在推动一个国家或地区快速高质量发展、保障和改善民生、促进科技创新等方面发挥重要作用,在整个国民经济体系中占据重要地位。2021年,随着苏州市新三板市场的不断发展,挂牌企业的行业覆盖面也不断增加,所属行业已覆盖Wind行业分类中11个大类62个类别中的9个大类40个类别。具体来看,苏州的行业分布主要集中在工业、信息技术、材料、可选消费四大类,其中代表新兴产业的可选消费、信息技术企业无论是在挂牌企业数量,还是营收规模和盈利能力方面均不如代表传统产业的工业、材料类企业。总的来说,目前苏州市新兴产业规模相对较小,盈利能力相对较弱,但未来具有较大的成长潜力和发展空间,有待进一步的开发挖掘。

二、提升苏州新三板挂牌企业市场表现的策略

一是要提高融资效率,优化企业融资结构。目前苏州新三板挂牌企业以定向增发的融资模式为主,融资渠道较为单一,且融资效率较低,这严重阻碍了新三板中小企业的健康发展。一方面要进一步完善新三板的制度建设,落实普惠金融政策,加强定向降准、再贴现等政策扶持和资金扶持力度,完善激励保障、服务监管等机制,为不同类型的中小企业提供差异化、长效的外部支持;另一方面,要从企业自身出发,积极提高科技创新能力和产品知名度,提升企业的盈利能力,以此扩大企业规模,增强企业整体竞争能力,进而吸引更多的投资者,优化企业融资结构。

二是要改革交易制度,降低投资者准入门槛。目前新三板市场拥有做市交易和集合竞价两种交易制度供挂牌企业自主选择,以此来提升新三板市场的交易活跃度,但垄断性做市商的存在限制了进一步的发展。对此,应加强做市商交易制度的改革,在吸引更多优质做市商参与市场交易的同时,发展多元化做市商体系。例如,可以尝试引入更多的公募基金、私募基金机构等非券商参与做市交易,使得各机构发挥差异化优势。与此同时,可以考虑适当降低新三板市场投资者准入门槛,增加投资者数量。考虑到新三板挂牌企业质量不一,投资风险程度不同,可以根据不同投资者的知识水平、风险偏好将其划分为不同类别,构建多层次投资者结构。

三是要加快推动新兴产业高质量发展。苏州市新三板新兴企业普遍规模较小,虽然大多企业都具有较强的创新能力和成长潜力,但目前仍有相当一部分企业营收规模和盈利能力不容乐观。对于这部分企业,首先是要制定相应的财政补贴和税收减免等优惠政策,积极改善提升新兴产业的基础设施和硬件基础,为新兴产业的发展营造良好的环境;其次可以推动企业与高等院校、科研机构等对接合作,搭建产业发展和高科技创新平台,实现新兴产业科研创新能力的提升;最后要重视中小微新兴企业的发展,积极落实专精特新"小巨人"企业培育计划,尽可能培育出更多的高成长性企业,打造苏州市新三板优质品牌。

本 章 小 结

本章主要论述了全国以及苏州新三板企业的总体发展现状,然后通过对苏州市新三板挂牌企业的区域分布、市场分层分布、行业分布以及股票转让方式进行分析,提出了目前苏

州新三板企业存在的突出问题,并对如何提升新三板企业市场表现提出建议。

总体来说,在挂牌数量方面,2021年苏州市新三板挂牌企业数量达267家,位居全国第四,仅次于北京、上海、深圳。在融资情况方面,苏州市共有17家公司实施完成了20次增发,募资总额4.91亿元,在全国范围来看并不占据明显优势。

从区域分布来看,56.55%的挂牌企业属于苏州市辖区,43.07%分布于四大县级市。分析各区域挂牌企业的财务数据可知,姑苏区、昆山企业平均营业收入较高,张家港、太仓企业平均营业收入较低;姑苏区、常熟企业盈利能力较强,相城区、高新区企业盈利能力较弱。

从市场分层分布来看,苏州新三板基础层挂牌企业数量218家,创新层挂牌企业数量49家。在发行流通方面,基础层板块在挂牌数量、总股本、可交易股份数量方面均领先创新层板块。在层级定调方面,苏州12家挂牌企业调入创新层,无企业调出至基础层。在交易活跃度方面,创新层板块市场活跃度明显高于基础层板块。在财务指标方面,创新层板块的营收规模、盈利能力均高于基础层板块。在IPO申报方面,1家公司属于基础层板块,11家公司属于创新层板块。

从行业分布来看,苏州新三板挂牌企业共涉及九大行业,主要集中在工业、信息技术、材料、可选消费四大类,行业结构较为合理。在营收规模方面,材料、工业类企业高于可选消费和信息技术类企业。在盈利能力方面,材料、工业类企业高于可选消费、信息技术类企业。在成长性方面,可选消费、工业类企业表现较为亮眼。

从股票转让方式来看,截至2021年年末,苏州共有253家挂牌企业采用集合竞价交易,14家挂牌企业采用做市交易。虽然相较于做市交易,集合竞价的交易方式占据主导地位,但二者在成交总额、成交总量方面并无较大差异。

最后,苏州新三板挂牌企业主要存在以下问题:(1)融资效率相对较低;(2)市场交易活跃度较低;(3)新兴产业规模较小。据此,提升苏州新三板挂牌企业市场表现,须进一步做好以下几点:(1)提高融资效率,优化企业融资结构;(2)改革交易制度,降低投资者准入门槛;(3)加快推动新兴产业高质量发展。

苏州上市公司发展报告（2022）

第八章

苏州拟上市预披露公司分析

预先披露制度是指拟申请首次上市发行股票(IPO)的企业依法向证监会报送有关申请文件,并在其受理后,将有关申请文件向社会公众披露的制度。预披露环节是当前企业上市的必经之路,参与预披露的公司是未来上市公司的后备军。证监会从2014年4月起陆续对已向证监会报送相关申请文件的拟上市公司开展预披露工作,截至2021年12月底,预披露公司总数达到6 000多家。2019年科创板正式上市以来日趋成熟,2021年4月主板中小板正式合并,2021年11月北交所正式开市,故本书将主板、创业板、科创板和北证统一做比较分析。对拟上市公司开展预披露工作被认为是新股发行机制改革的一项重要举措。在2021年IPO预披露中,苏州共有54家公司披露了申报表,而其中16家公司现已成功上市,本章即以剩余38家苏州拟上市公司作为预披露研究对象。

第一节 苏州预披露公司数量分析

一个地区上市公司的数量规模和分布结构反映了这个地区的经济实力和发展潜力。苏州经济发展成果无论是与长三角其他城市相比,还是与全国主要城市相比都是令人瞩目的。本节将以苏州此次预披露的38家公司为分析对象,和各直辖市、计划单列市、2021年GDP排名前10位(含苏州)城市、江苏省内其他城市作比较,作比较城市的预披露公司名单均不含已成功上市的公司。

一、与各直辖市比较

直辖市在我国行政建制中属于省级行政单位,是我国最为重要的顶级城市。直辖市人口众多,且通常在政治、经济和文化等方面具有相当重要的地位。在2021年年底前的IPO预披露中,四大直辖市北京有59家、上海67家、天津10家、重庆8家拟上市公司披露了申报稿,见表8-1。

与苏州的38家预披露公司相比,北京和上海的预披露公司数量远超苏州,分别为59家和67家,这反映了北京和上海作为我国政治中心和经济中心无可取代的经济实力。虽然同为直辖市,天津和重庆的预披露公司数量远落后于苏州,分别为10家和8家。同2020年相比,苏州和四大直辖市中的北京、上海预披露公司数量均有大幅减少,其中北京市的降幅为53.54%,上海市的降幅为33.66%,苏州市的降幅为36.67%,此外,重庆市的降幅为33.33%,天津市的降幅为33.33%。这反映了一方面在疫情大环境的重压下,公司普遍对上市发展这一行为并不乐观;另一方面,苏州的行政级别与直辖市相比虽然较低,但仍然保有较为丰富的优质公司资源。

表 8-1 苏州预披露公司数量与各直辖市比较

单位：家

城　　市	预披露公司数量	
	2020 年	2021 年
北　京	127	59
上　海	101	67
天　津	15	10
重　庆	12	8
苏　州	60	38

资料来源：根据中国证监会资料整理而成。

二、与各计划单列市比较

计划单列市通常是一些规模较大的城市，享有省一级的经济管理权限，而不是省一级行政级别。其财政收支直接与中央挂钩，由中央财政和地方财政两分，无须上缴省级财政。目前，全国仅有 5 个计划单列市，分别是辽宁大连、山东青岛、浙江宁波、福建厦门、广东深圳。从经济发展水平、人口数量、政治地位、区位优势上来看，苏州均满足设立为计划单列市的条件。

截至 2021 年年底 IPO 预披露中，深圳预披露公司数量共 63 家，位居各计划单列市榜首，并且超过北京，稳居全国第二。这反映了深圳作为老牌经济特区强大的实力和发展潜力，也反映出深圳良好的创业、创新环境和对全国优质资源的凝聚效应。其他四个计划单列市预披露公司数量与苏州相比，宁波和大连的预披露公司数量较 2020 年变动不大，远低于苏州，青岛预披露公司数量约为苏州的三分之一，而厦门仅有 9 家，见表 8-2。这反映了苏州虽然不是计划单列市，但是经济实力和优质公司资源要优于大多数计划单列市。未来苏州为实现更高水平的发展，积极寻求城市行政层次的升级将是必然选择。

表 8-2 苏州预披露公司数量与各计划单列市比较

单位：家

城　　市	预披露公司数量	
	2020 年	2021 年
辽宁大连	5	4
山东青岛	12	14
浙江宁波	21	18

续　表

城　　市	预披露公司数量	
	2020 年	2021 年
福建厦门	18	9
广东深圳	109	63
江苏苏州	60	38

资料来源：根据中国证监会资料整理而成。

三、与 GDP 排名前十位城市比较

上市公司数量往往与一个地区经济地位正相关。根据国家统计局公布的 2021 年各地区国内生产总值(GDP)数据，排出了位居前十位的地级以上城市，并分别统计了这十个城市此次预披露的公司数量。苏州 GDP 排名稳定在全国第六位，预披露公司数量排名位列第四位，再次超过广州，且超越杭州，预披露公司数量排名超过了经济实力排名，这反映出苏州公司的经济实力较苏州市经济发展水平更加突出。此外，这十个城市中除了苏州是地级市以外，其他均为直辖市和副省级城市(计划单列市和省会城市)，但这并没有影响苏州预披露公司数量的相对优势地位，预披露公司总数仍超过成都、重庆、武汉等城市。详细数据见表 8-3 和图 8-1。

表 8-3　2021 年 GDP 排名前十位地级以上城市预披露公司数量

按 GDP 排名	城　　市	预披露公司数量(家)	按公司数量排名
1	上　海	67	1
2	北　京	59	3
3	深　圳	63	2
4	广　州	24	6
5	重　庆	8	10
6	苏　州	38	4
7	成　都	13	8
8	杭　州	35	5
9	武　汉	12	9
10	南　京	21	7

资料来源：根据国家统计局、中国证监会资料整理而成。

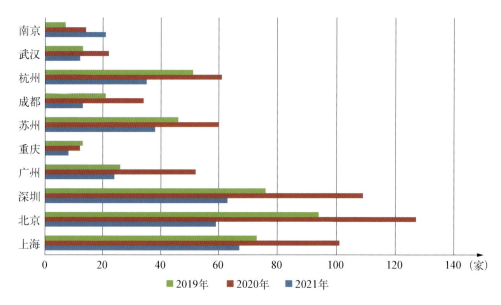

图 8-1 GDP 排名前十位地级以上城市预披露公司数量三年动态比较

从 2019—2021 年 GDP 排名前十位地级以上城市预披露公司数量来看,北京、深圳和上海一直处于绝对领先地位。2019—2020 年苏州的预披露公司数量排名第五,2021 年苏州预披露公司数量超过了排名第五的杭州,跃居第四,但仍与第三名北京存在较大的差距。武汉、成都、重庆这三年来预披露公司数量基本持稳。

四、与江苏省内其他城市比较

苏州的经济总量一直稳居江苏省首位,是江苏省名副其实的经济中心。苏州上市公司数量占据绝对优势地位,稳居全省首位,远超省内其他城市。从地域分布来看,江苏的上市公司资源主要集中在苏南地区和省会南京,苏中和苏北的上市公司资源相对缺乏,这也符合经济发展水平和优质公司资源之间正向互动的关系。苏南地区除苏州外,南京预披露公司数量 29 家超过无锡,位列全省第二,苏南第三大城市常州预披露公司数量为 16 家,稳居全省第四位。而将 2021 年年底进行 IPO 预披露的公司数量与 2020 年对比后可以发现,苏州预披露公司数量始终保持在全省第一位,体现了苏州上市公司充足的后备力量,详细数据见表 8-4。

表 8-4 江苏省各市预披露公司数量

单位:家

城 市	预披露公司数量		已上市公司数量(A 股)	
	2020 年	2021 年	2020 年	2021 年
南 京	29	21	95	105
苏 州	60	38	144	175

续　表

城　市	预披露公司数量		已上市公司数量（A 股）	
	2020 年	2021 年	2020 年	2021 年
无　锡	25	15	91	102
常　州	16	8	48	56
镇　江	9	2	16	19
南　通	14	8	35	44
扬　州	4	3	15	16
徐　州	1	3	10	11
淮　安	4	2	3	3
连云港	0	0	7	9
泰　州	4	2	10	15
盐　城	6	3	5	5
宿　迁	2	3	6	8
总　数	174	108	485	568

资料来源：根据中国证监会资料整理而成。

总体看来，苏南地区预披露数量总和超出江苏省预披露公司数量的一半，这显示出苏南地区雄厚的经济实力和丰富的优质企业资源。此外，苏中地区的南通 2021 年有 8 家预披露公司和 44 家已上市公司，已上市公司数量仅次于苏南的常州。苏北各市 2021 年的排名依旧靠后，这也是苏北经济发展相对落后的体现。

第二节　苏州预披露公司区域分布和市场结构分析

本节将以苏州此次预披露的 38 家公司为分析对象，从区域分布和市场结构两个角度，分析苏州预披露公司的区域分布特点和内在发展趋势。

一、区域分布分析

苏州共辖 5 个市辖区［姑苏区、高新区（虎丘区）、吴中区、相城区、吴江区］，1 个县级行政管理区（工业园区）以及 4 个县级市（常熟、张家港、昆山、太仓）。由于高新区和工业园区是苏州两大相对独立的特色经济板块，故将高新区和工业园区单独划分出来。此外，2012 年 9 月吴江撤市设区，现在仍处于合并过渡期，其产业特色和经济地位仍保持原先的特点，故仍将吴江区与其他县级市并行列示,不纳入苏州市区的范围。详细数据见表 8-5 和图 8-2。

表 8-5　苏州预披露公司和已上市公司区域分布

单位:家

地　区	预披露公司数量		已上市公司数量	
	2020 年	2021 年	2020 年	2021 年
苏州市区[1]	18	8	26	31
工业园区	11	9	30	36
高新区	2	3	15	20
昆山市	12	9	21	25
张家港市	10	2	21	26
常熟市	3	4	10	11
太仓市	1	2	4	4
吴江区	3	1	17	22
合　计	60	38	144	175

注[1]:此处苏州市区指姑苏区、吴中区、相城区。后文未特别作说明均与此处相同。
资料来源:由中国证监会资料整理而成。

图 8-2　苏州预披露公司区域分布图

从统计数据可以看出,昆山市(9 家)和工业园区(9 家)位居全市并列第一,这两个区域不仅领先其他区市,还超过省内很多地级市和国内其他大城市。昆山是江苏到上海的必经之路,基于地理优势以及廉价的土地和劳动力,昆山成为很多企业的落户首选。苏州工业园区是改革创新的试验田,多年来大力引导和扶持科技企业,凭借政策优势和区位优势,培育了一批科技含量高和发展潜力大的企业。苏州市区 2021 年预披露公司数量(8 家)居苏州市第二。苏州市区涵盖姑苏区、吴中区、相城区三个市辖区,且发展较早,在预披露公司数量和已上市公司数量上拥有绝对优势。

常熟市预披露公司数量位列第四,已上市公司数量为 11 家,近年来发展势头较猛。此外,高新区 2021 年有 3 家预披露公司,近几年发展后劲相对不足,已上市公司数量相比前几年排名也靠后。张家港市 2021 年预披露公司仅有 2 家,发展势头明显放缓。剩余其他区域预披露公司分布与苏州已上市公司分布基本一致,体现出苏州经济核心板块实力依然强劲,

第八章 苏州拟上市预披露公司分析

显示了苏州地区经济的雄厚实力以及上市公司的可持续发展特色。

二、市场结构分布分析

这两年政府针对市场结构做了一定调整,主板与中小板合并,创业板实行注册制,科创板新设以来渐趋成熟,北交所现已开市。因此,本小节中市场结构主要分为主板、创业板、科创板和北证四个部分,详细数据见表8-6和图8-3。

表8-6 苏州预披露公司和已上市公司市场结构分布

板块	预披露公司数(家)	占比(%)	已上市公司数(家)	占比(%)
主板	6	15.79	86	49.14
创业板	25	65.79	38	21.71
科创板	6	15.79	47	26.86
北证	1	2.63	4	2.29
合计	38	100.00	175	100.00

资料来源:由中国证监会资料整理而成。

从表8-6的数据来看,本次预披露的苏州企业申请主板和创业板的分别有6家和25家,已上市公司数量分别为86家和38家,前期主板累计的上市公司较多。但是创业板注册制的实行放开了企业申请上市的门槛,即使主板与中小板合并,创业板预披露公司数量也远超主板。此外,科创板(6家)和北证(1家)虽然实行时间较短,但是板块的开放性和行业定位受到政策的支持,未来发展潜力无限。

从各板块财务指标看,主板和科创板预披露公司的平均总资产、平均总负债和平均营业总收入均低于已上市公司。创业板的已上市公司平均

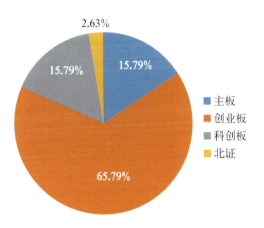

图8-3 苏州预披露公司市场结构图

总资产、平均总负债和平均营业总收入均高于预披露公司,但是该板块预披露公司的平均净利润高于已上市公司,体现了创业板的预披露公司未来盈利能力可观。北证的预披露公司平均总资产、平均营业总收入、平均净利润均高于已上市公司,体现出北证的预披露公司未来前景可期,详见表8-7。

另外,从板块间对比来看,创业板和科创板财务数据相近,已上市公司各项指标均远低于主板,这是因为主板目前采用核准制,要求企业连续几年盈利,势必对财务指标的考核要求更高,市场结构改革以后,具有盈利优势的企业主要流向主板,因此,主板的预披露公司财务数据表现更可观。而对于预披露公司来说,由于2021年主板仅有6家公司预披露,其中5

家公司的财务数据不具有可获得性,因此主板预披露公司的相关数据不具有较大参考意义。

表8-7 苏州预披露公司和已上市公司分市场规模与绩效对比

单位:亿元

	平均总资产		平均总负债		平均营业总收入		平均净利润	
	预披露公司	已上市公司	预披露公司	已上市公司	预披露公司	已上市公司	预披露公司	已上市公司
主板	10.63	226.83	5.23	175.14	5.61	58.54	1.05	2.97
创业板	12.87	26.84	6.54	11.69	14.16	14.49	1.26	0.83
科创板	8.07	24.90	4.35	8.51	4.00	11.87	0.73	1.46
北证	11.05	7.50	2.57	2.53	9.77	6.96	0.81	0.53

资料来源:表中数据均来自各公司2021年度财务报表。

从38家预披露公司的财务统计数据来看,苏州盛科通信股份有限公司(以下简称"盛科通信")是唯一一家2020年净利润为负的公司。该公司于2021年12月28日申请科创板IPO获受理。该公司是国内最早参与以太网交换芯片研发设计的公司之一,主营业务包括以太网交换芯片及配套产品的研发、设计和销售。截至招股说明书签署日,盛科通信现已形成丰富的以太网交换芯片产品序列,覆盖从接入层到核心层的以太网交换产品,可为我国数字化网络建设提供完整的芯片解决方案。中国以太网交换芯片市场高度景气,但存在行业集中度较高的问题,因此盛科通信盈利能力不稳定。根据招股书,2018年、2019年、2020年和2021年,盛科通信归属于母公司股东的净利润分别为-2741.95万元、622.07万元、-958.31万元和787.48万元。科创板的引入以及注册制的实行,为很多技术类创新公司提供了未来发展的出路,但是除去财务指标盈利能力,对于此类公司有其他严格的审核标准。总体来说,预披露公司的盈利能力比较强,利润创造能力并不比已上市公司差,反映出预披露公司拥有良好的发展前景。

第三节 苏州预披露公司行业分布和产权性质分析

根据前文,可以看出苏州预披露公司的区域分布特点和各市场板块公司规模与业绩情况。本节将从行业分布和产权性质两个角度展开,进一步分析苏州预披露公司的行业分布特点与变化。

一、行业分布分析

三大产业分布是行业分布的基础,也能最为概括地说明苏州上市公司的行业分布情况。从苏州预披露公司的产业分布来看,苏州这三年均没有第一产业的预披露公司,第二产业占绝对比重,第三产业在数量上处于相对落后状态,详见表8-8。

表8-8 苏州预披露公司三大产业分布

单位：家

产　业	2019年	2020年	2021年
第二产业	40	49	34
第三产业	6	11	4
总　计	46	60	38

资料来源：由中国证监会资料整理而成。

将行业细化来分析，预披露的苏州企业行业分布较为集中，主要分布在工业类、材料类两个行业，占比总计为总预披露公司数量的90%以上。工业类企业主要以各类机械设备、专用设备制造类企业为主。从行业分布格局来看，苏州预披露公司依然以工业制造业为主，与已上市公司的行业分布格局相似，行业分布非常集中。但是，从企业预披露材料中可以看出一个明显的变化就是：苏州制造业企业不断向高端、高科技方向转型升级，很多专用设备制造的技术水平和科技含量走在全国前列。2021年预披露公司与已上市公司行业分布基本一致，但信息技术行业预披露公司数量占比仅为5.26%，而已上市公司数量占比为28.57%，位列第二，反映了该行业近年发展势头减弱。此外，可选消费在本年度预披露公司数量为0，而已上市公司数为18家，位列第四，体现了该行业发展后劲不足，详见表8-9。

表8-9 苏州预披露公司和已上市公司行业分布

行　业	预披露公司数（家）	占比（%）	已上市公司数（家）	占比（%）
材　料	10	26.32	25	14.29
工　业	25	65.79	73	41.71
信息技术	2	5.26	50	28.57
可选消费	0	0.00	18	10.29
金　融	0	0.00	5	2.86
能　源	0	0.00	2	1.14
公共事业	1	2.63	1	0.57
房地产	0	0.00	1	0.57
合　计	38	100.00	175	100.00

资料来源：由中国证监会资料整理而成。

从2019—2021年行业变动情况来看，工业和材料行业始终占据绝对优势地位。总体来说,第三产业在苏州发展相对薄弱。2021年新增一家公共事业单位,这使得苏州预披露公司行业分布更为多样化,详见图8-4。

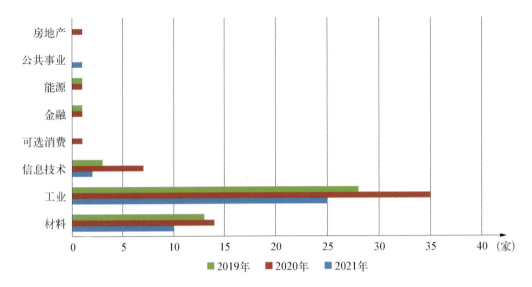

图8-4 苏州预披露公司三年行业分布

二、产权性质特点分析

从已上市公司数据来看,超过79%的苏州上市公司是民营企业。从此次预披露的公司来看,民营企业依旧独占鳌头,38家预披露企业中的29家是民营企业,占总数的76.32%,体现了新时期苏州民营资本在良好的区域经济环境下不断地发展壮大的历程,详见表8-10。

表8-10 苏州预披露公司和已上市公司产权性质分布

产权性质	2021年预披露公司数量(家)	占比(%)	已上市公司数量(家)	占比(%)
民营企业	29	76.32	139	79.43
国有企业	0	0.00	16	9.14
外资企业	8	21.05	15	8.57
其他	1	2.63	5	2.86
合计	38	100.00	175	100.00

资料来源:由中国证监会资料整理而成。

2021年,预披露公司里外资企业为8家,已上市公司里外资企业有15家,发展成果显著,体现出苏州与世界各地的经济合作规模不断扩大,程度不断加深。三资合作的企业有一家,详见图8-5。

第八章 苏州拟上市预披露公司分析

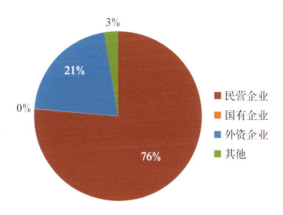

图 8-5 苏州预披露公司产权性质分布

第四节 苏州、深圳、杭州深度对比

根据前文各直辖市预披露公司数量对比,虽然苏州预披露公司数量超过大部分直辖市,但与北京和上海的差距依然很大。从计划单列市的比较结果来看,除深圳外,苏州预披露公司数量远超其余四个计划单列市,深圳作为经济发展特区有其独特的政策和地理发展优势,其发展模式对于苏州有着一定的借鉴意义。在 GDP 排名前 10 地级以上城市中,浙江省会城市杭州 GDP 排名位列苏州之后,但其已上市公司数量超过苏州。深杭两市在各个方面都存在充分比较意义,有助于更好地探索苏州经济发展的未来。

一、数量比较

比较 2017 年来苏州与杭州、深圳预披露公司数量,深圳的预披露公司数量一直领先于杭州,虽然在 2019 年略有下滑,但是 2020 年得益于科创板等相关政策的支持,预披露公司数量显著增加。2021 年受疫情等相关因素影响,三座城市预披露公司数量均有所下降。近五年来苏州预披露公司数量持续增加,与杭州的差距不断在缩小并反超杭州,2020 年杭州的预披露公司数量仅比苏州多 1 家,2021 年杭州的预披露公司比苏州少 3 家,显现了苏州经济发展的可持续能力,详见图 8-6。

同时,对苏州与杭州、深圳 2021 年科创板预披露公司数量进行比较,苏州以 6 家科创板预披露公司位列第一,深圳与杭州(5 家)仅比苏州少一家。科创板的新设为苏州企业上市提供了更多的机会,相应地也有助于带动苏州科技创新型企业的深度发展,详见图 8-7。

二、盈利能力比较

从苏州、杭州和深圳预披露公司的平均净利润来看,无论是所有预披露公司的平均净利润还是科创板预披露公司的平均净利润,不同于 2020 年的优良表现,2021 年,苏州均不及深圳、杭州。同时可以了解到,深圳科创板预披露公司扭转了 2020 年为负值的平均净利润,实现了扭亏为盈。由此可见,苏州上市公司还有较大发展空间,详见图 8-8。

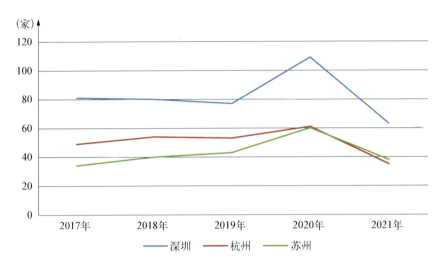

图 8-6　苏州、杭州、深圳预披露公司数量比较

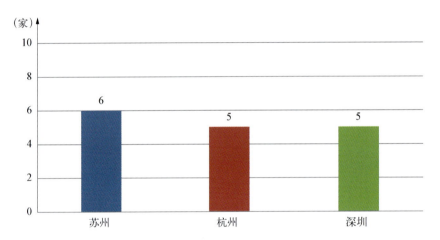

图 8-7　苏州、杭州、深圳 2021 年科创板预披露公司数量比较

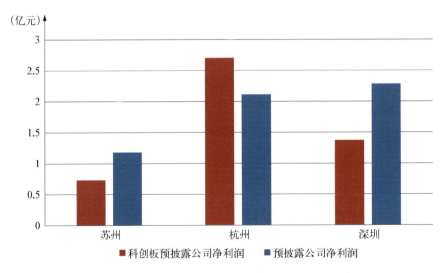

图 8-8　苏州、杭州、深圳预披露公司平均净利润比较

三、行业比较

将 2021 年苏州、杭州、深圳三地的预披露公司所属行业相比较,可以发现苏州预披露企业几乎都集中在第二产业,其中制造业占比过大,且超过杭州,第三产业预披露公司较少。而杭州、深圳两地预披露企业行业分布较广,且在科学研究和技术服务业,水利、环境和公共设施管理业,文化、体育和娱乐业等行业均有优秀企业参与预披露,特别是杭州预披露公司分布的行业更广,显示了深、杭两地新兴行业发展迅速,预披露公司行业分布更为合理。

由此可见,深圳、杭州已经逐渐实现了城市发展的转型升级,大量的战略性新兴产业的公司进行预披露,显示了深、杭两地强大的自主创新能力,完成了从以投资驱动发展为主到以创新驱动发展为主的转变。与之相比,苏州还处在转型的关键期,预披露公司行业层次单一,见图 8-9。

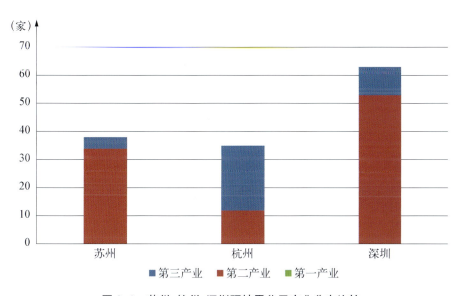

图 8-9　苏州、杭州、深圳预披露公司产业分布比较

第五节　苏州预披露公司现存问题与展望

一、苏州拟上市公司现存问题

(一)城市地位与实力不匹配,抑制经济发展速度

从预披露公司数量来看,苏州预披露公司数量依然处于国内领先地位,在地级以上城市中排名靠前,超过了部分直辖市、计划单列市和其他副省级城市,这反映出苏州雄厚的经济实力和丰富的优质公司资源。但是,苏州与个别城市之间仍有差距,除了领跑全国经济的北京和上海,2010 年上半年苏州 GDP 曾超越深圳,位居全国第四,之后排名几乎以每年一个台阶的速度在下滑,随后几年相继被天津和重庆超越,2014 年下滑到了全国第七,2021 年处于全国第七。

纵向对比后可以发现,随着注册制日渐成熟,2021年苏州的预披露公司数量甚至超过杭州的预披露公司数量,但是与深圳依然存在较大差距。从城市相关政策和资源匹配度来看,深圳作为经济特区,拥有政策扶持和资金配套,又地处广州和香港之间,能够吸引更多人才和创新型优质公司,未来发展潜力无穷。虽然江苏省与浙江省是经济比肩的大省,但杭州拥有省会优势,包括省内中心度以及浙江全省资源聚集,在经济发展的各个方面拥有更多自主权,苏州想要保持长久领先地位存在一定的难度。

(二)区域发展不平衡,产业分布单一

从预披露公司区域分布来看,2021年苏州60%以上的预披露公司集中在苏州市区、昆山市和苏州工业园区。张家港市已上市公司数量可观,然而2021年预披露公司数量只有2家。当前,苏州市区一直是城市发展的核心,多年来预披露公司数量始终保持前列,昆山市借助于先天地理优势和政治扶持发展强劲,而苏州工业园区的各项数据均表现良好,园区模式形成品牌效应。但是,区域间预披露公司数量差距较大,侧面反映了各区域间经济发展程度存在较大差异。

从行业分布来看,苏州预披露公司集中在第二产业,近年来均以制造业为主,其他行业较少。苏州具有一定的产业规模,主要集中在制造业领域,制造业是苏州产业的核心,推动了苏州经济的快速增长。然而,原有的经济发展模式使得苏州经济的发展遇到瓶颈,希捷、日东电工等世界500强企业撤出苏州。苏州制造业自主品牌少,附加值低,效益不高,制造业的增加值率、利润水平、利税能力等普遍偏低。此外,从苏深杭行业对比中,尽管三者都以制造业为主,但深圳和杭州预披露公司行业分布明显优于苏州。这两个地区均有各自行业发展特色,深圳集中于电子信息产业,杭州集中于信息技术行业。苏州以高端制造产业为主,产业分布单一,缺乏多样化发展。

(三)缺乏核心竞争力,自主创新动力不足

在苏深杭深度对比中,虽然三个城市均以制造业为主,但是深圳与杭州的行业分布更广。深圳与苏州GDP差距不大,但是深圳一直是科技创新型城市的代表,集结了华为、腾讯和比亚迪等优秀企业,分别代表着现代科技产业三大领域IT硬件创新、移动互联网和新能源智能汽车的顶尖水平。杭州依托原有的阿里生态圈到网易、海康威视、大华股份等龙头企业,在互联网领域开辟新路径,打造"互联网+"创新创业中心,信息技术产业发展相对成熟。早期苏州经济的崛起得益于重工业和制造业的迅猛发展,使得重工业企业和制造业企业等劳动密集型产业在经济结构中长期占据主导地位,特别是互联网与IT行业,远远落后于杭州与深圳。尽管从科创板预披露公司的各项数据对比中,苏州领先于杭州和深圳,但是多数企业仍处于孕育和发展阶段,深入发展压力较大。因此,目前来说,苏州整体城市产业缺乏核心竞争力,经济结构面临改革的高压,后续发展略显薄弱。

二、相关策略分析

(一)克服城市规模局限,发挥城市间联动作用

一个城市可以凭借更高的行政级别吸引更多的资源,营造更好的经济发展环境。苏州作为长三角经济发达城市的一员,要克服城市规模的局限,精准定位区域角色。合理利用"长三角"城市群的竞争与合作经验,发挥更高层次政府的治理能力,协调一定区域范围内产业发展主体的竞争与合作,实现城市间资源共享与合作共赢。从历年研究数据来看,昆山一

直享受着上海经济的辐射,整体经济地位在苏州市内不断提升。因此,苏州应借鉴昆山的发展经验,利用与上海之间的地理区域优势,实现协调发展、错位竞争,突出差异化发展,重视优势产业竞争力的提升,构建"苏沪同城",发挥城市间联动作用。

(二)均衡区域发展,加快产业转型升级

从长期政策来看,工业园区一直是市政府关注的重点区域,促进人才和优质企业的进入是前期规划的目标,近年来工业园区也逐渐形成区域品牌形象,领跑苏州经济。但是,实现苏州经济从高速发展阶段过渡到高质量发展阶段,离不开各个区域的协同共进。一方面要明确各个区域的发展定位,充分发挥"张家港精神""昆山之路""园区经验"等已有的产业升级果实,在有限的发展空间内激发苏州经济发展的潜能;另一方面,要实现区域间的均衡发展和统筹规划,促进生产要素自由流通,加快苏州经济一体化发展。

优化调整产业结构、实现产业升级是艰辛且缓慢的过程。首先要实现原有产业的转型升级,利用科创板搭建起科技创新和资本之间的桥梁,主要聚焦高新技术、战略性新兴产业。从以单一的高端设备制造业为主,向生物医药、纳米技术、人工智能等先导产业进军,助推苏州科技创新企业在科创板上市,有利于苏州分享新一轮资本市场改革制度红利,助推苏州加快产业转型升级,构建现代产业体系。

(三)构建良好的营商环境,拓宽国际合作渠道

2021年10月,苏州市通过《苏州市优化营商环境条例》,提出实施更高标准、更高质量、更高效率的政务服务,推动营商环境进一步优化。积极营造良好的创新、创业、营商环境,优化促进创新型企业快速成长的生态环境。同时,营造"宽容失败"的创新创业文化,通过"政府扶持+市场驱动+金融支撑",推动资本市场与创新企业结合,为优质公司的发展壮大并登陆资本市场提供条件,特别是注册制的实施和科创板的设立,有利于苏州更好地壮大预披露公司队伍,提高整体经济发展水平。

新时期市场经济环境下,苏州经济的发展必须坚持"走出去"的发展路径,扩大经济开放程度,实现本地化产品的国际化新升级。利用制度鼓励本地企业开展对外贸易,使得苏州本地企业更多地参与国际贸易。重视企业品牌形象的塑造,解决传统代加工生产模式产品增值不足的难题。同时,拓宽国际合作渠道,引入更多优质的外资企业,发挥优质创新企业的带头作用,利用更积极的经济发展态度,实现产业价值的全新呈现。

(四)提升核心竞争力,增强自主创新动力

推动技术创新,掌握核心技术是加强企业竞争力的关键,特别是科创板相关企业,科技创新能力是决定企业成败的关键。根据当前苏州制造业的发展现状,针对在创新投入和创新产出方面的不足,苏州应立足产业规模和数量的优势,推动制造企业向信息化、科技化的方向转型发展。苏州若要在预披露公司排名中保持前列,就必须加强企业的自主创新能力,提高核心技术竞争力。此外,人才是城市经济发展的不竭动力,积极引进领军型创新创业团队,增加城市自主创新动力,最终将促进资本市场"苏州板块"的发展壮大并成为实现苏州经济转型升级的强大推动力。

本 章 小 结

通过对苏州预披露公司的分析,可以得出以下结论:从绝对数量上,苏州预披露公司数

量依然排于全国前列,体现了苏州强大的经济实力。从区域分布来看,昆山市、工业园区和苏州市区预披露公司数量形成一定规模,远超省内其他城市,体现了苏州的经济核心板块竞争力。从市场结构来看,此次预披露公司以申请创业板和科创板上市的企业居多,企业规模较小但更具有成长性与较强盈利能力,这体现了苏州拟上市企业未来良好的发展前景。从行业分布来看,虽然预披露公司仍以制造业为主,但有明显的向高端、高科技设备制造转型的趋势。从产权性质来看,民营企业依然独占鳌头,体现了苏州地区民营经济强大的生命力。从苏深杭预披露公司比较来看,苏州预披露公司数量与深圳差距逐渐缩小,并且科创板预披露公司的数量领先于杭州和深圳。而分析已上市公司数量可以发现,截至2021年年底,苏州共有54家预披露公司,16家已上市,体现了苏州地区企业质量上乘,有良好的发展前景。此外,苏州外资企业较多,出口依存度高,2021年受疫情影响,苏州外向型经济遭到一定冲击,但苏州具有较强经济潜力和抗压实力,发展前景依然可观。

预披露公司作为上市公司的后备军,无论最后能否被证监会核准上市或注册上市,都已按照上市公司标准在股权结构、公司治理、组织架构、合法合规和内部控制、财务与税务等方面进行了规范,是极其优质的公司资源,具有良好的持续发展能力,对促进苏州区域经济发展和产业升级起到排头兵的作用。如果能成功上市,将依托资本市场实现公司更大的发展。所以,苏州应当大力扶持拟上市公司,利用多重优惠鼓励政策,加速其实现成功上市。

第九章

苏州上市公司发展质量影响因素实证研究

本章基于苏州上市公司 2011—2021 年的非平衡面板数据，运用全局主成分分析法（GPCA）研究苏州上市公司发展质量的影响因素，从规模能力、盈利能力、偿债能力、运营能力、研发能力和综合能力六个方面对苏州上市公司进行动静结合分析，厘清苏州上市公司的发展情况以及各个行业发展的优势和短板，为制定和落实提升苏州上市公司质量的对策提供有价值的参考。

第一节　苏州上市公司发展质量影响因素实证分析

一、苏州推动上市公司高质量发展的背景分析

十九大报告明确指出，我国经济已由高速增长阶段转向高质量发展阶段，中央经济工作会议明确指出，"推动高质量发展是当前和今后一个时期确定发展思路、制定经济政策、实施宏观调控的根本要求"。上市公司是资本市场的基石，上市公司的高质量发展是中国经济高质量发展的重要体现。

2021 年 3 月，苏州市政府为贯彻落实国务院印发的《关于进一步提高上市公司质量的意见》和省政府出台的《省政府关于进一步提高上市公司质量的实施意见》，制定《市政府关于进一步提高上市公司质量的实施意见》，以持续提高苏州市上市公司质量，充分发挥资本市场支持实体经济功能。因此分析苏州上市公司现状和产业实际，厘清苏州各个行业发展的优势和短板的工作十分重要，可为制定和落实提升苏州上市公司质量的对策，明确目标，细化工作举措提供有价值的参考。

二、苏州上市公司高质量发展评价指标设计

评价指标体系是指为了客观评价对象从而将多个相互关联但又具有独立性的指标单元按照一定的层次排列组合所构成的有机整体。在构建评价指标体系时应当遵循评估指标的独立性、可行性、代表性以及差异性原则。

评价指标的选择对上市公司发展质量评估至关重要。因此，本章根据影响公司高质量发展的相关因素，以客观性、系统性和可获得性为原则，既从体现显在发展质量的角度出发，选取苏州上市公司的财务指标，又力求将潜在发展质量包含在内，选取有关研发创新指标。经过反复论证，最终筛选出 13 个指标建立苏州上市公司发展质量评价体系，见表 9-1。

表 9-1 苏州上市公司高质量发展评估指标体系

一级指标	二级指标	变量名称
规模能力	总资产(万元)	X1
	营业收入(万元)	X2
	员工总数(人)	X3
	营业总利润(万元)	X4
盈利能力	投入资本回报率(%)	X5
	营业利润/营业收入(%)	X6
	净资产收益率(%)	X7
偿债能力	流动比率(%)	X8
	现金比率(%)	X9
运营能力	存货周转率(%)	X10
	固定资产周转率(%)	X11
研发能力	研发支出总额/营业收入(%)	X12
	研发人员数量占比(%)	X13

具体指标说明如下。

(一)规模能力

公司的规模效应能够带来资源的充分利用,资源的充分整合有利于降低管理、原料、生产等各个环节的成本,从而降低总成本。上市公司规模的扩大也有利于公司获取融资,进行长远发展规划。本章对公司规模能力的衡量包括公司总资产、营业收入、员工总数和营业总利润这四个指标。

(二)盈利能力

盈利能力是指公司获取利润的能力。公司的盈利能力越强,则其给予股东的回报越高,企业价值越大。其包括投入资本回报率、营业利润占营业收入之比和净资产收益率三个指标。其中,净资产收益率(ROE)是净利润与净资产的百分比,反映公司所有者权益的投资回报率,ROE 有多种口径的计算方法,此处使用净利润/平均净资产计算。

(三)偿债能力

偿债能力是指公司用其资产偿还长期债务与短期债务的能力。公司有无支付现金的能力和偿还债务能力,是企业能否健康生存和发展的关键。本章对偿债能力的衡量包括流动比率和现金比率两个指标。(1)流动比率:表示每单位流动负债有多少流动资产作为偿还的保证,它反映公司流动资产对流动负债的保障程度。(2)现金比率:表示每单位流动负债有多少现金及现金等价物作为偿还的保证,反映公司可用现金及变现方式清偿流动负债的能力。

(四)运营能力

运营能力是指公司基于外部市场环境的约束,通过内部人力资源和生产资料的配置组合而对财务目标实现所产生作用的大小。其包括存货周转率和固定资产周转率两个指标。(1)存货周转率:是指企业一定时期营业成本或销售成本与平均存货余额的比率,反映企业生产经营各环节的管理状况。(2)固定资产周转率:是指企业一定时期营业收入与平均固定资产净值的比值,反映固定资产周转情况。

(五)研发能力

研发和创新对于公司具有十分重要的战略意义,它是公司生存与发展的重要支柱。研发能力的提升有利于公司长久发展、增加核心竞争力。其包括研发支出总额占营业收入之比、研发人员数量占比两个指标。其中,研发支出费用是指公司在产品、技术、材料、工艺等研究开发过程中产生的各项费用总和。

三、基于全局主成分分析法的影响因素实证研究

对于各类指标的赋权,由于已有的赋权方法中,相对指数法未考虑各具体指标间的高度相关性,层次分析法的主观赋值相对更随意,熵值法不能很好地反映各个相关指标之间的关系,因子分析法无法准确刻画各维度具体变化,因此,最终选定主成分分析法考察企业高质量发展的内在影响因素。此外,考虑到本章数据为非平衡面板数据,因此使用全局主成分分析法进行指标构建。

(一)数据收集与标准化处理

截至2021年年底,苏州有175家A股上市公司,本章剔除其中4家ST、*ST公司,最终选取171家苏州A股上市公司作为研究对象,以2011—2021年为研究窗口。鉴于部分公司上市时间较晚,早期数据缺失较多,故而剔除这部分公司数据缺失较为严重的年份,采用非平衡面板数据进行研究。

在选取的13个评价指标中,由于各自的量纲不同,因此在分析之前采用SPSS 25.0中的Z-Score标准化法(标准差标准化法)对原始指标进行标准化处理,以避免造成主成分过于偏重具有较大方差或量级的指标,来消除量纲的影响。本书的数据来自Wind数据库。

(二)适用性分析

在对数据进行Z-Score标准化处理后,进行变量间的偏相关KMO检验和Bartlett球形多元相关性检验。KMO统计量为0.685,大于0.5,表明变量间存在较强相关关系;Bartlett球形检验的近似卡方值为5 822.714,显著性小于0.01,表明适合进行全局主成分分析。具体数值见表9-2。

表9-2 KMO和Bartlett检验

检验方法	指标	数值
KMO检验	KMO统计量	0.685
Bartlett检验	近似卡方	5 822.714
	自由度	78
	显著性	0.000

(三) 主成分提取

将171家苏州上市公司2011—2021年的数据作为评估整体,变量为13个评价指标,利用SPSS 25.0进行数据处理。采用全局主成分分析法提取公共因子,依据特征值大于1的原则选取5个主成分,5个主成分的方差贡献率分别为24.64%、22.215%、13.195%、12.11%和9.415%,累计方差贡献率为81.576%,大于80%,说明用提取出的5个主成分来评价苏州上市公司的高质量发展程度具有81.576%的可信度,可以较好地代表原始13个指标的信息,解释总体方差,见表9-3。

表9-3 总方差解释

成分	初始特征值			提取载荷平方和		
	总计	方差百分比%	累积%	总计	方差百分比%	累积%
1	3.203	24.64	24.64	3.203	24.64	24.64
2	2.888	22.215	46.855	2.888	22.215	46.855
3	1.715	13.195	60.051	1.715	13.195	60.051
4	1.574	12.11	72.161	1.574	12.11	72.161
5	1.224	9.415	81.576	1.224	9.415	81.576
6	0.678	5.214	86.79	N/A	N/A	N/A
7	0.381	2.928	89.718	N/A	N/A	N/A
8	0.347	2.669	92.387	N/A	N/A	N/A
9	0.316	2.428	94.815	N/A	N/A	N/A
10	0.26	2.002	96.818	N/A	N/A	N/A
11	0.226	1.735	98.553	N/A	N/A	N/A
12	0.101	0.777	99.329	N/A	N/A	N/A
13	0.087	0.671	100	N/A	N/A	N/A

(四) 主成分得分及函数运算

初始因子载荷矩阵明确了各个主成分的含义。主成分1由X1、X2、X3、X4构成,凸显了公司的资本实力,因此命名为规模能力(F1);主成分2由X5、X6、X7构成,命名为盈利能力(F2);主成分3由X8、X9构成,命名为偿债能力(F3);主成分4由X10、X11构成,命名为运营能力(F4);主成分5由X12、X13构成,命名为研发能力(F5)。从数据运行结果可以看出,五项能力的划分与上文的一级指标设计相对应,验证了指标选取的合理性,见表9-4。

表 9-4　初始因子载荷矩阵

指标	成分				
	1	2	3	4	5
X1	0.71	−0.411	0.27	0.206	0.048
X2	0.755	−0.402	0.258	0.176	−0.023
X3	0.716	−0.434	0.207	0.204	0.045
X4	0.825	0.158	0.061	0.084	0.068
X5	0.507	0.749	−0.273	−0.014	0.151
X6	0.383	0.735	−0.237	−0.019	−0.083
X7	0.504	0.703	−0.269	0.022	0.185
X8	−0.216	0.574	0.582	0.391	−0.286
X9	−0.188	0.555	0.608	0.385	−0.298
X10	0.175	0.087	0.496	−0.739	0.039
X11	0.144	0.22	0.483	−0.724	0.045
X12	−0.266	−0.012	0.317	0.254	0.708
X13	−0.27	0.235	0.194	0.122	0.689

本章运用回归法计算相关得分,表 9-5 是成分得分系数矩阵,据此可以得到五个主成分的得分函数。

表 9-5　成分得分系数矩阵

指标	成分				
	1	2	3	4	5
X1	0.222	−0.142	0.158	0.131	0.039
X2	0.236	−0.139	0.15	0.112	−0.019
X3	0.224	−0.15	0.12	0.13	0.037
X4	0.258	0.055	0.035	0.053	0.056
X5	0.158	0.259	−0.159	−0.009	0.123
X6	0.12	0.255	−0.138	−0.012	−0.068
X7	0.157	0.244	−0.157	0.014	0.151

续 表

指标	成分				
	1	2	3	4	5
X8	−0.067	0.199	0.34	0.249	−0.234
X9	−0.059	0.192	0.354	0.244	−0.243
X10	0.055	0.03	0.289	−0.469	0.032
X11	0.045	0.076	0.282	−0.46	0.037
X12	−0.083	−0.004	0.185	0.161	0.578
X13	−0.084	0.081	0.113	0.077	0.563

$F1 = 0.222 * X1 + 0.236 * X2 + 0.224 * X3 + 0.258 * X4 + 0.158 * X5 + 0.12 * X6 + 0.157 * X7 - 0.067 * X8 - 0.059 * X9 + 0.055 * X10 + 0.045 * X11 - 0.083 * X12 - 0.084 * X13$

$F2 = -0.142 * X1 - 0.139 * X2 - 0.15 * X3 + 0.055 * X4 + 0.259 * X5 + 0.255 * X6 + 0.244 * X7 + 0.199 * X8 + 0.192 * X9 + 0.03 * X10 + 0.076 * X11 - 0.004 * X12 + 0.081 * X13$

$F3 = 0.158 * X1 + 0.15 * X2 + 0.12 * X3 + 0.035 * X4 - 0.159 * X5 - 0.138 * X6 - 0.157 * X7 + 0.34 * X8 + 0.354 * X9 + 0.289 * X10 + 0.282 * X11 + 0.185 * X12 + 0.113 * X13$

$F4 = 0.131 * X1 + 0.112 * X2 + 0.13 * X3 + 0.053 * X4 - 0.009 * X5 - 0.012 * X6 + 0.014 * X7 + 0.249 * X8 + 0.244 * X9 - 0.469 * X10 - 0.46 * X11 + 0.161 * X12 + 0.077 * X13$

$F5 = 0.039 * X1 - 0.019 * X2 + 0.037 * X3 + 0.056 * X4 + 0.123 * X5 - 0.068 * X6 + 0.151 * X7 - 0.234 * X8 - 0.243 * X9 + 0.032 * X10 + 0.037 * X11 + 0.578 * X12 + 0.563 * X13$

根据表9-3,以选取的前5个主成分的方差贡献率作为权数,构建如下综合能力评价模型:

$F = 0.246\,4 * F1 + 0.222\,15 * F2 + 0.131\,95 * F3 + 0.121\,1 * F4 + 0.094\,15 * F5$

据此,把综合得分F作为衡量苏州上市公司高质量发展的指标。

第二节　苏州上市公司发展质量评估

一、苏州上市公司综合能力评估

根据前文全局主成分分析法可以算出171家苏州A股上市公司2011—2021年的综合得分F,其中综合能力排名前30的公司如表9-6所示。

表 9-6 综合能力排名前 30 的公司得分

排名	公司名称	综合能力得分	排名	公司名称	综合能力得分	排名	公司名称	综合能力得分
1	苏州银行	0.989 8	11	思瑞浦	0.314 4	21	科沃斯	0.215 7
2	金螳螂	0.917 6	12	东山精密	0.301 8	22	东华能源	0.215 1
3	南极电商	0.862 7	13	苏农银行	0.297 1	23	天准科技	0.198 0
4	常熟银行	0.580 4	14	华兴源创	0.284 9	24	沙钢股份	0.193 1
5	亨通光电	0.572 6	15	东方盛虹	0.255 7	25	赛腾股份	0.188 7
6	江苏国泰	0.435 3	16	八方股份	0.250 8	26	迈为股份	0.171 1
7	灿勤科技	0.385 2	17	味知香	0.248 9	27	中新集团	0.155 3
8	新点软件	0.343 5	18	苏州科达	0.238 9	28	凌志软件	0.150 6
9	东吴证券	0.335 6	19	海晨股份	0.237 6	29	启迪设计	0.149 1
10	张家港行	0.322 7	20	戎美股份	0.220 1	30	康众医疗	0.147 3

(一) 前十上市公司特征分析

排名前十的公司当中有四家是金融业公司,其中苏州银行综合能力得分0.989 8,排名第一,两家农商行常熟银行与张家港行分别排名第四和第十。综合类券商东吴证券近年来各项业务经营稳步推进,以"坚持根据地、融入长三角、服务中小微"为战略导向,行业影响力逐年提升,综合能力得分 0.335 6,排名第九。

金螳螂、南极电商与亨通光电皆成立于 20 世纪 90 年代,是苏州老牌大型民营企业,综合能力分别排名第二、第三和第五。金螳螂是以装饰产业为主体的现代化企业集团,公司员工近两万人,规模能力突出。南极电商成立于 1999 年,依靠成熟的商业运作和技术开发积淀,已初步实现了日常消费品全品类布局,成功打造了大众国民品牌"南极人"。亨通光电成立于1993 年,是通信设备行业的大型企业和龙头公司,也是沪深 300 的重要指数成分股。

江苏国泰综合能力排名第六,主要业务有供应链服务和化工新能源业务。在新能源车和储能行业高速发展的背景下,该公司加大锂离子电池材料等化工新材料的研发生产力度,公司电解液产品出货量近三年皆位列国内前三,具有较大的发展潜力。

灿勤科技与新点软件均为 2021 年在科创板新上市的信息技术类公司,所属行政区划皆为张家港市,公司综合能力分别排名第七与第八。灿勤科技作为全球重要的射频器件制造商,滤波器业务服务于 5G 宏基站通信领域,公司拥有多项核心技术,是全国首批专精特新"小巨人"企业和第五批制造业单项冠军企业。截至 2021 年年底灿勤科技的总市值为 96.52亿元,市盈率为 102.78。新点软件主要业务为计算机软件、电子设备的研发销售,专注于智慧城市中的智慧招采、智慧政务、数字建筑等领域,2021 年入选中国软件百强企业。

(二) 前30上市公司整体特征分析

综合能力排名前30的上市公司上市板块,以主板和科创板为主。其中有主板上市公司19家,科创板上市公司7家,创业板上市公司4家。从公司的性质来看,前30的公司中有20家民营企业、6家公众企业和4家地方国有企业。

从行业分布来看,前30的上市公司除了老牌的大型企业,多集中在机械设备、计算机、电子、金融、生物医疗、通信、化工等行业。前30的公司中有9家属于战略性新兴产业,包括:新一代信息技术产业5家,如灿勤科技、思瑞浦等;高端装备制造产业2家,天准科技和迈为股份;生物产业类1家,康众医疗;相关服务业1家,戎美股份。

从公司成立年份来看,排名前30的企业中有27家都在2010年之前成立,这说明企业走向高质量的发展需要一定的经营周期。值得注意的是,在这30家企业之中,有21家都在2016年以后上市,这充分表明近几年来苏州市政府重视上市后备企业培育,大力推动优质企业上市的工作取得突出成果。

二、苏州上市公司分项能力评估

根据前文全局主成分分析法可以算出171家苏州A股上市公司2011—2021年的规模能力(F_1)、盈利能力(F_2)、偿债能力(F_3)、运营能力(F_4)与研发能力(F_5)的得分,各项能力排名前十的公司如下列表格所示。

(一) 规模能力

规模能力得分排名前十的公司均在主板上市。从行业分布来看,有制造业4家、金融业3家、批发与零售业2家、建筑业1家。除了苏州银行和常熟银行,其余8家企业均在20世纪90年代成立,企业制度已经较为健全,在生产、销售、人力资源管理、市场运营等方面发展成熟,资产规模逐步扩大,形成了自身的竞争优势,在市场中的地位较为稳固,见表9-7。

表9-7 规模能力得分排名前十的公司

排 名	公司名称	F1得分	排 名	公司名称	F1得分
1	苏州银行	3.271 2	6	东山精密	1.497 6
2	金螳螂	2.819 7	7	东华能源	1.274 4
3	亨通光电	2.348 4	8	沙钢股份	1.249 5
4	江苏国泰	2.014 6	9	东吴证券	1.242 3
5	常熟银行	1.901 2	10	东方盛虹	1.200 7

(二) 盈利能力

如表9-8所示,盈利能力得分排名前十的公司中,除了思瑞浦和南大光电为公众企业外,其余8家均为民营企业,民营企业的盈利能力表现突出。从上市板块来看,在主板上市的有3家,科创板4家,创业板3家。在前十的公司当中,信息技术类公司占比最高,一共有5家企业,分别为灿勤科技、南大光电、思瑞浦、天孚通信和凌志软件。盈利能力排名第一的公司为 2021 年在主板上市的味知香。味知香食品股份有限公司成立于 2008 年,从事预制菜研发制造,在各大城市开设味知香门店 1 600 余家,公司营业收入稳定增长,近年来已发展成为行业内领先的预制菜生产企业之一。

表 9-8　盈利能力得分排名前十的公司

排名	公司名称	F2 得分	排名	公司名称	F2 得分
1	味知香	1.753 3	6	南大光电	1.208 7
2	江南高纤	1.752 6	7	思瑞浦	1.203 9
3	灿勤科技	1.614 8	8	天孚通信	1.041 3
4	戎美股份	1.497 0	9	凌志软件	1.013 1
5	天臣医疗	1.337 7	10	八方股份	0.996 9

（二）偿债能力

如表 9-9 所示,从行业来看,电子行业偿债能力表现较好,偿债能力前十的公司中电子行业有 3 家,分别为思瑞浦、南大光电和敏芯股份。偿债能力得分最高的是南极电商。南极电商注重公司长期发展,成功打造了大众国民品牌"南极人"。据南极电商发布的 2021 年度报告数据显示,2021 年南极电商实现 434.90 亿 GMV 线上销售规模,授权供应商 1 839 家,授权经销商 10 311 家,授权店铺 13 258 家,全平台的购买人次约 7.5 亿人次,常年在内衣、家纺、女装、童装等类目主流平台销量保持行业第一,公司资金运行状况优异。

表 9-9　偿债能力得分排名前十的公司

排名	公司名称	F3 得分	排名	公司名称	F3 得分
1	南极电商	3.415 8	6	南大光电	1.420 4
2	江南高纤	2.957 6	7	天瑞仪器	1.370 5
3	思瑞浦	2.256 5	8	敏芯股份	1.333 9
4	金螳螂	1.749 1	9	天臣医疗	1.272 8
5	苏州银行	1.528 0	10	味知香	1.210 4

（四）运营能力

运营能力排名前十的上市公司中有 9 家在主板上市,1 家在科创板上市。综合来看,苏州市上市银行的运营能力表现突出,苏州银行、常熟银行和张家港行分别排名第一、第六和第十。金螳螂和亨通光电两家苏州老牌大型民营企业的运营能力也表现良好,分别排名第二和第三,见表 9-10。

表 9-10 运营能力得分排名前十的公司

排名	公司名称	F4得分	排名	公司名称	F4得分
1	苏州银行	1.547 6	6	常熟银行	0.878 8
2	金螳螂	1.404 4	7	柯利达	0.756 6
3	亨通光电	1.131 1	8	天准科技	0.620 7
4	苏州科达	0.993 3	9	胜利精密	0.572 7
5	东山精密	0.933 2	10	张家港行	0.522 5

（五）研发能力

从行业分类来看，研发能力排名前十的公司中有4家属于机械设备行业，分别为天准科技、赛腾股份、瀚川智能、迈为股份，均为大型民营企业；有3家属于计算机行业，分别为苏州科达、麦迪科技和新点软件，也都是大型企业。如表9-11所示，研发能力排名第一的泽璟制药成立于2009年，是一家专注于肿瘤、出血及血液疾病、肝胆疾病等多个治疗领域的生物新药研发和生产企业。自成立以来泽璟制药长期处于产品研发阶段，研发支出较大，研发人员数量占比一直保持在45%以上，2016年该公司研发支出占营业收入的比例高达30 488.79%。

表 9-11 研发能力得分排名前十的公司

排名	公司名称	F5得分	排名	公司名称	F5得分
1	泽璟制药	4.979 5	6	麦迪科技	0.641 4
2	苏州科达	1.023 1	7	苏州银行	0.639 7
3	天准科技	0.849 9	8	瀚川智能	0.621 1
4	柯利达	0.782 7	9	新点软件	0.616 6
5	赛腾股份	0.668 7	10	迈为股份	0.612 9

第三节 苏州上市公司发展质量动态分析

本节将从整体和分行业的角度分别对苏州A股上市公司2011—2021年的发展质量进行动态分析，对上市公司的综合能力、规模能力、盈利能力、偿债能力、运营能力和研发能力进行对比评估。行业分类采用Wind一级行业分类标准。

一、总体苏州上市公司发展质量动态分析

（一）综合能力的动态分析

总体来看，2011—2021年苏州A股上市公司的综合能力呈现上升趋势。2011年苏州上市

第九章 苏州上市公司发展质量影响因素实证研究

公司数量少,且大多为老牌大型企业,综合能力较强,随着苏州市推动更多优质企业上市,上市公司的行业分布更广,不同规模类型的上市公司发展质量也趋于差异性分布。但是从图 9-1 中可以看出,苏州市上市公司的综合能力呈现上升趋势,2016—2021 年仅有 2019 年上市公司总体发展质量出现了轻微下降,其余年份上市公司总体得分均为正值,整体综合能力良好。

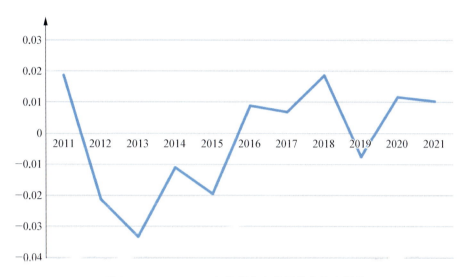

图 9-1　2011—2021 年苏州上市公司综合能力得分

(二) 分项能力的动态分析

苏州上市公司整体规模能力在 2016 年后稳中向好,盈利能力波折较大,近四年来有下降趋势。2011—2017 年苏州上市公司偿债能力得分均为负值,从 2017 开始提升显著,2021 年达到历史最高。受疫情冲击,整体上市公司的运营能力在 2020 年明显下降,得分降为负值,但在 2021 年有所回升。上市公司的整体研发能力在 2011—2018 年呈现上升趋势,但在 2018 年以后有所下降,见图 9-2。

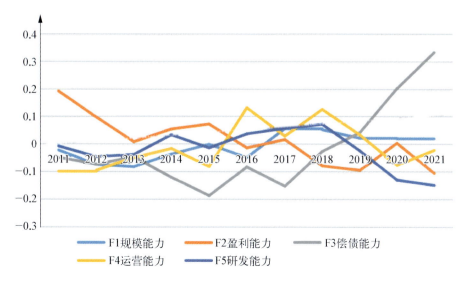

图 9-2　2011—2021 年苏州上市公司分项能力得分

185

二、分行业苏州上市公司发展质量动态分析

（一）综合能力的动态分析

2011—2021年,苏州上市公司中金融业公司的综合能力表现好于其他八大行业,发展质量稳步提升。能源行业起伏较大,2018年综合能力有大幅度下降,2019年强势回升,2020年和2021年趋于稳定。医疗保健行业的综合能力在2016年表现突出,2017年又迅速回落,2017-2019年呈现下降的趋势,在2020年新冠肺炎疫情的影响下,医疗保健行业的上市公司表现良好,综合能力再次大幅提高。其余行业的综合能力得分相近,发展平稳(见图9-3)。

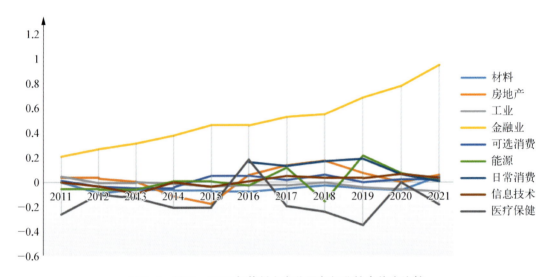

图9-3　2011—2021年苏州上市公司各行业综合能力比较

（二）分项能力的动态分析

2011—2021年,苏州上市公司中金融业在规模能力、偿债能力、运营能力和研发能力方面均表现突出,但盈利能力明显弱于其他行业。房地产行业和能源行业的规模能力也处于较高水平,但盈利状况不佳。医疗保健行业的规模能力不足,但运营能力高于大部分行业。日常消费行业上市公司的盈利能力十分突出,偿债能力也仅次于金融业公司,但是研发能力低于其余行业,创新能力有所欠缺(如图9-4所示)。

1. 规模能力动态比较

2011—2021年,苏州上市公司中金融业公司的规模能力高于其余行业,且逐年稳步提升。房地产行业的规模能力在2015年大幅下降,随后几年提升迅速,到2020年又出现明显的下滑。2017—2019年能源行业规模能力起伏较大,2018年遭受重挫,得分降为负值,2019年大幅提高,随后两年趋于稳定。医疗保健行业的规模能力在2018年之后呈现下降趋势,2020年下降趋势放缓。日常消费行业的规模能力在2021年下降显著。具体情况见图9-5。

2. 盈利能力动态比较

苏州171家A股上市公司(剔除4家ST、*ST公司)中属于日常消费行业的公司有两家,分别是2021年上市的味知香和佳禾食品,这两家公司在2016年之前的数据缺失严重,因此从2016年开始观测分析。从图9-6中可以看出,日常消费行业的盈利能力显著高于其

第九章 苏州上市公司发展质量影响因素实证研究

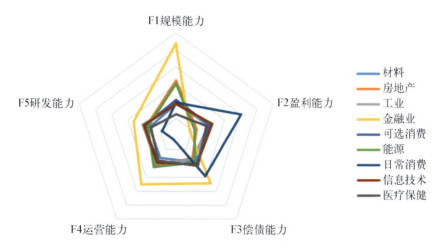

图 9-4 苏州上市公司各行业分项能力静态比较

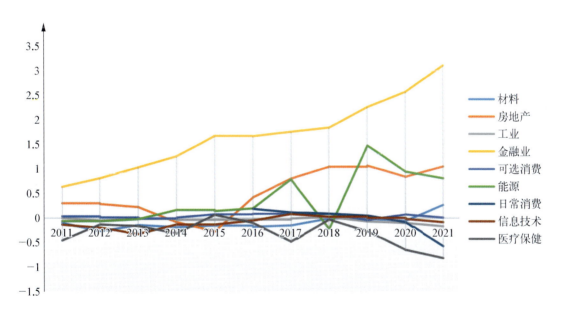

图 9-5 2011—2021 年苏州上市公司各行业规模能力比较

余行业,金融行业的盈利能力则低于其余行业,且一直呈现下降趋势。能源行业的盈利能力波折较大,在 2018 年有显著提高,随后再次下降。医疗保健行业的盈利能力从 2017 年起持续上升,在 2020 年达到最高水平(见图 9-6)。

3. 偿债能力动态比较

2011—2021 年苏州金融业上市公司的偿债能力持续增长,总体高于其他行业水平。近两年日常消费行业的偿债能力增长幅度突出,在 2021 年超过其他行业水平。与日常消费行业相对应,可选消费行业在 2021 年的偿债能力也提升明显。医疗保健行业上市公司的偿债能力在 2020 年有显著的增长,在 2021 年有轻微回落,但仍处于高位(见图 9-7)。

4. 运营能力动态比较

苏州上市公司中金融业的运营能力较为突出,并且持续稳步提升。日常消费行业的运营

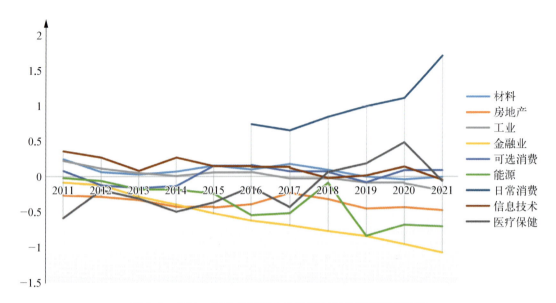

图9-6 2011—2021年苏州上市公司各行业盈利能力比较

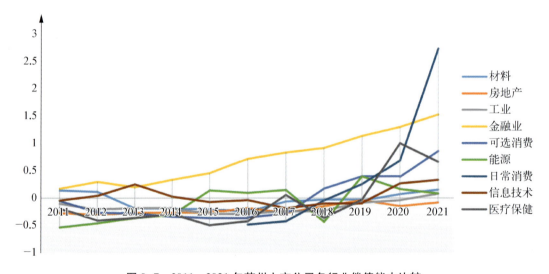

图9-7 2011—2021年苏州上市公司各行业偿债能力比较

能力自2018年就呈现出下降趋势,2020—2021年下降尤为明显。房地产行业的运营能力呈现下降趋势,降速缓慢。工业、信息技术、材料等行业的上市公司运营能力相当,十一年间发展平稳,总体在2015年和2020年有轻微的下降,但在2016年和2021年都及时回升(见图9-8)。

5. 研发能力动态比较

近十年来,苏州上市公司中金融行业公司的研发能力突出,研发费用投入占比和研发人员占比均高于其他行业,并且在持续提高,创新能力较强。近五年信息技术业和工业的研发能力增长较为明显,2019—2021年连续排名第二和第三位。房地产和能源行业的研发能力在2016年后有小幅下降。可选消费行业的研发能力自2015年之后呈现下降趋势,日常消费行业的研发能力同样持续下降,并且下降幅度剧烈(见图9-9)。

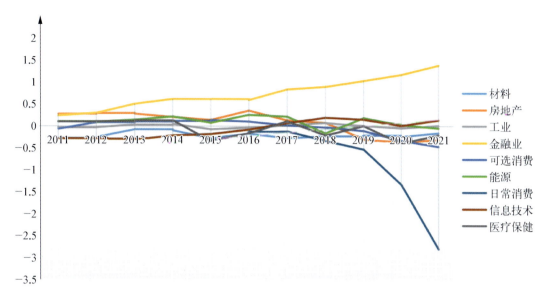

图 9-8　2011—2021 年苏州上市公司各行业运营能力比较

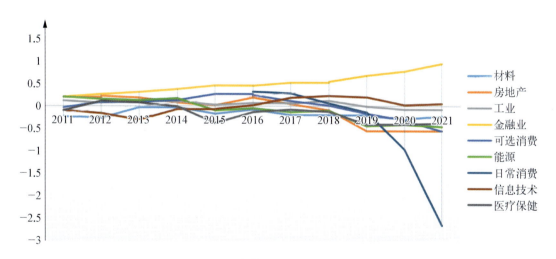

图 9-9　2011—2021 年苏州上市公司各行业研发能力比较

第四节　苏州提升上市公司质量的对策思考

一、促进上市后备梯队建设

截至 2021 年年底,综合能力排名前 30 的苏州上市公司中有 27 家都在 2010 年之前成立,发展质量较高,并且有 21 家都在 2016 年以后上市,这充分表明近几年来苏州市政府重视上市后备企业培育,大力推动优质企业上市的工作取得突出成果。苏州市政府应当继续优化政策,促进上市后备梯队建设。

（一）培育上市后备资源

鼓励符合条件的拟上市企业自愿加入上市后备企业梯队，动态优化苏州上市后备企业信息系统功能。大力发展天使投资、创业投资等股权投资机构，增强政府产业基金引导带动效应，发挥社会资本对企业上市的支持、推进作用。深入发挥上交所苏南基地、深交所苏南服务基地、新三板江苏服务基地等实体化合作载体和东沙湖基金小镇、苏州金融小镇等基金集聚区的服务作用，为苏州企业近距离提供精准培育服务。

（二）推动优质企业上市

坚持量质并举，在提升企业利用资本市场实现发展意愿同时，着力提升拟上市企业规范化治理水平。围绕资本市场全面深化改革，抢抓推行注册制改革、发行上市标准优化等重大机遇，鼓励"独角兽"（高成长创新型）企业、专精特新"小巨人"、"头雁"等企业登陆资本市场，支持生物医药、光纤通信、软件和信息服务、智能制造装备、新型医疗器械等苏州重点产业、新兴产业、特色产业中的优质企业融资上市。

二、推动已上市公司做优做强

从行业对比分析结果可以看出，苏州A股上市公司中医疗保健、信息技术等行业的规模能力较弱，尤其医疗保健行业的规模能力在2018年之后呈现显著下降。政府应完善体系化支持环境，为相应企业拓宽融资渠道，推动已上市公司做优做强。

（一）拓宽多元化融资渠道

引导上市公司根据自身发展战略和生产经营需求，理性融资、合理确定融资规模、优化融资结构，提高资金使用效率。支持符合条件的上市公司再融资及发行优先股、永续债、可转债、REITs等创新融资产品。鼓励融资担保公司对上市公司融资项目提供担保。发挥江苏自贸试验区苏州片区制度创新优势，运用各类金融创新政策为上市公司跨境融资、境外融资提供便利。

（二）促进市场化并购重组

引导上市公司重点围绕主业和产业链关键环节开展境内外投资并购和产业整合，在产品竞争、市场开拓、渠道布局等方面取得快速突破。充分发挥苏州市并购母基金作用，撬动社会资本助力苏州上市公司开展投资并购，鼓励各类股权投资基金、银行等为上市公司并购重组提供优质服务和融资支持。

（三）完善体系化支持环境

为上市公司提供要素配置、财政税收等政策支持，推动上市公司在完善产业链、引领科技创新等方面发挥龙头作用，带动地方产业集群共同发展。激发上市公司提升质量和建设品牌的内生动力，在"苏州制造"品牌建设中发挥引领作用。支持上市公司发行股份，购买符合国家政策规定的境外优质资产，进一步提升国际竞争力。

三、引导上市公司规范发展

（一）提高上市公司治理水平

配合证券监管部门指导上市公司依法履行信息披露义务，提升信息披露质量。督促上市公司健全完善并严格依法执行内控制度；严格执行企业会计准则，提升财务信息质量。总结梳理上市公司治理和内部控制最佳实践和警示案例，充分发挥正面示范引领和反面警示

教育作用。支持上市公司实施更为灵活有效的股权激励、员工持股计划。

（二）解决上市公司突出问题

针对上市公司实际控制人、控股股东、董事、监事、高级管理人员等"关键少数",分类分层开展培训,规范其在公司治理和内部控制中的行为。控股股东、实际控制人及相关方不得以任何形式侵占上市公司利益。

（三）营造资本市场健康文化

培育打造与上市公司高质量发展相匹配的高素质专业化金融干部队伍、高精专资本市场中介队伍和企业家队伍。强化上市公司治理底线要求,加强对上市公司实际控制人的道德约束,引导上市公司履行社会责任。

四、防范处置上市公司风险

（一）落实风险防处任务

2011—2021年,苏州上市公司中能源行业、医疗保健行业的规模能力、盈利能力和偿债能力波动较大,部分企业存在较大风险。政府应当要切实承担起防范处置上市公司风险的责任,建立动态摸排和监测预警上市公司风险机制,常态化、制度化、长效化开展风险研判、处置工作,根据企业情况"一企一策"研究制定风险化解方案,充分运用法治化、市场化手段平稳处置上市公司风险。

（二）拓宽多元化退出渠道

切实转变观念,畅通企业主动退市、并购重组、破产重整等多元化退出渠道,推动形成优胜劣汰的市场环境。完善退市风险联合防控机制,制定退市风险处置预案,确保平稳退市。

本 章 小 结

本章使用全局主成分分析法对2011—2021年苏州A股上市公司发展质量的影响因素进行实证研究,基于构建的评价模型计算相应得分,分别对苏州上市公司整体和分行业的发展质量进行评估与分析。

本章首先筛选出13个指标建立苏州上市公司发展质量评价体系,通过全局主成分分析法提取出五个主成分,按方差贡献度由高到低排序,分别为规模能力(24.46%)、盈利能力(22.215%)、偿债能力(13.195%)、运营能力(12.11%)和研发能力(9.415%),再基于评价模型算出综合能力得分。

其次,通过算出的各公司得分分别列出综合能力排名前30的公司和分项能力排名前10的公司,对这些苏州上市公司的整体特征进行分析。从综合能力评估来看,排名前30的企业中有21家都在2016年以后上市,表明近几年来苏州市推动优质企业上市的工作取得突出成果。从分项能力评估来看,规模能力较强的企业成立时间也都较长,民营企业的盈利能力表现优异,电子行业上市公司的偿债能力普遍较好,苏州市上市银行的运营能力较强,机械设备行业和计算机行业的公司研发能力排名靠前。

再次,分别从整体和分行业的角度对2011—2021年苏州上市公司的发展质量进行动态分析。总体来看,2011—2021年苏州市A股上市公司的综合能力呈现上升趋势,盈利能力波折较大,近四年来有下降趋势,偿债能力从2017开始提升显著。从分行业的角度来看,苏州上市公司中金融业公司的综合能力表现好于其余行业,发展质量稳步提升,能源行业和医疗保健行业起伏较大。金融业在规模能力、偿债能力、运营能力和研发能力方面均表现突出,但盈利能力明显弱于其他行业。日常消费行业上市公司的盈利能力十分突出,但研发能力较低、创新能力不足。

最后,针对以上实证分析结果提出四点对策建议:继续促进上市后备梯队建设,推动已上市公司做优做强,引导上市公司规范发展,以及防范处置上市公司风险。

苏州上市公司发展报告（2022）

附录

附录一　苏州上市公司简介

截至 2021 年 12 月 31 日，苏州境内 A 股企业数量共有 175 家，按照上市时间先后顺序排列的公司基本情况如下。

1. 创元科技股份有限公司（证券代码：000551）

成立日期	1993-12-22		
上市日期	1994-01-06	地点	深圳
相关指数	AMAC 综合企业指数、深证综合指数、申万市场表征指数		
行业类别	综合-综合		
主营业务	国内贸易；自营和代理各类商品和技术的进出口业务		
总股本（万股）	40 008.04	流通 A 股（万股）	40 008.04
公司网址	www.000551.cn	电子信箱	dmc@cykj000551.com
注册地址	高新区鹿山路 35 号		
办公地址	苏州工业园区苏桐路 37 号		

2. 苏州新区高新技术产业股份有限公司（证券代码：600736）

成立日期	1994-06-28		
上市日期	1996-08-15	地点	上海
相关指数	上证成份指数、上证综合型指数、申万市场表征指数、AMAC 行业指数、中证规模指数		
行业类别	房地产业-房地产业		
主营业务	高新技术产品的投资、开发、生产，能源、交通、通信等基础产业、市政基础设施的投资，工程设计、施工，科技咨询服务		
总股本（万股）	115 129.29	流通 A 股（万股）	115 129.29
公司网址	www.sndnt.com	电子信箱	song.cj@sndnt.com
注册地址	高新区新区运河路 8 号		
办公地址	高新区锦峰路 199 号锦峰国际商务广场 A 座 19—20 楼		

3. 张家港保税科技(集团)股份有限公司(证券代码：600794)

成立日期	1994-06-28		
上市日期	1997-03-06	地点	上海
相关指数	上证综指、申万市场表征指数、AMAC 行业指数		
行业类别	交通运输、仓储和邮政业-仓储业		
主营业务	生物高新技术应用、开发；高新技术及电子商务、网络应用开发；港口码头、保税物流项目的投资；其他实业投资		
总股本(万股)	121 215.22	流通 A 股(万股)	121 215.22
公司网址	www.zftc.net	电子信箱	changlq@zftc.net
注册地址	张家港市保税区石化交易大厦 27—28 层		
办公地址	张家港市保税区石化交易大厦 27—28 层		

4. 江苏博信投资控股股份有限公司(证券代码：600083)

成立日期	1993-05-08		
上市日期	1997-06-06	地点	上海
相关指数	上证综合型指数、申万市场表征指数、AMAC 行业指数		
行业类别	批发和零售业-批发业		
主营业务	对外投资业务；计算机软件开发销售		
总股本(万股)	23 000.00	流通 A 股(万股)	22 799.33
公司网址	www.toppers.com.cn	电子信箱	600083@boxinholding.com
注册地址	姑苏区朱家湾街 8 号姑苏软件园 B2 栋		
办公地址	姑苏区朱家湾街 8 号姑苏软件园 B2 栋		

5. 中核苏阀科技实业股份有限公司(证券代码：000777)

成立日期	1997-07-02		
上市日期	1997-07-10	地点	深圳
相关指数	深证综合指数、深证规模指数、申万市场表征指数、中证主题指数		
行业类别	制造业-通用设备制造业		
主营业务	工业用阀门设计、制造、销售		
总股本(万股)	38 341.76	流通 A 股(万股)	38 340.66
公司网址	www.chinasufa.com	电子信箱	dongm@chinasufa.com
注册地址	高新区浒墅关镇安杨路 178 号		
办公地址	高新区珠江路 501 号		

附 录

6. 江苏永鼎股份有限公司（证券代码：600105）

成立日期	1994-06-30		
上市日期	1997-09-29	地点	上海
相关指数	上证成份指数、上证策略指数、上证综合型指数、申万市场表征指数、中证规模指数		
行业类别	制造业-电气机械和器材制造业		
主营业务	电线、电缆、光纤预制棒、光纤、光缆、配电开关控制设备、电子产品、通信设备、汽车及零部件的研究、制造		
总股本（万股）	141 105.41	流通A股（万股）	138 091.03
公司网址	www.yongding.com.cn	电子信箱	zqb@yongding.com.cn
注册地址	吴江区黎里镇318国道74K处芦墟段北侧		
办公地址	吴江区黎里镇318国道74K处芦墟段北侧		

7. 江苏吴中医药发展股份有限公司（证券代码：600200）

成立日期	1994-06-28		
上市日期	1999-04-01	地点	上海
相关指数	上证综合型指数、申万市场表征指数、AMAC行业指数、中证规模指数		
行业类别	综合-综合		
主营业务	药品生产；药品委托生产；药品批发；药品零售；药品进出口		
总股本（万股）	71 238.88	流通A股（万股）	71 238.88
公司网址	www.600200.com	电子信箱	jswz@600200.com
注册地址	吴中区东方大道988号		
办公地址	吴中区东方大道988号		

注：2021年1月12日公司公告由江苏吴中实业股份有限公司改为现名。

8. 江苏东方盛虹股份有限公司（证券代码：000301）

成立日期	1998-07-16		
上市日期	2000-05-29	地点	深圳
相关指数	深证综合指数、深证规模指数、申万市场表征指数、中证800行业指数、中证策略指数、中证产业指数、中证规模指数、中证主题指数		
行业类别	制造业-化学纤维制造业		
主营业务	资产经营,纺织原料、针纺织品、聚酯（PET）生产、销售,仓储,蒸汽供应		
总股本（万股）	483 496.02	流通A股（万股）	173 191.32
公司网址	www.jsessh.com	电子信箱	jun.wang@jsessh.com
注册地址	吴江区盛泽镇市场东路73号		
办公地址	吴江区盛泽镇市场东路73号		

9. 江苏亨通光电股份有限公司（证券代码：600487）

成立日期	1993-06-05		
上市日期	2003-08-22	地点	上海
相关指数	上证成份指数、上证主题指数、上证策略指数、上证综合型指数、沪深300行业指数、中证800行业指数、中证策略指数、中证规模指数、中证主题指数、中证风格指数、中证定制指数		
行业类别	制造业-电气机械和器材制造业		
主营业务	承包与其实力、规模、业绩相适应的国内外工程项目，对外派遣实施上述境外工程所需的劳务人员；光纤光缆、电力电缆及附件		
总股本（万股）	236 220.90	流通A股（万股）	228 150.22
公司网址	www.htgd.com.cn	电子信箱	htgd@htgd.com.cn
注册地址	吴江区七都镇亨通大道88号		
办公地址	吴江区中山北路2288号		

10. 江苏江南高纤股份有限公司（证券代码：600527）

成立日期	1996-11-25		
上市日期	2003-11-27	地点	上海
相关指数	上证综合型指数、申万市场表征指数		
行业类别	制造业-化学纤维制造业		
主营业务	涤纶毛条、短纤维、粒子、聚酯切片、塑料编织套、人造毛皮生产、销售		
总股本（万股）	173 176.09	流通A股（万股）	173 176.09
公司网址	www.jngx.cn	电子信箱	investor@jngx.cn
注册地址	相城区黄埭镇苏阳路		
办公地址	相城区黄埭镇春秋路8号		

11. 江苏沙钢股份有限公司（证券代码：002075）

成立日期	1999-09-28		
上市日期	2006-10-25	地点	深圳
相关指数	深证综合指数、深证规模指数、申万市场表征指数、中证800行业指数、中证策略指数、中证产业指数、中证规模指数、中证主题指数、中证定制指数		
行业类别	制造业-黑色金属冶炼和压延加工业		
主营业务	黑色金属产品的开发、冶炼、加工及销售		
总股本（万股）	220 677.18	流通A股（万股）	220 676.82
公司网址	www.shaganggf.com	电子信箱	sggf@shasteel.cn
注册地址	张家港市锦丰镇沙钢大厦		
办公地址	上海市浦东新区银城中路中融碧玉蓝天大厦8号33楼		

12. 苏州固锝电子股份有限公司(证券代码：002079)

成立日期	1990-11-12		
上市日期	2006-11-16	地点	深圳
相关指数	深证700成长指数、深港通半导体行业指数、深证综合指数、深证规模指数、申万市场表征指数、中证规模指数		
行业类别	制造业-计算机、通信和其他电子设备制造业		
主营业务	设计、制造和销售各类半导体芯片、各类集成电路、二极管、三极管		
总股本(万股)	80 788.66	流通A股(万股)	78 965.57
公司网址	www.goodark.com	电子信箱	info@goodark.com
注册地址	高新区通安开发区通锡路31号		
办公地址	高新区通安镇华金路200号		

13. 苏州金螳螂建筑装饰股份有限公司(证券代码：002081)

成立日期	2004-04-30		
上市日期	2006-11-20	地点	深圳
相关指数	深证策略指数、深证综合指数、深证规模指数、申万市场表征指数、AMAC行业指数、沪深300行业指数、中证800行业指数、中证策略指数、中证规模指数、中证主题指数、中证风格指数、中证定制指数		
行业类别	建筑业-建筑装饰和其他建筑业		
主营业务	承接建筑工程施工总承包项目；承接各类建筑室内、室外装修装饰工程的设计及施工		
总股本(万股)	267 134.37	流通A股(万股)	263 816.71
公司网址	www.goldmantis.com	电子信箱	tzglb@goldmantis.com
注册地址	苏州工业园区民营工业区内		
办公地址	姑苏区西环路888号		

14. 新海宜科技集团股份有限公司(证券代码：002089)

成立日期	1997-01-01		
上市日期	2006-11-30	地点	深圳
相关指数	中创500高贝塔指数、AMAC电子设备指数、深证综合指数、申万市场表征指数		
行业类别	制造业-计算机、通信和其他电子设备制造业		
主营业务	通信网络设备及配套软件、相关电子产品、安装线缆、电器机械及器材、报警系统视频监控设备及其他安防产品开发、制造、加工、销售		
总股本(万股)	137 466.96	流通A股(万股)	118 262.98
公司网址	www.nsu.com.cn	电子信箱	nsu@nsu.com.cn
注册地址	苏州工业园区泾茂路168号		
办公地址	苏州工业园区泾茂路168号(新海宜科技园)		

15. 江苏国泰国际集团股份有限公司（证券代码：002091）

成立日期	1998-05-07		
上市日期	2006-12-08	地点	深圳
相关指数	深证策略指数、深证综合指数、深证规模指数、申万市场表征指数、AMAC行业指数、中证策略指数、中证规模指数		
行业类别	批发和零售业-批发业		
主营业务	国内贸易；自营和代理各类商品及技术的进出口业务		
总股本（万股）	156 353.66	流通A股（万股）	150 999.63
公司网址	www.gtig.com	电子信箱	office@gtig.com
注册地址	张家港市国泰时代广场11—24楼		
办公地址	张家港市人民中路国泰大厦31楼		

16. 南极电商股份有限公司（证券代码：002127）

成立日期	1999-07-12		
上市日期	2007-04-18	地点	深圳
相关指数	深证综合指数、深证规模指数、申万市场表征指数、中证800行业指数、中证规模指数、中证主题指数		
行业类别	租赁和商务服务业-商务服务业		
主营业务	从事互联网零售、对外贸易；对外投资、投资管理及咨询、企业管理信息咨询		
总股本（万股）	245 487.04	流通A股（万股）	199 470.35
公司网址	www.nanjids.com	电子信箱	nanjids@nanjids.com
注册地址	吴江区盛泽镇敦煌路388号汇赢大厦8F		
办公地址	上海市杨浦区江湾城路99号尚浦中心3号楼7—10楼		

17. 江苏通润装备科技股份有限公司（证券代码：002150）

成立日期	2002-10-28		
上市日期	2007-08-10	地点	深圳
相关指数	深证综合指数、申万市场表征指数		
行业类别	制造业-金属制品业		
主营业务	金属工具箱柜、钢制办公家具、精密钣金制品的生产及相关产品的科技开发		
总股本（万股）	35 651.71	流通A股（万股）	35 514.97
公司网址	www.tongrunindustries.com	电子信箱	jstr@tongrunindustries.com
注册地址	常熟市海虞镇通港路536号		
办公地址	常熟市海虞镇通港路536号		

附 录

18. 江苏常铝铝业集团股份有限公司（证券代码：002160）

成立日期	2002-12-27		
上市日期	2007-08-21	地点	深圳
相关指数	AMAC 有色金属指数、中证全指有色金属指数、深证综合指数、申万市场表征指数		
行业类别	制造业-有色金属冶炼和压延加工业		
主营业务	铝箔、铝材、铝板、铝带制造		
总股本(万股)	79 558.20	流通 A 股(万股)	72 869.91
公司网址	www.alcha.com	电子信箱	office@alcha.com
注册地址	常熟市古里镇白茆西		
办公地址	常熟市古里镇白茆西		

19. 江苏澳洋健康产业股份有限公司（证券代码：002172）

成立日期	2001-10-22		
上市日期	2007-09-21	地点	深圳
相关指数	中市净率指数、AMAC 化纤指数、深证综合指数、申万市场表征指数		
行业类别	制造业-化学纤维制造业		
主营业务	化学纤维及健康医疗		
总股本(万股)	77 648.14	流通 A 股(万股)	77 319.43
公司网址	www.aykj.cn	电子信箱	aykj@aoyang.com
注册地址	张家港市杨舍镇塘市镇中路 018 号		
办公地址	张家港市杨舍镇塘市澳洋国际大厦 A 座		

20. 东华能源股份有限公司（证券代码：002221）

成立日期	1996-04-22		
上市日期	2008-03-06	地点	深圳
相关指数	深证策略指数、深证综合指数、申万市场表征指数、AMAC 行业指数、中证 800 行业指数、中证策略指数、中证产业指数、中证规模指数、中证主题指数、中证定制指数		
行业类别	批发和零售业-批发业		
主营业务	生产低温常压液化石油气、丙烯、聚丙烯		
总股本(万股)	164 902.28	流通 A 股(万股)	153 172.58
公司网址	www.chinadhe.com	电子信箱	tzz@chinadhe.com
注册地址	张家港市保税区出口加工区东华路 668 号		
办公地址	南京市玄武区仙林大道徐庄软件园紫气路 1 号		

21. 江苏蔚蓝锂芯股份有限公司(证券代码：002245)

成立日期	2002-09-30		
上市日期	2008-06-05	地点	深圳
相关指数	深证综合指数、深证规模指数、申万市场表征指数、AMAC 行业指数、中证规模指数		
行业类别	交通运输、仓储和邮政业-装卸搬运和运输代理业		
主营业务	电池制造；其他电子器件制造；金属材料销售		
总股本(万股)	103 582.15	流通 A 股(万股)	96 898.60
公司网址	www.aucksun.com	电子信箱	secretary@aucksun.com
注册地址	张家港市杨舍镇新泾中路 10 号		
办公地址	张家港市金塘西路 456 号		

注：2020 年 12 月 8 日，江苏澳洋顺昌股份有限公司更名为江苏蔚蓝锂芯股份有限公司。

22. 苏州海陆重工股份有限公司(证券代码：002255)

成立日期	2000-01-18		
上市日期	2008-06-25	地点	深圳
相关指数	深证节能环保、AMAC 通用设备指数、深证综合指数、深证规模指数、申万市场表征指数		
行业类别	制造业-通用设备制造业		
主营业务	锅炉(特种锅炉、工业锅炉)，核承压设备，锅炉辅机，压力容器，金属包装容器，冶金设备，金属结构件的制造、销售、安装和运输		
总股本(万股)	84 227.11	流通 A 股(万股)	64 414.91
公司网址	www.hailu-boiler.cn	电子信箱	stock@hailu-boiler.cn
注册地址	张家港市东南大道 1 号(张家港经济技术开发区)		
办公地址	张家港市东南大道 1 号(张家港经济技术开发区)		

23. 江苏华昌化工股份有限公司(证券代码：002274)

成立日期	2004-02-27		
上市日期	2008-09-25	地点	深圳
相关指数	AMAC 化学制品指数、深证先锋成长、深证综合指数、深证规模指数、申万市场表征指数、中证规模指数		
行业类别	制造业-化学原料和化学制品制造业		
主营业务	化工原料、化工产品、肥料生产(按许可证所列项目经营)；煤炭购销		
总股本(万股)	95 236.46	流通 A 股(万股)	93 799.91
公司网址	www.huachangchem.cn	电子信箱	huachang@huachangchem.cn
注册地址	张家港市金港镇保税区扬子江国际化学工业园南海路 1 号		
办公地址	张家港市金港镇保税区扬子江国际化学工业园南海路 1 号		

附 录

24. 苏州禾盛新型材料股份有限公司（证券代码：002290）

成立日期	2002-11-15		
上市日期	2009-09-03	地点	深圳
相关指数	深证先锋成长 R、AMAC 电气机械指数、深证综合指数、申万市场表征指数		
行业类别	制造业-电气机械和器材制造业		
主营业务	家用电器、电子产品,机械设备、仪器仪表专用材料开发、生产、销售		
总股本(万股)	24 271.23	流通 A 股(万股)	21 647.40
公司网址	www.szhssm.com.cn	电子信箱	hesheng@szhssm.com.cn
注册地址	苏州工业园区旺墩路 135 号融盛商务中心 1 幢 2408 室		
办公地址	苏州工业园区旺墩路 135 号融盛商务中心 1 幢 2410 室		

注：2020 年 11 月 26 日,苏州中科创新型材料股份有限公司更名为苏州禾盛新型材料股份有限公司。

25. 江苏新宁现代物流股份有限公司（证券代码：300013）

成立日期	1997-02-24		
上市日期	2009-10-30	地点	深圳
相关指数	中证创新驱动主题指数、AMAC 交运仓储指数、深证综合指数、申万市场表征指数、AMAC 行业指数		
行业类别	交通运输、仓储和邮政业-仓储业		
主营业务	进出口货物仓储、集装箱堆存及有关配套业务		
总股本(万股)	44 668.71	流通 A 股(万股)	44 601.21
公司网址	www.xinning.com.cn	电子信箱	jsxn@xinning.com.cn
注册地址	昆山市张浦镇阳光西路 760 号		
办公地址	昆山市张浦镇阳光西路 760 号		

26. 江苏中利集团股份有限公司（证券代码：002309）

成立日期	1996-11-01		
上市日期	2009-11-27	地点	深圳
相关指数	深证综合指数、深证规模指数、申万市场表征指数、中证策略指数、中证规模指数		
行业类别	制造业-电气机械和器材制造业		
主营业务	生产、销售：电线、电缆、光缆及附件、PVC 电力电缆料、电源插头、电子接插件、电工机械设备、有色金属拉丝、通信终端设备、移动通信终端设备		
总股本(万股)	87 178.71	流通 A 股(万股)	76 227.63
公司网址	www.zhongli.com	电子信箱	zhonglidm@zhongli.com
注册地址	常熟市东南经济开发区		
办公地址	常熟市东南经济开发区		

27. 中亿丰罗普斯金铝业股份有限公司（证券代码：002333）

成立日期	1993-07-28		
上市日期	2010-01-12	地点	深圳
相关指数	中证财务稳健指数、AMAC有色金属指数、深证综合指数、申万市场表征指数		
行业类别	制造业-有色金属冶炼和压延加工业		
主营业务	研究、开发、生产、销售铝合金型材；门窗、幕墙、配件的销售、安装		
总股本（万股）	65 260.36	流通A股（万股）	42 749.41
公司网址	www.lpsk.com.cn	电子信箱	lpskdsh@lpsk.com.cn
注册地址	相城区黄埭镇潘阳工业园太东路2777号		
办公地址	相城区黄埭镇潘阳工业园太东路2777号		

注：2020年12月24日，苏州罗普斯金铝业股份有限公司更名为中亿丰罗普斯金铝业股份有限公司。

28. 康力电梯股份有限公司（证券代码：002367）

成立日期	1997-11-03		
上市日期	2010-03-12	地点	深圳
相关指数	中国智能资产指数、深证新浪100、深证综合指数、深证规模指数、申万市场表征指数、中证规模指数、中证主题指数		
行业类别	制造业-通用设备制造业		
主营业务	制造、加工、销售：电梯、自动扶梯、自动人行道，以及相关配件		
总股本（万股）	79 765.27	流通A股（万股）	52 407.41
公司网址	www.canny-elevator.com	电子信箱	dongmiban@canny-elevator.com
注册地址	吴江区汾湖高新技术产业开发区康力大道888号		
办公地址	吴江区汾湖高新技术产业开发区康力大道888号		

29. 苏州东山精密制造股份有限公司（证券代码：002384）

成立日期	1998-10-28		
上市日期	2010-04-09	地点	深圳
相关指数	中证电子信息产业指数、中证信息技术指数、深证综合指数、深证规模指数、申万市场表征指数、中证800行业指数、中证产业指数、中证规模指数、中证主题指数		
行业类别	制造业-计算机、通信和其他电子设备制造业		
主营业务	精密钣金加工、五金件、烘漆、微波通信系统设备制造		
总股本（万股）	170 986.73	流通A股（万股）	139 027.53
公司网址	www.sz-dsbj.com	电子信箱	dsbj@sz-dsbj.com
注册地址	吴中区吴中经济开发区塘东路88号		
办公地址	吴中区东山工业园石鹤山路8号		

30. 维信诺科技股份有限公司（证券代码：002387）

成立日期	1998-01-07		
上市日期	2010-04-13	地点	深圳
相关指数	深证综合指数、中证800行业指数、中证产业指数、中证规模指数、MSCI中国A股在岸指数		
行业类别	制造业-计算机、通信和其他电子设备制造业		
主营业务	显示器及模块产品的研发、生产、销售、技术咨询、技术服务		
总股本（万股）	138 253.81	流通A股（万股）	136 721.33
公司网址	www.visionox.com	电子信箱	IR@visionox.com
注册地址	昆山市开发区夏东街658号1801室		
办公地址	北京市朝阳区东三环北路辛2号迪阳大厦606单元		

31. 苏州胜利精密制造科技股份有限公司（证券代码：002426）

成立日期	2003-12-05		
上市日期	2010-06-08	地点	深圳
相关指数	深证综合指数、深证规模指数、申万市场表征指数、中证800行业指数、中证产业指数、中证规模指数		
行业类别	制造业-计算机、通信和其他电子设备制造业		
主营业务	研发、生产、销售：冲压件、金属结构件、模具、五金配件		
总股本（万股）	344 151.77	流通A股（万股）	309 992.87
公司网址	www.vicsz.com	电子信箱	ye.cheng@vicsz.com
注册地址	高新区浒关工业园浒泾路55号		
办公地址	高新区浒关工业园浒泾路55号		

32. 长江润发健康产业股份有限公司（证券代码：002435）

成立日期	1999-09-09		
上市日期	2010-06-18	地点	深圳
相关指数	AMAC医药制造指数、深证综合指数、深证规模指数、申万市场表征指数、中证规模指数		
行业类别	制造业-医药制造业		
主营业务	护理机构服务；医药原料药及制剂、生化药品及化工产品（危险化学品除外）、中成药、医疗器械的研发、生产和销售		
总股本（万股）	123 598.30	流通A股（万股）	119 959.45
公司网址	www.cjrfjx.com	电子信箱	lubin@cjrfjx.com
注册地址	张家港市金港镇晨丰公路		
办公地址	张家港市金港镇晨丰公路		

33. 金陵华软科技股份有限公司（证券代码：002453）

成立日期	1999-01-13		
上市日期	2010-07-20	地点	深圳
相关指数	深证创业投资指数、AMAC化学制品指数、深证综合指数、申万市场表征指数		
行业类别	信息传输、软件和信息技术服务业-软件和信息技术服务业		
主营业务	计算机软件技术开发、咨询、服务、成果转让		
总股本(万股)	94 421.72	流通A股(万股)	61 127.60
公司网址	www.gcstgroup.com	电子信箱	stock@gcstgroup.com
注册地址	吴中区木渎镇花苑东路199-1号		
办公地址	姑苏区苏站路1588号世界贸易中心B座21层		

34. 沪士电子股份有限公司（证券代码：002463）

成立日期	1992-04-14		
上市日期	2010-08-18	地点	深圳
相关指数	深证综合指数、深证规模指数、申万市场表征指数、中证800行业指数、中证产业指数、中证规模指数、中证主题指数		
行业类别	制造业-计算机、通信和其他电子设备制造业		
主营业务	生产单、双面及多层电路板、高密度互连积层板(HDI)、电路板组装产品、电子设备使用的连接线和连接器等产品并销售自产产品		
总股本(万股)	189 665.88	流通A股(万股)	189 554.85
公司网址	www.wuscn.com	电子信箱	fin30@wuspc.com
注册地址	昆山市玉山镇东龙路1号		
办公地址	昆山市玉山镇东龙路1号		

35. 苏州锦富技术股份有限公司（证券代码：300128）

成立日期	2004-03-29		
上市日期	2010-10-13	地点	深圳
相关指数	AMAC电子设备指数、中证物联网主题指数、深证综合指数、深证规模指数、申万市场表征指数、中证规模指数		
行业类别	制造业-计算机、通信和其他电子设备制造业		
主营业务	智能交互感知技术、物联网技术、互联网分布式云技术、高速通讯传输系统技术、光感控技术、新型电子墨水显示技术、纳米新材料技术、新型节能技术的研发、咨询、服务、转让		
总股本(万股)	109 411.54	流通A股(万股)	109 306.68
公司网址	www.szjin-fu.com	电子信箱	jinfu@jin-fu.cn
注册地址	苏州工业园区江浦路39号		
办公地址	苏州市工业园区金鸡湖大道88号人工智能产业园C1-601		

附　录

36. 通鼎互联信息股份有限公司（证券代码：002491）

成立日期	1999-04-22		
上市日期	2010-10-21	地点	深圳
相关指数	深证综合指数、深证规模指数、申万市场表征指数、中证800行业指数、中证规模指数、中证主题指数		
行业类别	制造业-电气机械和器材制造业		
主营业务	互联网网页设计；计算机网络集成技术服务		
总股本(万股)	124 068.14	流通A股(万股)	118 711.68
公司网址	www.tdgd.com.cn	电子信箱	td_zqb@163.com
注册地址	吴江区震泽镇八都经济开发区小平大道8号		
办公地址	吴江区震泽镇八都经济开发区小平大道8号		

37. 科林环保装备股份有限公司（证券代码：002499）

成立日期	1999-04-16		
上市日期	2010-11-09	地点	深圳
相关指数	AMAC水电煤气指数、中证全指电力公用事业指数、深证综合指数、申万市场表征指数		
行业类别	电力、热力、燃气及水生产和供应业-电力、热力生产和供应业		
主营业务	境内外环境工程设计、咨询、建设、设备和钢结构件制造安装及工程总承包，设施运营管理和相关环境检测		
总股本(万股)	18 900.00	流通A股(万股)	18 899.10
公司网址	www.kelin-environment.com	电子信箱	zqb@sz002499.com
注册地址	吴江区高新路425号		
办公地址	重庆市渝北区龙塔街道红黄路121号紫荆商业广场1幢37楼		

38. 苏州工业园区和顺电气股份有限公司（证券代码：300141）

成立日期	1988-12-22		
上市日期	2010-11-12	地点	深圳
相关指数	中证全指工业指数、AMAC电气机械指数、深证综合指数、申万市场表征指数		
行业类别	制造业-电气机械和器材制造业		
主营业务	电力成套设备、电力电子设备及充换电设备的研发、制造、销售和服务		
总股本(万股)	25 388.46	流通A股(万股)	18 475.84
公司网址	www.cnheshun.com	电子信箱	xushujie@cnheshun.com
注册地址	苏州工业园区和顺路8号		
办公地址	苏州工业园区和顺路8号		

39. 江苏银河电子股份有限公司（证券代码：002519）

成立日期	2000-06-15		
上市日期	2010-12-07	地点	深圳
相关指数	中证全指电信业务指数、中证1000行业中性低波动指数、深证综合指数、深证规模指数、申万市场表征指数、中证规模指数		
行业类别	制造业-计算机、通信和其他电子设备制造业		
主营业务	数字电视多媒体终端、安防装备、智能电网设备以及相关核心软件、电子设备精密结构件等产品的研发、制造与销售		
总股本（万股）	112 643.09	流通A股（万股）	101 445.26
公司网址	www.yinhe.com	电子信箱	yhdm@yinhe.com
注册地址	张家港市塘桥镇南环路188号		
办公地址	张家港市塘桥镇南环路188号		

40. 天顺风能（苏州）股份有限公司（证券代码：002531）

成立日期	2005-01-18		
上市日期	2010-12-31	地点	深圳
相关指数	中证环保产业指数、中证新能源指数、深证综合指数、深证规模指数、申万市场表征指数、中证规模指数		
行业类别	制造业-电气机械和器材制造业		
主营业务	生产及销售风电设备		
总股本（万股）	180 250.91	流通A股（万股）	176 900.13
公司网址	www.titanwind.com.cn	电子信箱	public@titanwind.com.cn
注册地址	太仓市经济开发区宁波东路28号		
办公地址	上海市长宁区长宁路1193号来福士广场T3,1203		

41. 常熟风范电力设备股份有限公司（证券代码：601700）

成立日期	1993-07-15		
上市日期	2011-01-18	地点	上海
相关指数	上证综合型指数、申万市场表征指数、中证规模指数		
行业类别	制造业-金属制品业		
主营业务	输电线路铁塔和复合材料绝缘杆塔的研发、设计、生产和销售		
总股本（万股）	114 101.95	流通A股（万股）	114 101.95
公司网址	www.cstower.cn	电子信箱	chenld@cstower.cn
注册地址	常熟市尚湖镇工业集中区西区人民南路8号		
办公地址	常熟市尚湖镇工业集中区西区人民南路8号		

42. 江苏天瑞仪器股份有限公司（证券代码：300165）

成立日期	2006-07-04		
上市日期	2011-01-25	地点	深圳
相关指数	中证盈利质量指数、AMAC 仪器仪表指数、深证综合指数、深证规模指数、申万市场表征指数		
行业类别	制造业-仪器仪表制造业		
主营业务	化学分析仪器及应用软件研发、生产、销售		
总股本(万股)	49 699.09	流通 A 股(万股)	35 119.32
公司网址	www.skyray-instrument.com	电子信箱	zqb@skyray-instrument.com
注册地址	昆山市玉山镇中华园西路 1888 号天瑞大厦		
办公地址	昆山市玉山镇中华园西路 1888 号天瑞大厦		

43. 苏州春兴精工股份有限公司（证券代码：002547）

成立日期	2001-09-25		
上市日期	2011-02-18	地点	深圳
相关指数	中证 1000 电信业务全收益指数、国证小盘低波动率指数、深证综合指数、深证规模指数、申万市场表征指数、中证规模指数		
行业类别	制造业-金属制品业		
主营业务	通信系统设备、消费电子部件配件以及汽车用精密铝合金结构件及各类精密部件的研究与升发、制造、销售及服务		
总股本(万股)	112 805.72	流通 A 股(万股)	109 949.34
公司网址	www.chunxing-group.com	电子信箱	cxjg@chunxing-group.com
注册地址	苏州工业园区唯亭镇浦田路 2 号		
办公地址	苏州工业园区唯亭镇金陵东路 120 号		

44. 苏州天沃科技股份有限公司（证券代码：002564）

成立日期	1998-03-18		
上市日期	2011-03-10	地点	深圳
相关指数	中证 1000 行业中性低波动指数、AMAC 科研技术指数、深证综合指数、深证规模指数、申万市场表征指数、中证规模指数		
行业类别	建筑业-土木工程建筑业		
主营业务	设计制造：A1 级高压容器、A2 级第三类低、中压容器		
总股本(万股)	86 937.53	流通 A 股(万股)	86 847.72
公司网址	www.thvow.com	电子信箱	thvow@thvow.com
注册地址	张家港市金港镇长山村临江路 1 号		
办公地址	上海市普陀区中山北路 1715 号 E 座 3 楼		

45. 苏州科德教育科技股份有限公司（证券代码：300192）

成立日期	2003-01-14		
上市日期	2011-03-22	地点	深圳
相关指数	中证创新驱动主题指数、AMAC 化学制品指数、深证综合指数、申万市场表征指数		
行业类别	教育-教育		
主营业务	技术开发、技术服务、技术推广、技术转让；资产管理；投资管理；企业管理咨询		
总股本（万股）	32 914.33	流通 A 股（万股）	21 526.73
公司网址	www.szkinks.com	电子信箱	szkinks@szkinks.com
注册地址	相城区黄埭镇春申路 989 号		
办公地址	相城区黄埭镇春申路 989 号		

注：2020 年 11 月 30 日，由苏州科斯伍德油墨股份有限公司更名。

46. 江苏亿通高科技股份有限公司（证券代码：300211）

成立日期	2001-08-15		
上市日期	2011-05-05	地点	深圳
相关指数	国证 2000 指数、中证中国内地企业全球综合全收益指数、深证综合指数、申万市场表征指数		
行业类别	制造业-计算机、通信和其他电子设备制造业		
主营业务	有线电视网络传输设备、数字电视终端设备、智能化监控工程服务等		
总股本（万股）	30 267.60	流通 A 股（万股）	29 697.64
公司网址	www.yitong-group.com	电子信箱	yitong@yitong-group.com
注册地址	常熟市通林路 28 号		
办公地址	常熟市通林路 28 号		

47. 苏州电器科学研究院股份有限公司（证券代码：300215）

成立日期	1993-11-25		
上市日期	2011-05-11	地点	深圳
相关指数	创业 300 高贝塔指数、AMAC 科研技术指数、深证综合指数、深证规模指数、申万市场表征指数、中证规模指数		
行业类别	科学研究和技术服务业-专业技术服务业		
主营业务	输配电电器、核电电器、机床电器、船用电器、汽车电子电气、太阳能及风能发电设备等各类高低压电器的技术检测服务		
总股本（万股）	75 832.25	流通 A 股（万股）	51 363.29
公司网址	www.eeti.com.cn	电子信箱	zqb@eeti.cn
注册地址	吴中区越溪前珠路 5 号		
办公地址	吴中区越溪前珠路 5 号		

附 录

48. 张家港富瑞特种装备股份有限公司（证券代码：300228）

成立日期	2003-08-05		
上市日期	2011-06-08	地点	深圳
相关指数	中证1000指数、中证高端制造主题指数、深证综合指数、深证综合指数、深证规模指数、申万市场表征指数		
行业类别	制造业-专用设备制造业		
主营业务	发动机制造、销售（汽车发动机再制造油改气）		
总股本（万股）	57 540.63	流通A股（万股）	54 289.23
公司网址	www.furuise.com	电子信箱	furui@furuise.com
注册地址	张家港市杨舍镇晨新路19号		
办公地址	张家港市杨舍镇晨新路19号		

49. 江苏飞力达国际物流股份有限公司（证券代码：300240）

成立日期	1993-04-22		
上市日期	2011-07-06	地点	深圳
相关指数	深证创业投资指数、中证全指工业指数、深证综合指数、深证规模指数、申万市场表征指数、AMAC行业指数		
行业类别	交通运输、仓储和邮政业-仓储业		
主营业务	设计并提供一体化供应链管理解决方案，由综合物流服务和基础物流服务构成		
总股本（万股）	36 812.40	流通A股（万股）	36 334.70
公司网址	www.feiliks.com	电子信箱	dshmsc@feiliks.com
注册地址	昆山市开发区		
办公地址	昆山市开发区玫瑰路999号		

50. 雅本化学股份有限公司（证券代码：300261）

成立日期	2006-01-13		
上市日期	2011-09-06	地点	深圳
相关指数	AMAC化学制品指数、中证东方财富大数据100指数、深证综合指数、申万市场表征指数		
行业类别	制造业-化学原料和化学制品制造业		
主营业务	高级农药、医药中间体产品研发、生产和销售		
总股本（万股）	96 330.95	流通A股（万股）	94 760.64
公司网址	www.abachem.com	电子信箱	info@abachem.com
注册地址	太仓市太仓港港口开发区石化区东方东路18号		
办公地址	太仓市太仓港港口开发区石化区东方东路18号		

51. 昆山新莱洁净应用材料股份有限公司（证券代码：300260）

成立日期	2000-07-12		
上市日期	2011-09-06	地点	深圳
相关指数	中价股指数、中证雪球社交投资精选大数据指数、深证综合指数、申万市场表征指数		
行业类别	制造业-通用设备制造业		
主营业务	304、316L等高纯不锈钢为母材的高洁净应用材料的研发、生产与销售		
总股本（万股）	22 655.93	流通A股（万股）	15 090.65
公司网址	www.kinglai.com.cn	电子信箱	lucy@kinglai.com.cn
注册地址	昆山市陆家镇陆丰西路22号		
办公地址	昆山市陆家镇陆丰西路22号		

52. 德尔未来科技控股集团股份有限公司（证券代码：002631）

成立日期	2004-12-02		
上市日期	2011-11-11	地点	深圳
相关指数	中证申万体育产业主题投资指数、深证700指数、深证综合指数、深证规模指数、申万市场表征指数、中证规模指数		
行业类别	制造业-木材加工和木、竹、藤、棕、草制品业		
主营业务	整体智能家居产品的研发、设计、生产和销售，包括家具、地板、定制衣柜、木门等		
总股本（万股）	65 863.09	流通A股（万股）	65 483.95
公司网址	www.der.com.cn	电子信箱	der@der.com.cn
注册地址	吴江区七都镇七都大道		
办公地址	吴江区开平路3333号德尔广场B栋22楼—25楼		

53. 苏州安洁科技股份有限公司（证券代码：002635）

成立日期	1999-12-16		
上市日期	2011-11-25	地点	深圳
相关指数	深证综合指数、深证规模指数、申万市场表征指数、中证800行业指数、中证规模指数		
行业类别	制造业-计算机、通信和其他电子设备制造业		
主营业务	为笔记本电脑和手机等消费电子产品品牌终端厂商提供功能性器件生产及相关服务		
总股本（万股）	68 324.42	流通A股（万股）	41 145.28
公司网址	www.anjiesz.com	电子信箱	zhengquan@anjiesz.com
注册地址	吴中区光福镇福锦路8号		
办公地址	吴中山太湖国家旅游度假区香山街道孙武路2011号		

附 录

54. 东吴证券股份有限公司（证券代码：601555）

成立日期	1992-09-04		
上市日期	2011-12-12	地点	上海
相关指数	上证成份指数、上证主题指数、上证综合型指数、申万市场表征指数、AMAC行业指数、沪深300行业指数、中证800行业指数、中证策略指数、中证规模指数、中证主题指数、中证风格指数、中证定制指数		
行业类别	金融业-资本市场服务		
主营业务	证券的经纪、投资咨询、交易，证券投资活动有关的财务顾问及证券的承销保荐、自营、资产管理，为投资基金代销提供中间介绍业务等		
总股本(万股)	500 750.27	流通A股(万股)	500 750.27
公司网址	www.dwzq.com.cn	电子信箱	weich@dwzq.com.cn
注册地址	苏州工业园区星阳街5号		
办公地址	苏州工业园区星阳街5号		

55. 苏州扬子江新型材料股份有限公司（证券代码：002652）

成立日期	2002-11-27		
上市日期	2012-01-19	地点	深圳
相关指数	中证申万体育产业主题投资指数、AMAC金属制品指数、深证综合指数、申万市场表征指数		
行业类别	制造业-金属制品业		
主营业务	有机涂层板及其基板的研发、生产与销售		
总股本(万股)	51 206.40	流通A股(万股)	51 151.67
公司网址	www.yzjnm.com	电子信箱	jyg@yzjnm.com
注册地址	相城区潘阳工业园春丰路88号		
办公地址	相城区潘阳工业园春丰路88号		

56. 吴通控股集团股份有限公司（证券代码：300292）

成立日期	1999-06-22		
上市日期	2012-02-29	地点	深圳
相关指数	深证700指数、AMAC电子设备指数、深证综合指数、深证规模指数、申万市场表征指数、中证规模指数		
行业类别	信息传输、软件和信息技术服务业-软件和信息技术服务业		
主营业务	互联网数据产品的研发、互联网信息服务，数字营销服务		
总股本(万股)	134 176.50	流通A股(万股)	110 844.48
公司网址	www.cnwutong.com	电子信箱	wutong@cnwutong.com
注册地址	相城区经济开发区漕湖街道太东路2596号		
办公地址	相城区经济开发区漕湖街道太东路2596号		

57. 怡球金属资源再生(中国)股份有限公司(证券代码：601388)

成立日期	2001-03-15		
上市日期	2012-04-23	地点	上海
相关指数	中证城镇化指数、上证城镇化全收益指数、上证综合型指数、申万市场表征指数		
行业类别	制造业-有色金属冶炼和压延加工业		
主营业务	通过回收废铝资源,进行再生铝合金锭的生产和销售		
总股本(万股)	220 151.44	流通A股(万股)	201 656.21
公司网址	www.yechiu.com	电子信箱	info@yechiu.com.cn
注册地址	太仓市浮桥镇沪浮璜公路88号		
办公地址	太仓市浮桥镇沪浮璜公路88号		

58. 江苏德威新材料股份有限公司(证券代码：300325)

成立日期	1995-12-18		
上市日期	2012-06-01	地点	深圳
相关指数	中证全指原材料指数、深证创业板专利领先指数、深证综合指数、申万市场表征指数		
行业类别	制造业-橡胶和塑料制品业		
主营业务	研发、生产、销售聚氯乙烯塑胶材料、汽车家用特种改性塑料、绿色环保包装材料、聚乙烯、聚丙烯塑胶材料、工程塑料,批发、销售化工原料(不含危险品)、电线、电缆及配套附件		
总股本(万股)	100 574.31	流通A股(万股)	99 653.38
公司网址	www.chinadewei.com	电子信箱	dongmi@chinadewei.com
注册地址	太仓市沙溪镇东市街133号		
办公地址	太仓市沙溪镇东市街133号		

59. 苏州苏大维格科技集团股份有限公司(证券代码：300331)

成立日期	2001-10-25		
上市日期	2012-06-28	地点	深圳
相关指数	中证高校院所企业指数、微利股指数、深证综合指数、申万市场表征指数		
行业类别	制造业-计算机、通信和其他电子设备制造业		
主营业务	微纳光学产品的设计、开发与制造,关键制造设备的研制和相关技术的研发服务		
总股本(万股)	25 966.23	流通A股(万股)	16 542.31
公司网址	www.svgoptronics.com	电子信箱	info@svgoptronics.com
注册地址	苏州工业园区苏虹东路北钟南街478号		
办公地址	苏州工业园区科教创新区新昌路68号		

附 录

60. 常熟市天银机电股份有限公司（证券代码：300342）

成立日期	2002-08-02		
上市日期	2012-07-26	地点	深圳
相关指数	中证东方财富大数据100全收益指数、中证民参军主题指数、深证综合指数、深证规模指数、申万市场表征指数		
行业类别	制造业-电气机械和器材制造业		
主营业务	冰箱压缩机零部件的研发、生产和销售		
总股本（万股）	42 503.51	流通A股（万股）	41 332.35
公司网址	www.tyjd.cc	电子信箱	tyjd@tyjd.cc
注册地址	常熟市碧溪街道电厂路19号		
办公地址	常熟市碧溪新区迎宾路8号		

61. 江苏南大光电材料股份有限公司（证券代码：300346）

成立日期	2000-12-28		
上市日期	2012-08-07	地点	深圳
相关指数	中证全指信息技术全收益指数、国证2000指数、深证综合指数、深证规模指数、申万市场表征指数		
行业类别	制造业-计算机、通信和其他电子设备制造业		
主营业务	高新技术光电子及微电子材料的研究、开发、生产、销售		
总股本（万股）	42 218.14	流通A股（万股）	38 213.71
公司网址	www.natachem.com	电子信箱	natainfo@natachem.com
注册地址	苏州工业园区胜浦平胜路67号		
办公地址	苏州工业园区胜浦平胜路67号		

62. 苏州纽威阀门股份有限公司（证券代码：603699）

成立日期	2002-11-14		
上市日期	2014-01-17	地点	上海
相关指数	上证综合型指数、申万市场表征指数		
行业类别	制造业-通用设备制造业		
主营业务	设计、制造工业阀门（含石油、化工及天然气用低功率气动控制阀）及管线控制设备		
总股本（万股）	74 906.20	流通A股（万股）	74 906.20
公司网址	www.newayvalve.com	电子信箱	dshbgs@neway.com.cn
注册地址	苏州高新区泰山路666号		
办公地址	苏州高新区泰山路666号		

63. 苏州斯莱克精密设备股份有限公司（证券代码：300382）

成立日期	2004-01-06		
上市日期	2014-01-29	地点	深圳
相关指数	深证次新股指数、国证2000指数、深证综合指数、深证规模指数、申万市场表征指数		
行业类别	制造业-专用设备制造业		
主营业务	研发、生产、加工精冲模、冲压系统和农产品、食品包装的新技术、新设备及相关零配件，并提供相关服务；各种生产易拉盖、易拉罐、金属包装的设备，相关辅助设备和精冲模再制造		
总股本(万股)	58 038.13	流通A股(万股)	58 032.35
公司网址	www.slac.com.cn	电子信箱	stock@slac.com.cn
注册地址	吴中区胥口镇石胥路621号		
办公地址	吴中区胥口镇孙武路1028号		

64. 苏州晶方半导体科技股份有限公司（证券代码：603005）

成立日期	2005-06-10		
上市日期	2014-02-10	地点	上海
相关指数	上证综合型指数、申万市场表征指数		
行业类别	制造业-计算机、通信和其他电子设备制造业		
主营业务	研发、生产、制造、封装和测试集成电路产品，销售本公司所生产的产品并提供相关的服务		
总股本(万股)	40 807.77	流通A股(万股)	40 721.37
公司网址	www.wlcsp.com	电子信箱	info@wlcsp.com
注册地址	苏州工业园区汀兰巷29号		
办公地址	苏州工业园区汀兰巷29号		

65. 苏州天华超净科技股份有限公司（证券代码：300390）

成立日期	1997-11-13		
上市日期	2014-07-31	地点	深圳
相关指数	中证社会发展安全产业主题全收益指数、国证2000指数、深证综合指数、申万市场表征指数		
行业类别	制造业-计算机、通信和其他电子设备制造业		
主营业务	防静电制品、无尘制品、医用防护制品、液晶显示屏背光模组及部件的研发与制造及相关技术咨询		
总股本(万股)	58 288.05	流通A股(万股)	58 288.05
公司网址	www.canmax.com.cn	电子信箱	thcj@canmax.com.cn
注册地址	苏州工业园区双马街99号		
办公地址	苏州工业园区双马街99号		

66. 苏州中来光伏新材股份有限公司（证券代码：300393）

成立日期	2008-03-07		
上市日期	2014-09-12	地点	深圳
相关指数	中证中国内地企业全球工业综合指数、中证全指工业指数、深证综合指数、深证规模指数、申万市场表征指数、中证规模指数		
行业类别	制造业-计算机、通信和其他电子设备制造业		
主营业务	太阳能材料（塑料软膜）开发、生产、销售；太阳能材料销售		
总股本（万股）	108 962.74	流通 A 股（万股）	91 561.77
公司网址	www.jolywood.cn	电子信箱	stock@jolywood.cn
注册地址	常熟市沙家浜镇常昆工业园区青年路		
办公地址	常熟市沙家浜镇常昆工业园区青年路		

67. 中衡设计集团股份有限公司（证券代码：603017）

成立日期	1995-04-14		
上市日期	2014-12-31	地点	上海
相关指数	上证综合型指数、申万市场表征指数		
行业类别	科学研究和技术服务业-专业技术服务业		
主营业务	建筑领域的工程设计、工程总承包、工程监理及项目管理业务		
总股本（万股）	27 851.47	流通 A 股（万股）	27 650.52
公司网址	www.artsgroup.cn	电子信箱	security@artsgroup.cn
注册地址	苏州工业园区八达街 111 号		
办公地址	苏州工业园区八达街 111 号		

68. 苏州苏试试验集团股份有限公司（证券代码：300416）

成立日期	2007-12-29		
上市日期	2015-01-22	地点	深圳
相关指数	国证 2000 指数、中证中国内地企业全球综合全收益指数、深证综合指数、申万市场表征指数		
行业类别	科学研究和技术服务业-专业技术服务业		
主营业务	力学环境试验设备的研发和生产，及为客户提供全面的环境与可靠性试验服务		
总股本（万股）	26 374.17	流通 A 股（万股）	26 178.19
公司网址	www.chinasti.com	电子信箱	sushi@chinasti.com
注册地址	苏州工业园区中新科技城唯亭镇科峰路 18 号		
办公地址	苏州工业园区中新科技城唯亭镇科峰路 18 号；高新区鹿山路 55 号		

69. 苏州天孚光通信股份有限公司（证券代码：300394）

成立日期	2005-07-20		
上市日期	2015-02-17	地点	深圳
相关指数	中证全指信息技术指数、创业板基础市场指数、深证综合指数、深证规模指数、申万市场表征指数、中证规模指数		
行业类别	制造业-计算机、通信和其他电子设备制造业		
主营业务	研发、生产光电通信产品、陶瓷套管等特种陶瓷制品，销售公司自产产品		
总股本(万股)	39 154.62	流通A股(万股)	39 154.62
公司网址	www.tfcsz.com	电子信箱	zhengquan@tfcsz.com
注册地址	高新区长江路695号		
办公地址	高新区长江路695号		

70. 苏州柯利达装饰股份有限公司（证券代码：603828）

成立日期	2000-08-28		
上市日期	2015-02-26	地点	上海
相关指数	上证综合型指数、申万市场表征指数、AMAC行业指数		
行业类别	建筑业-建筑装饰和其他建筑业		
主营业务	建筑幕墙与公共建筑装饰工程的设计与施工		
总股本(万股)	61 046.02	流通A股(万股)	59 593.96
公司网址	www.kldzs.com	电子信箱	zqb@kldzs.com
注册地址	高新区邓尉路6号		
办公地址	高新区邓尉路6号		

71. 莱克电气股份有限公司（证券代码：603355）

成立日期	2001-12-26		
上市日期	2015-05-13	地点	上海
相关指数	上证综合型指数、申万市场表征指数、中证800行业指数、中证产业指数、中证规模指数		
行业类别	制造业-电气机械和器材制造业		
主营业务	高端家居清洁健康电器的设计、研发、制造和销售业务		
总股本(万股)	57 471.89	流通A股(万股)	56 399.21
公司网址	www.lexy.cn	电子信箱	lexy@kingclean.com
注册地址	高新区向阳路1号		
办公地址	高新区向阳路1号		

72. 苏州道森钻采设备股份有限公司（证券代码：603800）

成立日期	2001-10-29		
上市日期	2015-12-10	地点	上海
相关指数	上证综合型指数、申万市场表征指数、中证主题指数		
行业类别	制造业-专用设备制造业		
主营业务	石油、天然气及页岩气钻采专用设备的研发、制造和销售		
总股本（万股）	20 800.00	流通A股（万股）	20 800.00
公司网址	www.douson.cn	电子信箱	dsdm@douson.cn
注册地址	相城区太平街道		
办公地址	相城区太平街道兴太路		

73. 苏州华源控股股份有限公司（证券代码：002787）

成立日期	1998-06-23		
上市日期	2015-12-31	地点	深圳
相关指数	深证综合指数、申万市场表征指数		
行业类别	制造业-金属制品业		
主营业务	对外投资；包装装潢印刷品印刷、其他印刷品印刷；金属产品生产加工；金属原材料循环再生利用		
总股本（万股）	31 597.54	流通A股（万股）	22 638.74
公司网址	www.huayuan-print.com	电子信箱	zqb@huayuan-print.com
注册地址	吴江区桃源镇桃乌公路1948号		
办公地址	吴江区平望镇中鲈开发区中鲈大道东侧		

74. 启迪设计集团股份有限公司（证券代码：300500）

成立日期	1988-03-03		
上市日期	2016-02-04	地点	深圳
相关指数	中证全指指数、中证全指商业服务与商业用品全收益指数、深证综合指数、深证规模指数、申万市场表征指数		
行业类别	科学研究和技术服务业-专业技术服务业		
主营业务	建筑设计等工程技术服务		
总股本（万股）	17 413.90	流通A股（万股）	16 402.90
公司网址	www.tusdesign.com	电子信箱	liang.hua@tusdesign.com
注册地址	苏州工业园区星海街9号		
办公地址	苏州工业园区星海街9号		

75. 江苏新美星包装机械股份有限公司（证券代码：300509）

成立日期	2003-10-28		
上市日期	2016-04-25	地点	深圳
相关指数	中证全指全收益指数、中证全指机械制造指数、深证综合指数、申万市场表征指数		
行业类别	制造业-专用设备制造业		
主营业务	液态食品包装机械研发、生产与销售，主要产品为流体系列设备、灌装系列设备、二次包装系列设备以及全自动高速PET瓶吹瓶设备		
总股本（万股）	44 192.29	流通A股（万股）	31 598.44
公司网址	www.newamstar.com	电子信箱	dsh@newamstar.com
注册地址	张家港市经济开发区南区（新泾东路）		
办公地址	张家港市经济开发区南区（新泾东路）		

76. 苏州市世嘉科技股份有限公司（证券代码：002796）

成立日期	1990-04-20		
上市日期	2016-05-10	地点	深圳
相关指数	中证全指工业指数、高市净率指数、深证综合指数、深证规模指数、申万市场表征指数、中证规模指数		
行业类别	制造业-计算机、通信和其他电子设备制造业		
主营业务	内装铝单板、幕墙铝板、铝板、镀锌板等产品专业生产加工		
总股本（万股）	25 242.69	流通A股（万股）	22 106.77
公司网址	www.sz-shijia.com	电子信箱	shijiagufen@shijiakj.com
注册地址	高新区塘西路28号		
办公地址	高新区建林路439号		

77. 哈森商贸（中国）股份有限公司（证券代码：603958）

成立日期	2006-08-21		
上市日期	2016-06-29	地点	上海
相关指数	上证综合型指数、申万市场表征指数		
行业类别	制造业-皮革、毛皮、羽毛及其制品和制鞋业		
主营业务	中高端皮鞋的品牌运营、产品设计、生产销售		
总股本（万股）	22 136.00	流通A股（万股）	21 736.00
公司网址	www.harsongroup.com	电子信箱	lyc@harson.com.cn
注册地址	昆山市花桥镇曹安经济技术开发区花安路1008号5幢6层		
办公地址	昆山市花桥镇曹安经济技术开发区花安路1008号5幢6层		

78. 苏州世名科技股份有限公司（证券代码：300522）

成立日期	2001-12-11		
上市日期	2016-07-05	地点	深圳
相关指数	中证1000全收益指数、深证新指数、深证综合指数、申万市场表征指数		
行业类别	制造业-化学原料和化学制品制造业		
主营业务	色浆的研发、生产和销售，主要产品为环保型、超细化水性色浆		
总股本（万股）	27 016.06	流通A股（万股）	18 234.78
公司网址	www.smcolor.com.cn	电子信箱	smkj@smcolor.com.cn
注册地址	昆山市周市镇黄浦江北路219号		
办公地址	昆山市周市镇黄浦江北路219号		

79. 苏州恒久光电科技股份有限公司（证券代码：002808）

成立日期	2002-03-27		
上市日期	2016-08-12	地点	深圳
相关指数	深证新指数、申万中小板、深证综合指数、申万市场表征指数		
行业类别	制造业-化学原料和化学制品制造业		
主营业务	激光OPC鼓系列产品的研发、生产和销售		
总股本（万股）	26 880.00	流通A股（万股）	17 137.24
公司网址	www.sgt21.com	电子信箱	admin@sgt21.com
注册地址	高新区火炬路38号		
办公地址	高新区火炬路38号		

80. 优德精密工业（昆山）股份有限公司（证券代码：300549）

成立日期	1998-09-15		
上市日期	2016-09-30	地点	深圳
相关指数	创业板综合指数、申万创业板、深证综合指数、申万市场表征指数		
行业类别	制造业-专用设备制造业		
主营业务	汽车模具零部件、半导体计算机模具零部件、家电模具零部件等精密模具零部件的研发、生产及销售，同时也从事自动化设备零部件、制药模具及医疗器材零部件的研发、生产及销售		
总股本（万股）	13 334.00	流通A股（万股）	9 956.75
公司网址	www.jouder.com	电子信箱	jdcn@jouder.com
注册地址	昆山市高科技工业园北门路3168号		
办公地址	昆山市玉山镇迎宾中路1123号		

81. 江苏常熟农村商业银行股份有限公司（证券代码：601128）

成立日期	2001-12-03		
上市日期	2016-09-30	地点	上海
相关指数	上证综合型指数、申万市场表征指数、AMAC行业指数、中证800行业指数、中证策略指数、中证规模指数、中证主题指数、中证定制指数		
行业类别	金融业-货币金融服务		
主营业务	个人业务、公司业务及资金业务		
总股本（万股）	274 085.59	流通A股（万股）	263 359.29
公司网址	www.csrcbank.com	电子信箱	xhch@csrcbank.com
注册地址	常熟市新世纪大道58号		
办公地址	常熟市新世纪大道58号		

82. 江苏苏州农村商业银行股份有限公司（证券代码：603323）

成立日期	2004-08-25		
上市日期	2016-11-29	地点	上海
相关指数	上证综合型指数、申万市场表征指数、AMAC行业指数、中证规模指数		
行业类别	金融业-货币金融服务		
主营业务	企业银行业务、私人银行业务和资金业务		
总股本（万股）	180 307.03	流通A股（万股）	151 779.40
公司网址	www.wjrcb.com	电子信箱	office@wjrcb.com
注册地址	吴江区中山南路1777号		
办公地址	吴江区中山南路1777号		

83. 苏州科达科技股份有限公司（证券代码：603660）

成立日期	2004-06-10		
上市日期	2016-12-01	地点	上海
相关指数	上证综合型指数、申万市场表征指数、中证规模指数		
行业类别	制造业-计算机、通信和其他电子设备制造业		
主营业务	网络视讯系统技术的研发、产品的生产和销售，具体包括视频会议系统和视频监控系统两大业务领域		
总股本（万股）	49 418.67	流通A股（万股）	49 418.67
公司网址	www.kedacom.com	电子信箱	ir@kedacom.com
注册地址	高新区金山路131号		
办公地址	高新区金山路131号		

84. 苏州麦迪斯顿医疗科技股份有限公司（证券代码：603990）

成立日期	2009-08-14		
上市日期	2016-12-08	地点	上海
相关指数	上证综合型指数、申万市场表征指数、AMAC行业指数		
行业类别	信息传输、软件和信息技术服务业-软件和信息技术服务业		
主营业务	提供临床医疗管理信息系统（CIS）系列应用软件和临床信息化整体解决方案		
总股本（万股）	16 546.35	流通A股（万股）	16 546.35
公司网址	www.medicalsystem.com.cn	电子信箱	suzhoumedi@medicalsystem.cn
注册地址	姑苏区工业园区归家巷222号		
办公地址	姑苏区工业园区归家巷222号		

85. 苏州兴业材料科技股份有限公司（证券代码：603928）

成立日期	1996-04-05		
上市日期	2016-12-12	地点	上海
相关指数	上证综合型指数、申万市场表征指数		
行业类别	制造业-化学原料和化学制品制造业		
主营业务	铸造用粘结剂为主的铸造造型材料的研发、生产、销售和相关技术服务		
总股本（万股）	20 160.00	流通A股（万股）	20 160.00
公司网址	www.chinasinye.com	电子信箱	stock@chinasinye.com
注册地址	高新区浒关工业园道安路15号		
办公地址	高新区浒关工业园道安路15号		

86. 亚翔系统集成科技（苏州）股份有限公司（证券代码：603929）

成立日期	2002-02-28		
上市日期	2016-12-30	地点	上海
相关指数	上证综合型指数、申万市场表征指数、AMAC行业指数		
行业类别	建筑业-建筑安装业		
主营业务	IC半导体、光电等高科技电子产业及生物医药、精细化工、航空航天、食品制造等相关领域的建厂工程等提供洁净室工程服务，包括洁净厂房建造规划、设计建议、设备配置、洁净室环境系统集成工程及维护服务等		
总股本（万股）	21 336.00	流通A股（万股）	21 336.00
公司网址	www.lkeng.com.cn	电子信箱	lkengcn@lkeng.com.cn
注册地址	姑苏区工业园区方达街33号		
办公地址	姑苏区工业园区方达街33号		

87. 江苏常熟汽饰集团股份有限公司（证券代码：603035）

成立日期	2004-02-24		
上市日期	2017-01-05	地点	上海
相关指数	上证综合型指数、申万市场表征指数		
行业类别	制造业-汽车制造业		
主营业务	从事汽车饰件开发设计、制造、加工，销售自产产品、自有房屋租赁		
总股本(万股)	36 074.91	流通A股(万股)	36 074.91
公司网址	www.caip.com.cn	电子信箱	csqs@caip.com.cn
注册地址	常熟市海虞北路288号		
办公地址	常熟市海虞北路288号		

注：2020年9月18日，由常熟市汽车饰件股份有限公司更名。

88. 江苏张家港农村商业银行股份有限公司（证券代码：002839）

成立日期	2001-11-27		
上市日期	2017-01-24	地点	深圳
相关指数	深证综合指数、深证规模指数、申万市场表征指数、AMAC行业指数、中证800行业指数、中证规模指数		
行业类别	金融业-货币金融服务		
主营业务	公司业务、个人业务、金融市场业务等		
总股本(万股)	180 795.93	流通A股(万股)	152 175.11
公司网址	www.zrcbank.com	电子信箱	office@zrcbank.com
注册地址	张家港市杨舍镇人民中路66号		
办公地址	张家港市杨舍镇人民中路66号		

89. 常熟市国瑞科技股份有限公司（证券代码：300600）

成立日期	1993-02-09		
上市日期	2017-01-25	地点	深圳
相关指数	中证海洋经济主题指数、深证规模指数、申万市场表征指数		
行业类别	制造业-铁路、船舶、航空航天和其他运输设备制造业		
主营业务	船舶及海洋工程电气、自动化系统及其系统集成的研发、生产、销售		
总股本(万股)	29 423.45	流通A股(万股)	22 779.09
公司网址	www.cs-grkj.com	电子信箱	zqb@cs-ruite.com
注册地址	常熟市虞山镇高新技术产业园青岛路2号		
办公地址	常熟市虞山镇高新技术产业园青岛路2号		

注：2020年9月25日，由常熟瑞特电气股份有限公司更名。

90. 法兰泰克重工股份有限公司（证券代码：603966）

成立日期	2007-06-19		
上市日期	2017-01-25	地点	上海
相关指数	上证综合型指数、申万市场表征指数		
行业类别	制造业-通用设备制造业		
主营业务	中高端桥、门式起重机、电动葫芦、工程机械部件的研发、制造和销售		
总股本（万股）	30 032.48	流通A股（万股）	30 032.48
公司网址	www.eurocrane.com.cn	电子信箱	securities@eurocrane.com.cn
注册地址	吴江区汾湖经济开发区汾越路288号、388号		
办公地址	吴江区汾湖经济开发区汾越路288号		

91. 昆山科森科技股份有限公司（证券代码：603626）

成立日期	2010-12-01		
上市日期	2017-02-09	地点	上海
相关指数	上证综合型指数、申万市场表征指数、中证规模指数		
行业类别	制造业-金属制品业		
主营业务	手术器械研发；一类医疗器械及零部件、机电产品及结构件、精密金属结构件、精密模具的研发、设计、制造和销售		
总股本（万股）	55 754.94	流通A股（万股）	48 529.36
公司网址	www.kersentech.com	电子信箱	ksgf@kersentech.com
注册地址	昆山市开发区新星南路155号		
办公地址	昆山市开发区新星南路155号		

92. 江苏金陵体育器材股份有限公司（证券代码：300651）

成立日期	2004-03-25		
上市日期	2017-05-09	地点	深圳
相关指数	中国智能资产指数、中证全指休闲设备与用品全收益指数、深证综合指数、申万市场表征指数		
行业类别	制造业-文教、工美、体育和娱乐用品制造业		
主营业务	体育器材和场馆设施的研发、生产、销售以及体育赛事服务		
总股本（万股）	12 874.71	流通A股（万股）	7 270.52
公司网址	www.jlsports.com	电子信箱	sunjun@jlsports.com
注册地址	张家港市南丰镇海丰路11号		
办公地址	张家港市南丰镇兴园路88号		

93. 苏州晶瑞化学股份有限公司(证券代码：300655)

成立日期	2001-11-29		
上市日期	2017-05-23	地点	深圳
相关指数	中证全指化学制品全收益指数、国证 2000 指数、深证综合指数、申万市场表征指数		
行业类别	制造业-化学原料和化学制品制造业		
主营业务	微电子化学品的产品研发、生产和销售		
总股本(万股)	34 063.87	流通 A 股(万股)	28 932.82
公司网址	www.jingrui-chem.com.cn	电子信箱	ir@jingrui-chem.com.cn
注册地址	吴中区吴中经济开发区善丰路 168 号		
办公地址	吴中区吴中经济开发区善丰路 168 号		

94. 苏州易德龙科技股份有限公司(证券代码：603380)

成立日期	2001-05-31		
上市日期	2017-06-22	地点	上海
相关指数	上证综合型指数、申万市场表征指数		
行业类别	制造业-计算机、通信和其他电子设备制造业		
主营业务	通讯、工业控制、消费电子、医疗电子、汽车电子等		
总股本(万股)	16 128.90	流通 A 股(万股)	16 000.00
公司网址	www.etron.cn	电子信箱	sd@etron.cn
注册地址	相城区相城经济开发区春兴路 50 号		
办公地址	相城区相城经济开发区春兴路 50 号		

95. 苏州市建筑科学研究院集团股份有限公司(证券代码：603183)

成立日期	1990-03-28		
上市日期	2017-09-05	地点	上海
相关指数	上证综合型指数、申万市场表征指数		
行业类别	科学研究和技术服务业-专业技术服务业		
主营业务	建筑技术开发、技术服务、技术转让、技术咨询、技术培训		
总股本(万股)	41 736.93	流通 A 股(万股)	40 184.88
公司网址	www.szjkjt.com	电子信箱	zqb@szjkjt.com
注册地址	吴中区吴中经济开发区越溪街道吴中大道 1368 号 3 幢		
办公地址	高新区滨河路 1979 号		

附 录

96. 聚灿光电科技股份有限公司（证券代码：300708）

成立日期	2010-04-08		
上市日期	2017-10-16	地点	深圳
相关指数	中证全指指数、中证高端制造主题指数、深证综合指数、深证规模指数、申万市场表征指数		
行业类别	制造业-计算机、通信和其他电子设备制造业		
主营业务	LED外延片及芯片的研发、生产和销售业务		
总股本(万股)	54 363.17	流通A股(万股)	36 395.97
公司网址	www.focuslightings.com	电子信箱	focus@focuslightings.com
注册地址	苏州工业园区月亮湾路15号中新大厦32楼01—05室		
办公地址	苏州工业园区月亮湾路15号中新大厦32楼01—05室		

97. 苏州金鸿顺汽车部件股份有限公司（证券代码：603922）

成立日期	2003-09-23		
上市日期	2017-10-23	地点	上海
相关指数	上证综合型指数、申万市场表征指数		
行业类别	制造业-汽车制造业		
主营业务	生产汽车模具、摩托车模具、夹具等汽车零部件及相关制品，销售自产产品		
总股本(万股)	12 800.00	流通A股(万股)	12 800.00
公司网址	www.jinhs.com	电子信箱	gl3602@jinhs.com
注册地址	张家港市经济开发区长兴路30号		
办公地址	张家港市经济开发区长兴路30号		

98. 江苏凯伦建材股份有限公司（证券代码：300715）

成立日期	2011-07-13		
上市日期	2017-10-26	地点	深圳
相关指数	深证A指、深证综指、申万市场表征指数		
行业类别	制造业-非金属矿物制品业		
主营业务	新型建筑防水材料的研发、生产和销售		
总股本(万股)	38 992.20	流通A股(万股)	27 793.61
公司网址	www.canlon.com.cn	电子信箱	zy@canlon.com.cn
注册地址	吴江区七都镇亨通大道8号		
办公地址	吴江区七都镇亨通大道8号		

99. 苏州春秋电子科技股份有限公司（证券代码：603890）

成立日期	2011-08-23		
上市日期	2017-12-12	地点	上海
相关指数	上证综合型指数、申万市场表征指数		
行业类别	制造业-计算机、通信和其他电子设备制造业		
主营业务	消费电子产品精密结构件模组及相关精密模具的研发、设计、生产销售		
总股本（万股）	43 917.53	流通A股（万股）	38 710.79
公司网址	www.szchunqiu.com	电子信箱	zhangzj@chunqiu-group.com
注册地址	昆山市张浦镇益德路988号		
办公地址	昆山市张浦镇益德路988号		

100. 苏州赛腾精密电子股份有限公司（证券代码：603283）

成立日期	2007-06-19		
上市日期	2017-12-25	地点	上海
相关指数	上证综合型指数、申万市场表征指数、中证主题指数		
行业类别	制造业-专用设备制造业		
主营业务	自动化生产设备的研发、设计、生产、销售及技术服务，为客户实现生产智能化提供系统解决方案		
总股本（万股）	18 193.11	流通A股（万股）	18 036.67
公司网址	www.secote.com	电子信箱	zqb@secote.com
注册地址	吴中区经济开发区郭巷街道淞霞路585号		
办公地址	吴中区经济开发区东吴南路4号		

101. 科沃斯机器人股份有限公司（证券代码：603486）

成立日期	1998-03-11		
上市日期	2018-05-28	地点	上海
相关指数	上证策略指数、上证综合型指数、申万市场表征指数、中证800行业指数、中证产业指数、中证规模指数、中证主题指数		
行业类别	制造业-电气机械和器材制造业		
主营业务	研发、设计、制造家庭服务机器人、智能化清洁机械、电子产品及相关零部件、机电产品		
总股本（万股）	57 202.39	流通A股（万股）	56 139.57
公司网址	www.ecovacs.cn	电子信箱	shmily.wu@ecovacs.com
注册地址	吴中区郭巷街道吴淞江产业园淞苇路518号		
办公地址	吴中区友翔路18号		

附 录

102. 苏州迈为科技股份有限公司（证券代码：300751）

成立日期	2010-09-08		
上市日期	2018-11-09	地点	深圳
相关指数	深证综合指数、深证规模指数、申万市场表征指数、中证规模指数		
行业类别	制造业-专用设备制造业		
主营业务	自动化设备及仪器研发、生产、销售；各类新型材料研发、生产、销售；软件开发、销售		
总股本(万股)	10 809.83	流通A股(万股)	6 739.12
公司网址	www.maxwell-gp.com	电子信箱	liuqiong@maxwell-gp.com.cn
注册地址	吴江区芦荡路228号		
办公地址	吴江区经济开发区庞金路1801号庞金工业坊D02幢		

103. 罗博特科智能科技股份有限公司（证券代码：300757）

成立日期	2011-04-14		
上市日期	2019-01-08	地点	深圳
相关指数	AMAC专用、深证综合指数、申万市场表征指数		
行业类别	制造业-专用设备制造业		
主营业务	研制高端自动化装备和基于工业互联网技术的智能制造执行系统软件		
总股本(万股)	11 027.94	流通A股(万股)	5 486.78
公司网址	www.robo-technik.com	电子信箱	zqb@robo-technik.com
注册地址	吴中区工业园区唯亭港浪路3号		
办公地址	吴中区工业园区唯亭港浪路3号		

104. 苏州龙杰特种纤维股份有限公司（证券代码：603332）

成立日期	2003-06-11		
上市日期	2019-01-17	地点	上海
相关指数	上证综合型指数、申万市场表征指数		
行业类别	制造业-化学纤维制造业		
主营业务	化学纤维及化学纤维品制造、加工，化纤原料购销		
总股本(万股)	11 893.80	流通A股(万股)	2 973.50
公司网址	www.jslongjie.com	电子信箱	longjie@suzhoulongjie.com
注册地址	张家港市省级经济开发区(振兴路19号)		
办公地址	张家港市省级经济开发区(振兴路19号)		

105. 苏州恒铭达电子科技股份有限公司（证券代码：002947）

成立日期	2011-07-27		
上市日期	2019-02-01	地点	深圳
相关指数	AMAC电子、深证综合指数、深证规模指数、申万市场表征指数、中证规模指数		
行业类别	制造业-计算机、通信和其他电子设备制造业		
主营业务	消费电子功能性器件、消费电子防护产品、消费电子外盒保护膜的设计、研发、生产与销售		
总股本(万股)	17 613.05	流通A股(万股)	6 378.82
公司网址	www.hengmingda.com	电子信箱	hmd_zq@hengmingdaks.com
注册地址	昆山市巴城镇石牌塔基路1568号		
办公地址	昆山市巴城镇石牌塔基路1568号		

106. 苏州华兴源创科技股份有限公司（证券代码：688001）

成立日期	2005-06-15		
上市日期	2019-07-22	地点	上海
相关指数	上证综合型指数、申万市场表征指数		
行业类别	制造业-专用设备制造业		
主营业务	TFT-LCD液晶测试系统、工业自控软件研发、生产、加工、检测		
总股本(万股)	43 938.65	流通A股(万股)	5 040.01
公司网址	www.hyccn.net	电子信箱	dongmiban@hyc.cn
注册地址	苏州工业园区青丘巷8号		
办公地址	苏州工业园区青丘巷8号		

107. 苏州天准科技股份有限公司（证券代码：688003）

成立日期	2009-08-20		
上市日期	2019-07-22	地点	上海
相关指数	上证综合型指数、申万市场表征指数		
行业类别	制造业-专用设备制造业		
主营业务	研发、生产、销售：测量和检测设备、测量和检测系统、机器人与自动化装备、自动化立体仓库及仓储物流设备		
总股本(万股)	19 360.00	流通A股(万股)	7 330.20
公司网址	www.tztek.com	电子信箱	ir@tztek.com
注册地址	高新区浒阳江路70号		
办公地址	高新区浒阳江路70号		

108. 苏州瀚川智能科技股份有限公司（证券代码：688022）

成立日期	2012-11-16		
上市日期	2019-07-22	地点	上海
相关指数	上证综合型指数、申万市场表征指数		
行业类别	制造业-专用设备制造业		
主营业务	设计、研发、组装生产：智能自动化设备；设计、研发、销售：自动化设备零组件、元器件、模块、仪器、软件、硬件		
总股本(万股)	10 828.65	流通A股(万股)	5 922.47
公司网址	www.harmontronics.com	电子信箱	IRM@harmontronics.com
注册地址	苏州工业园区胜浦佳胜路40号		
办公地址	苏州工业园区胜浦佳胜路40号		

109. 苏州银行股份有限公司（证券代码：002966）

成立日期	2004-12-24		
上市日期	2019-08-02	地点	深圳
相关指数	深证综合指数、申万市场表征指数、AMAC行业指数		
行业类别	金融业-货币金融服务		
主营业务	公司业务、个人业务、资金业务及其他业务		
总股本(万股)	333 337.53	流通A股(万股)	162 487.85
公司网址	www.suzhoubank.com	电子信箱	dongban@suzhoubank.com
注册地址	姑苏区工业园区钟园路728号		
办公地址	姑苏区工业园区钟园路728号		

110. 山石网科通信技术股份有限公司（证券代码：688030）

成立日期	2011-07-20		
上市日期	2019-09-30	地点	上海
相关指数	上证综合型指数、申万市场表征指数		
行业类别	信息传输、软件和信息技术服务业-软件和信息技术服务业		
主营业务	信息网络通信软件及硬件产品研发、生产、销售与售后服务，以及与通信技术相关的方案设计、技术咨询、自有技术转让及系统集成服务		
总股本(万股)	18 022.35	流通A股(万股)	10 016.58
公司网址	www.hillstonenet.com.cn	电子信箱	ir@hillstonenet.com
注册地址	高新区景润路181号		
办公地址	高新区景润路181号		

111. 博瑞生物医药(苏州)股份有限公司(证券代码：688166)

成立日期	2001-10-26		
上市日期	2019-11-08	地点	上海
相关指数	上证综合型指数、申万市场表征指数		
行业类别	制造业-医药制造业		
主营业务	研发大环内脂、多肽、多糖、杂环、唑类、嗪类、苯醚类、四环素类化合物，生产非药品类大环内脂、多肽、多糖、杂环、唑类、嗪类、苯醚类、四环素类化合物		
总股本(万股)	41 000.00	流通A股(万股)	21 091.28
公司网址	www.bright-gene.com	电子信箱	IR@bright-gene.com
注册地址	苏州工业园区星湖街218号纳米科技园C25栋		
办公地址	苏州工业园区星湖街218号纳米科技园C25—C28栋		

112. 八方电气(苏州)股份有限公司(证券代码：603489)

成立日期	2003-07-28		
上市日期	2019-11-11	地点	上海
相关指数	上证综合型指数、申万市场表征指数		
行业类别	制造业-电气机械和器材制造业		
主营业务	电踏车电机及配套电气系统的研发、生产、销售和技术服务		
总股本(万股)	12 030.41	流通A股(万股)	7 140.00
公司网址	www.bafang-e.com	电子信箱	security@bafang-e.com
注册地址	苏州工业园区东堰里路6号		
办公地址	吴中区娄葑镇和顺路9号		

113. 华辰精密装备(昆山)股份有限公司(证券代码：300809)

成立日期	2007-09-04		
上市日期	2019-12-04	地点	深圳
相关指数	AMAC通用、深证综合指数、申万市场表征指数		
行业类别	制造业-通用设备制造业		
主营业务	全自动数控轧辊磨床的研发、生产和销售		
总股本(万股)	15 692.00	流通A股(万股)	4 549.50
公司网址	www.hiecise.com	电子信箱	xucaiying@hiecise.com
注册地址	昆山市周市镇横长泾路333号		
办公地址	昆山市周市镇横长泾路333号		

附　录

114. 江苏北人机器人系统股份有限公司（证券代码：688218）

成立日期	2011-12-26		
上市日期	2019-12-11	地点	上海
相关指数	上证综合型指数、申万市场表征指数		
行业类别	制造业-专用设备制造业		
主营业务	加工组装：机器人；自动化设备、机械电子设备、自动化系统与生产线的开发、设计		
总股本（万股）	11 734.00	流通A股（万股）	8 890.84
公司网址	www.br-robot.com	电子信箱	ir@br-robot.com
注册地址	苏州工业园区青丘巷1号		
办公地址	苏州工业园区青丘巷1号		

115. 中新苏州工业园区开发集团股份有限公司（证券代码：601512）

成立日期	1994-08-13		
上市日期	2019-12-20	地点	上海
相关指数	上证综合型指数、申万市场表征指数		
行业类别	房地产业-房地产业		
主营业务	进行土地一级开发与经营、工业厂房及科研载体的开发与运营、物业管理、项目管理、酒店的经营管理、咨询服务、产业与基础设施开发		
总股本（万股）	149 889.00	流通A股（万股）	79 741.00
公司网址	www.cssd.com.cn	电子信箱	ipo-office@cssd.com.cn
注册地址	姑苏区工业园区月亮湾路15号中新大厦48楼		
办公地址	姑苏区工业园区月亮湾路15号中新大厦48楼		

116. 苏州泽璟生物制药股份有限公司（证券代码：688266）

成立日期	2009-03-18		
上市日期	2020-01-23	地点	上海
相关指数	上证综合型指数、申万市场表征指数		
行业类别	制造业-医药制造业		
主营业务	从事新药的研究开发，相关的技术咨询、技术服务		
总股本（万股）	24 000.00	流通A股（万股）	13 319.69
公司网址	www.zelgen.com	电子信箱	zelgen01@zelgen.com
注册地址	昆山市玉山镇晨丰路209号		
办公地址	昆山市玉山镇晨丰路209号		

117. 张家港广大特材股份有限公司（证券代码：688186）

成立日期	2006-07-17		
上市日期	2020-02-11	地点	上海
相关指数	上证综合型指数、申万市场表征指数		
行业类别	制造业-金属制品业		
主营业务	特种材料的制造、加工、销售；铸件		
总股本（万股）	21 424.00	流通A股（万股）	10 085.59
公司网址	www.zjggdtc.com	电子信箱	gd005@zjggdtc.com
注册地址	张家港市凤凰镇安庆村		
办公地址	张家港市凤凰镇安庆村		

118. 苏州瑞玛精密工业股份有限公司（证券代码：002976）

成立日期	2012-03-22		
上市日期	2020-03-06	地点	深圳
相关指数	AMAC通用、深证综合指数、申万市场表征指数		
行业类别	制造业-金属制品业		
主营业务	研发、制造、加工、销售：冲压钣金件、模具、机械零配件、五金紧固件		
总股本（万股）	12 000.00	流通A股（万股）	3 526.50
公司网址	www.cheersson.com.cn	电子信箱	stock@cheersson.com
注册地址	虎丘区高新区浒关工业园浒晨路28号		
办公地址	虎丘区高新区浒关工业园浒晨路28号		

119. 江苏聚杰微纤科技集团股份有限公司（证券代码：300819）

成立日期	2000-05-26		
上市日期	2020-03-12	地点	深圳
相关指数	AMAC通用、深证综合指数、申万市场表征指数		
行业类别	制造业-纺织业		
主营业务	超细纤维制品研发、生产、销售		
总股本（万股）	9 947.00	流通A股（万股）	2 947.00
公司网址	www.jujie.com	电子信箱	jujie@jujie.com
注册地址	吴江区八坼镇南郊		
办公地址	吴江区太湖新城交通路68号		

120. 爱丽家居科技股份有限公司（证券代码：603221）

成立日期	1999-11-01		
上市日期	2020-03-23	地点	上海
相关指数	上证综合型指数、申万市场表征指数		
行业类别	制造业-橡胶和塑料制品业		
主营业务	室内外装饰材料（不含化学品）、家居产品的设计、研发、生产、销售		
总股本（万股）	24 000.00	流通A股（万股）	6 072.00
公司网址	www.eletile.com	电子信箱	elegant@eletile.com
注册地址	张家港市锦丰镇合兴街道		
办公地址	张家港市锦丰镇合兴街道		

121. 苏州赛伍应用技术股份有限公司（证券代码：603212）

成立日期	2008-11-04		
上市日期	2020-04-30	地点	上海
相关指数	上证综合型指数、申万市场表征指数		
行业类别	制造业-橡胶和塑料制品业		
主营业务	高技术复合材料（特殊功能复合材料及制品）、塑料加工专用设备及装置的研发、生产和销售		
总股本（万股）	40 407.40	流通A股（万股）	25 524.20
公司网址	www.cybrid.com.cn	电子信箱	sz-cybrid@cybrid.net.cn
注册地址	吴江区经济技术开发区叶港路369号		
办公地址	吴江区经济技术开发区叶港路369号		

122. 苏州工业园区凌志软件股份有限公司（证券代码：688588）

成立日期	2003-01-03		
上市日期	2020-05-11	地点	上海
相关指数	上证综合型指数、申万市场表征指数		
行业类别	信息传输.软件和信息技术服务业-软件和信息技术服务业		
主营业务	销售计算机、计算机软件产品、网络产品、通信产品、家用电器		
总股本（万股）	40 001.00	流通A股（万股）	25 190.08
公司网址	www.linkstec.com	电子信箱	wuyz@linkstec.com
注册地址	苏州工业园区启泰路96号		
办公地址	苏州工业园区启泰路96号		

123. 昆山佰奥智能装备股份有限公司（证券代码：300836）

成立日期	2006-01-06		
上市日期	2020-05-28	地点	深圳
相关指数	AMAC通用、深证综合指数、申万市场表征指数		
行业类别	制造业-专用设备制造业		
主营业务	机器人及其系统集成；智能装备及其核心软、硬件的设计、制造、加工及销售		
总股本(万股)	4 925.57	流通A股(万股)	2 959.52
公司网址	www.kstopa.com.cn	电子信箱	kstopa@kstopa.com.cn
注册地址	昆山市玉山镇紫竹路1689号6号房		
办公地址	昆山市玉山镇紫竹路1689号6号房		

124. 苏州金宏气体股份有限公司（证券代码：688106）

成立日期	1999-10-28		
上市日期	2020-06-16	地点	上海
相关指数	上证综合型指数、申万市场表征指数		
行业类别	制造业-化学原料和化学制品制造业		
主营业务	研发、生产加工各种工业气体、医用气体、消防气体（灭火剂）、特种气体和混合气体及其产品；生产加工食品级干冰和食品添加剂(涉及行政许可、审查、认证生产经营的，凭相关有效的批准证书所列的项目和方式生产经营)		
总股本(万股)	48 433.34	流通A股(万股)	25 931.03
公司网址	www.jinhonggroup.com	电子信箱	dongmi@jinhonggroup.com
注册地址	相城区黄埭镇潘阳工业园安民路		
办公地址	相城区黄埭镇潘阳工业园安民路6号		

125. 苏州敏芯微电子技术股份有限公司（证券代码：688286）

成立日期	2007-09-25		
上市日期	2020-08-10	地点	上海
相关指数	上证综合型指数、申万市场表征指数		
行业类别	制造业-计算机、通信和其他电子设备制造业		
主营业务	开发设计微电子机械系统传感器、集成电路及新型电子元器件、计算机软件		
总股本(万股)	5 342.98	流通A股(万股)	3 290.67
公司网址	www.memsensing.com	电子信箱	ir@memsensing.com
注册地址	苏州工业园区金鸡湖大道99号NW-09楼102室		
办公地址	苏州工业园区金鸡湖大道99号NW-09楼501室		

126. 昆山龙腾光电股份有限公司（证券代码：688055）

成立日期	2005-07-12		
上市日期	2020-08-17	地点	上海
相关指数	上证综合型指数、申万市场表征指数		
行业类别	制造业-计算机、通信和其他电子设备制造业		
主营业务	研发、设计、生产第五代薄膜晶体管液晶显示面板（TFT-LCD）		
总股本（万股）	333 333.34	流通A股（万股）	178 666.67
公司网址	www.ivo.com.cn	电子信箱	Ltdmb@ivo.com.cn
注册地址	昆山市开发区龙腾路1号		
办公地址	昆山市开发区龙腾路1号		

127. 昆山沪光汽车电器股份有限公司（证券代码：605333）

成立日期	1997-03-31		
上市日期	2020-08-18	地点	上海
相关指数	上证综合型指数、申万市场表征指数		
行业类别	制造业-汽车制造业		
主营业务	汽车线束设计、开发、加工、制作、销售；销售汽车配件		
总股本（万股）	40 100.00	流通A股（万股）	6 257.00
公司网址	www.kshg.com	电子信箱	ir@kshg.com
注册地址	昆山市张浦镇沪光路388号		
办公地址	昆山市张浦镇沪光路388号		

128. 江苏海晨物流股份有限公司（证券代码：300873）

成立日期	2011-08-18		
上市日期	2020-08-24	地点	深圳
相关指数	AMAC通用、深证综合指数、申万市场表征指数		
行业类别	交通运输、仓储和邮政业-装卸搬运和运输代理业		
主营业务	普通货运、货物专用运输（集装箱）；仓储服务：包括装卸、储存、库内货物分级、分装、挑选、贴商标、制标、简单加工、维修检测等		
总股本（万股）	13 333.33	流通A股（万股）	6 718.35
公司网址	www.hichain.com	电子信箱	irm@hichain.com
注册地址	吴江区经济技术开发区泉海路111号		
办公地址	吴江区经济技术开发区泉海路111号		

129. 苏州绿的谐波传动科技股份有限公司（证券代码：688017）

成立日期	2011-01-13		
上市日期	2020-08-28	地点	上海
相关指数	上证综合型指数、申万市场表征指数		
行业类别	制造业-通用设备制造业		
主营业务	谐波传动设备的研发、设计及技术开发		
总股本(万股)	5 322.06	流通A股(万股)	3 066.03
公司网址	www.leaderdrive.com	电子信箱	info@leaderdrive.com
注册地址	吴中区木渎镇木胥西路19号		
办公地址	吴中区木渎镇木胥西路19号		

130. 江苏中信博新能源科技股份有限公司（证券代码：688408）

成立日期	2009-11-20		
上市日期	2020-08-28	地点	上海
相关指数	上证综合型指数、申万市场表征指数		
行业类别	制造业-电气机械和器材制造业		
主营业务	新能源材料、新能源产品研发及销售；太阳能发电系统相关产品的设计、研发、销售、安装、调试及维护		
总股本(万股)	13 571.55	流通A股(万股)	7 168.56
公司网址	www.arctechsolar.cn	电子信箱	investor.list@arctechsolar.com
注册地址	昆山市陆家镇华阳路190号		
办公地址	昆山市陆家镇黄浦江中路2388号		

131. 江苏固德威电源科技股份有限公司（证券代码：688390）

成立日期	2010-11-05		
上市日期	2020-09-04	地点	上海
相关指数	上证综合型指数、申万市场表征指数		
行业类别	制造业-电气机械和器材制造业		
主营业务	研发、生产、销售、服务：风能、光伏逆变器系统；软件研发、光伏系统的集成和安装		
总股本(万股)	8 800.00	流通A股(万股)	5 738.54
公司网址	www.goodwe.com	电子信箱	ir@goodwe.com
注册地址	高新区紫金路90号		
办公地址	高新区紫金路90号		

132. 思瑞浦微电子科技（苏州）股份有限公司（证券代码：688536）

成立日期	2012-04-23		
上市日期	2020-09-21	地点	上海
相关指数	上证综合型指数、申万市场表征指数		
行业类别	信息传输、软件和信息技术服务业-软件和信息技术服务业		
主营业务	各类集成电路及其应用系统和软件的研发、设计、生产，销售本公司产品并提供售后服务		
总股本（万股）	8 023.58	流通A股（万股）	4 300.99
公司网址	www.3peakic.com.cn	电子信箱	3peak@3peakic.com.cn
注册地址	苏州工业园区星湖街328号创意产业园2-B304-1		
办公地址	中国（上海）自由贸易试验区张衡路666弄1号8楼802室		

133. 伟时电子股份有限公司（证券代码：605218）

成立日期	2003-09-01		
上市日期	2020-09-28	地点	上海
相关指数	上证综合型指数、申万市场表征指数		
行业类别	制造业-计算机、通信和其他电子设备制造业		
主营业务	生产用于电子、电脑、通信产品的新型电子元器件，设计、生产精冲模，精密型腔模，模具标准件，生产合成橡胶（丙烯酸橡胶）及相关产品，销售自产产品并提供售后服务		
总股本（万股）	21 283.35	流通A股（万股）	8 825.71
公司网址	www.ways-group.com	电子信箱	chenxc@ksways.com
注册地址	昆山市开发区精密机械产业园云雀路299号		
办公地址	昆山市开发区精密机械产业园云雀路299号		

134. 天臣国际医疗科技股份有限公司（证券代码：688013）

成立日期	2003-08-18		
上市日期	2020-09-28	地点	上海
相关指数	上证综合型指数、申万市场表征指数		
行业类别	制造业-专用设备制造业		
主营业务	许可项目：第二类医疗器械生产；第三类医疗器械经营、生产；医用口罩生产		
总股本（万股）	8 000.00	流通A股（万股）	3 739.65
公司网址	www.touchstone.hk	电子信箱	tsbs@touchstone.hk
注册地址	苏州工业园区东平街278号		
办公地址	苏州工业园区东平街278号		

135. 苏州世华新材料科技股份有限公司（证券代码：688093）

成立日期	2010-04-14		
上市日期	2020-09-30	地点	上海
相关指数	上证综合型指数、申万市场表征指数		
行业类别	制造业-计算机、通信和其他电子设备制造业		
主营业务	胶带研发、加工、销售；石墨结构电子组件研发、生产、加工、销售		
总股本（万股）	17 200.00	流通 A 股（万股）	4 226.90
公司网址	www.szshihua.com.cn	电子信箱	zhengquan@szshihua.com.cn
注册地址	吴江区经济技术开发区大光路 168 号		
办公地址	吴江区经济技术开发区大光路 168 号		

136. 江苏日久光电股份有限公司（证券代码：003015）

成立日期	2010-01-12		
上市日期	2020-10-21	地点	深圳
相关指数	AMAC 通用、深证综合指数、申万市场表征指数		
行业类别	制造业-计算机、通信和其他电子设备制造业		
主营业务	生产、研发、销售氢燃料电池、氢燃料电池 MEA 组件、车辆及建筑玻璃用安全防爆节能薄膜材料、显示器用光学薄膜材料		
总股本（万股）	28 106.67	流通 A 股（万股）	19 113.94
公司网址	www.rnafilms.cn	电子信箱	info@rnafilms.cn
注册地址	昆山市周庄镇锦周公路东侧，园区大道南侧		
办公地址	昆山市周庄镇锦周公路 509 号		

137. 江苏灿勤科技股份有限公司（证券代码688182）

成立日期	2009-03-16		
上市日期	2020-10-26	地点	上海
相关指数	上证综合型指数、申万市场表征指数		
行业类别	科学研究和技术服务业-研究和试验发展		
主营业务	研发、生产、销售电子陶瓷元器件、组件、无线电通信产品、卫星导航模组，自营和代理各类商品及技术的进出口业务		
总股本（万股）	10 093.34	流通 A 股（万股）	5 125.97
公司网址	www.aladdin-e.com	电子信箱	aladdindmb@163.com
注册地址	张家港市保税区金港路 19 号		
办公地址	张家港市保税区金港路 19 号		

附　录

138. 苏州宝丽迪材料科技股份有限公司（证券代码：300905）

成立日期	2002-12-13		
上市日期	2020-11-05	地点	深圳
相关指数	AMAC通用、深证综合指数、申万市场表征指数		
行业类别	制造业-橡胶和塑料制品业		
主营业务	研发、生产：塑料、化纤色母粒、功能母粒、新型材料；销售本公司所生产产品（涉及许可经营的凭许可证经营）		
总股本（万股）	14 400.00	流通A股（万股）	4 739.26
公司网址	www.ppm-sz.cn	电子信箱	zhenquan@ppm-sz.cn
注册地址	相城区北桥镇石桥村		
办公地址	相城区北桥镇石桥村		

139. 康平科技（苏州）股份有限公司（证券代码：300907）

成立日期	2004-04-19		
上市日期	2020-11-18	地点	深圳
相关指数	AMAC通用、深证综合指数、申万市场表征指数		
行业类别	制造业-通用设备制造业		
主营业务	电机、电动工具、模具研发、生产；销售公司自产产品		
总股本（万股）	9 600.00	流通A股（万股）	3 696.00
公司网址	www.chinakangping.com	电子信箱	kpir@szkangping.com
注册地址	相城区经济开发区华元路18号		
办公地址	相城区经济开发区华元路18号		

140. 福立旺精密机电（中国）股份有限公司（证券代码：688678）

成立日期	2006-05-18		
上市日期	2020-12-23	地点	上海
相关指数	上证综合型指数、申万市场表征指数		
行业类别	制造业-通用设备制造业		
主营业务	设计、制造新型电子元器件（生产电子变压器和半导体开关器件等电子电力器件）、第二类医疗器械		
总股本（万股）	17 335.00	流通A股（万股）	8 780.36
公司网址	www.freewon.com.cn	电子信箱	ir@freewon.com.cn
注册地址	昆山市千灯镇玉溪西路168号		
办公地址	昆山市千灯镇玉溪西路168号		

141. 苏州伟创电气科技股份有限公司（证券代码：688698）

成立日期	2013-10-17		
上市日期	2020-12-29	地点	上海
相关指数	上证综合型指数、申万市场表征指数		
行业类别	制造业-仪器仪表制造业		
主营业务	研发、生产、销售：电气设备、电气成套控制设备、光伏系统控制设备、配电开关控制设备、工业自动化设备、工业机器人、电焊机、机电设备、机械设备、电子产品、金属制品		
总股本（万股）	18 000.00	流通A股（万股）	4 275.00
公司网址	www.veichi.com.cn	电子信箱	zqb@veichi.com
注册地址	吴中区经济技术开发区郭巷街道淞葭路1000号		
办公地址	吴中区经济技术开发区郭巷街道淞葭路1000号		

142. 江苏博俊工业科技股份有限公司（证券代码300926）

成立日期	2011-03-29		
上市日期	2021-01-07	地点	深圳
相关指数	AMAC通用、深综指、申万市场表征指数		
行业类别	制造业-汽车制造业		
主营业务	汽车用精密模具及高精密零部件等研发、产售；模具制造；激光拼焊汽车转向支架、落料件、汽车天窗门锁用包塑件生产、销售和服务；从事货物及技术的进出口业务		
总股本（万股）	14 213.34	流通A股（万股）	3 553.34
公司网址	www.sh-bojun.com	电子信箱	ir@sh-bojun.com
注册地址	昆山市开发区龙江路88号		
办公地址	昆山市开发区龙江路88号		

143. 江苏浩欧博生物医药股份有限公司（证券代码688656）

成立日期	2009-06-08		
上市日期	2021-01-13	地点	上海
相关指数	上证综合型指数、申万市场表征指数		
行业类别	制造业-医药制造业		
主营业务	一、二、三类体外诊断试剂,二类医疗器械软件的生产；一、二、三类医疗器械销售、进出口、佣金代理及相关业务,销售自产产品；医疗器械软件研发、咨询服务、技术转让		
总股本（万股）	6 305.83	流通A股（万股）	1 354.30
公司网址	www.hob-biotech.com	电子信箱	jshob@hob-biotech.com
注册地址	苏州工业园区星湖街218号生物纳米园C6栋101		
办公地址	苏州工业园区星湖街218号生物纳米园C6、C10栋		

144. 通用电梯股份有限公司（证券代码 300931）

成立日期	2003-08-21		
上市日期	2021-01-21	地点	深圳
相关指数	国证 2000 指数、中证中国内地企业全球综合全收益指数、深证综合指数、申万市场表征指数		
行业类别	制造业-通用设备制造业		
主营业务	电梯、自动扶梯设备及零部件、电气设备及元器件、通用机械研发制造；软件开发；产品销售及安装、维修和保养、相关产品技术咨询服务；自营和代理各类商品及技术进出口业务		
总股本（万股）	24 014.60	流通 A 股（万股）	6 004.00
公司网址	www.sge-elevator.com	电子信箱	sge@sge-elevator.com
注册地址	吴江区七都镇港东开发区		
办公地址	吴江区七都镇港东开发区		

145. 江苏富淼科技股份有限公司（证券代码 688350）

成立日期	2010-12-16		
上市日期	2021-01-28	地点	上海
相关指数	上证综合型指数、申万市场表征指数		
行业类别	制造业-化学原料和化学制品制造业		
主营业务	聚丙烯酰胺单体及聚合物、液体水溶性聚合物、树脂材料等生产、销售。水处理材料的销售；膜分离设备、环保设备销售；工业污水处理、助剂研究及技术咨询及技术进出口业务		
总股本（万股）	12 215.00	流通 A 股（万股）	2 624.76
公司网址	www.feymer.com	电子信箱	IR@feymer.com
注册地址	张家港市凤凰镇杨家桥村（飞翔化工集中区）		
办公地址	张家港市凤凰镇凤南路 1 号富淼科技行政区		

146. 江苏康众数字医疗科技股份有限公司（证券代码 688607）

成立日期	2007-05-23		
上市日期	2021-02-01	地点	上海
相关指数	上证综合型指数、申万市场表征指数		
行业类别	制造业-专用设备制造业		
主营业务	一类、二类、三类医疗器械及其零部件、检测探测类设备及其零部件、光机电一体化设备生产及售后服务；医疗科技及影像科技技术咨询服务、转让；并从事相关进出口及配套业务		
总股本（万股）	8 812.90	流通 A 股（万股）	1 919.53
公司网址	careray.cn	电子信箱	ir.careray@careray.com
注册地址	苏州工业园区星湖街 218 号生物纳米园 A2 楼、B3 楼 501 室		
办公地址	苏州工业园区星湖街 218 号生物纳米园 A2 楼、B3 楼 501 室		

147. 苏州和林微纳科技股份有限公司（证券代码688661）

成立日期	2012-06-18		
上市日期	2021-03-29	地点	上海
相关指数	上证综合型指数、申万市场表征指数		
行业类别	制造业-计算机、通信和其他电子设备制造业		
主营业务	微型精密模具及部件、微型电子及声学产品、微型芯片测试用产品、自动化设备的研发、生产及销售；自营和代理各类商品及技术的进出口业务；设备租赁		
总股本(万股)	8 000.00	流通A股(万股)	1 700.00
公司网址	www.uigreen.com	电子信箱	zqb@uigreen.com
注册地址	高新区峨眉山路80号		
办公地址	高新区峨眉山路80号		

148. 苏州华亚智能科技股份有限公司（证券代码003043）

成立日期	1998-12-21		
上市日期	2021-04-06	地点	深圳
相关指数	AMAC通用、深综指、申万市场表征指数		
行业类别	制造业-金属制品业		
主营业务	精密金属结构件、精密组装件、轨道交通设备及配套装置、手术室辅助器具及配套装置、康复设备、电子专用设备、新型汽车关键零部件、智能化工业控制部件、智能化物联网产品。代理各类商品及技术的进出口业务		
总股本(万股)	8 000.00	流通A股(万股)	2 000.00
公司网址	www.huaya.net.cn	电子信箱	hyzn@huaya.net.cn
注册地址	相城区经济开发区漕湖产业园春兴路58号		
办公地址	相城区经济开发区漕湖产业园春兴路58号		

149. 苏州昀冢电子科技股份有限公司（证券代码688260）

成立日期	2013-12-04		
上市日期	2021-04-06	地点	上海
相关指数	上证综合型指数、申万市场表征指数		
行业类别	制造业-计算机、通信和其他电子设备制造业		
主营业务	电子产品的研发；塑料制品、通信设备、机电设备、五金机电、金属材料、精密模具及自动化设备的设计研发、制造、加工及销售；电子产品技术咨询；货物及技术的进出口业务		
总股本(万股)	12 000.00	流通A股(万股)	2 850.00
公司网址	www.gyzet.com	电子信箱	IR@gyzet.com
注册地址	昆山市周市镇宋家港路269号		
办公地址	昆山市周市镇宋家港路269号		

150. 苏州上声电子股份有限公司（证券代码688533）

成立日期	1992-06-27		
上市日期	2021-04-19	地点	上海
相关指数	上证综合型指数、申万市场表征指数		
行业类别	制造业-计算机、通信和其他电子设备制造业		
主营业务	汽车扬声器、汽车音响系统、数字放声设备、数字音、视频编解码设备、高档音响生产销售；自营和代理各类商品及技术的进出口业务		
总股本(万股)	16 000.00	流通A股(万股)	3 581.34
公司网址	sonavox-group.com	电子信箱	Sonavox_zq@chinasonavox.com
注册地址	相城区元和街道科技园中创路333号		
办公地址	相城区元和街道科技园中创路333号		

151. 苏州市味知香食品股份有限公司（证券代码605089）

成立日期	2008-12-10		
上市日期	2021-04-27	地点	上海
相关指数	上证综合型指数、申万市场表征指数		
行业类别	制造业-农副食品加工业		
主营业务	食品生产、批发、零售；食品生产技术、食用农产品、食品领域内的技术开发、咨询服务；普通道路货物运输；货物专用运输及技术进出口业务		
总股本(万股)	10 000.00	流通A股(万股)	2 500.00
公司网址	www.weizhixiang.com	电子信箱	info@weizhixiang.com
注册地址	吴中区经济开发区旺山工业园兴东路7号		
办公地址	吴中区经济开发区旺山工业园兴东路7号		

152. 佳禾食品工业股份有限公司（证券代码605300）

成立日期	2001-05-15		
上市日期	2021-04-30	地点	上海
相关指数	上证综合型指数、申万市场表征指数		
行业类别	制造业-食品制造业		
主营业务	食品生产、销售；从事与本公司生产产品同类商品的批发和进出口业务，提供售后服务		
总股本(万股)	40 001.00	流通A股(万股)	4 001.00
公司网址	www.cograin.cn	电子信箱	ir@cograin.cn
注册地址	吴江区松陵镇友谊工业区五方路127号		
办公地址	吴江区中山南路518号		

153. 苏州明志科技股份有限公司（证券代码688355）

成立日期	2003-01-14		
上市日期	2021-05-12	地点	上海
相关指数	上证综合型指数、申万市场表征指数		
行业类别	制造业-金属制品业		
主营业务	工业自动化机械设备、模具研发设计、生产及销售；铸造工艺技术研发、系统集成方案设计服务；产业园及行业互联网服务平台咨询规划、建设及运营；自营和代理各类商品及技术的进出口业务		
总股本（万股）	12 307.77	流通A股（万股）	2 674.21
公司网址	www.mingzhi-tech.com	电子信箱	securities@mingzhi-tech.com
注册地址	吴江区同里镇同肖西路1999号		
办公地址	吴江区同里镇同肖西路1999号		

154. 博众精工科技股份有限公司（证券代码688097）

成立日期	2006-09-22		
上市日期	2021-05-12	地点	上海
相关指数	上证综合型指数、申万市场表征指数		
行业类别	制造业-专用设备制造业		
主营业务	工业数字化、工业自动化集成设备、激光设备等技术开发、咨询服务销售；新能源汽车产品、信息技术与网络系统、大数据产品、物联网产品的设计开发、咨询服务、销售		
总股本（万股）	40 251.65	流通A股（万股）	3 932.65
公司网址	www.bozhon.com	电子信箱	zhengquanbu@bozhon.com
注册地址	吴江区经济技术开发区湖心西路666号		
办公地址	吴江区经济技术开发区湖心西路666号		

155. 江苏迈信林航空科技股份有限公司（证券代码688685）

成立日期	2010-03-15		
上市日期	2021-05-13	地点	上海
相关指数	上证综合型指数、申万市场表征指数		
行业类别	制造业-铁路、船舶、航空航天和其他运输设备制造业		
主营业务	航天航空专用设备、光电一体化设备、医疗器械配件产品、通信器材、装备安全告警设备等的生产研发销售，金属表面处理、热处理，自营和代理各类商品及技术的进出口业务		
总股本（万股）	11 186.67	流通A股（万股）	2 377.17
公司网址	www.maixinlin.com	电子信箱	maixinlin@maixinlin.com
注册地址	吴中区太湖街道溪虹路1009号		
办公地址	吴中区太湖街道溪虹路1009号		

156. 昆山东威科技股份有限公司（证券代码 688700）

成立日期	2005-12-29		
上市日期	2021-06-15	地点	上海
相关指数	上证综合型指数、申万市场表征指数		
行业类别	制造业-专用设备制造业		
主营业务	电镀设备、自动化生产设备的生产及销售；自动化控制设备嵌入式软件的开发、销售与售后服务；自营和代理货物及技术的进出口业务		
总股本（万股）	14 720.00	流通 A 股（万股）	3 496.00
公司网址	www.ksdwgroup.com	电子信箱	DW10798@ksdwgroup.com
注册地址	昆山市巴城镇东定路 505 号		
办公地址	昆山市巴城镇红杨路 725 号		

157. 苏州纳微科技股份有限公司（证券代码 688690）

成立日期	2007-10-22		
上市日期	2021-06-23	地点	上海
相关指数	上证综合型指数、申万市场表征指数		
行业类别	制造业-化学原料和化学制品制造业		
主营业务	生产聚苯乙烯微球、聚丙烯酸酯微球、硅胶微球和色谱柱，研究开发用于粉体材料、色谱填料、高效分离纯化介质、高分子微球材料等生产销售及服务，提供技术相关培训服务		
总股本（万股）	40 014.59	流通 A 股（万股）	3 940.51
公司网址	www.nanomicrotech.com	电子信箱	ir@nanomicrotech.com
注册地址	苏州工业园区百川街 2 号		
办公地址	苏州工业园区百川街 2 号		

158. 江苏博云塑业股份有限公司（证券代码 301003）

成立日期	2004-05-12		
上市日期	2021-06-25	地点	深圳
相关指数	AMAC 通用、深综指、申万市场表征指数		
行业类别	制造业-金属制品业		
主营业务	色母粒、改性工程塑料及塑料制品的研发、生产、销售，化工（除危险品）销售；自营和代理各类商品及技术的进出口业务		
总股本（万股）	10 000.00	流通 A 股（万股）	2 500.00
公司网址	www.boiln.com	电子信箱	boiln.js@boiln.com
注册地址	张家港市锦丰镇合兴星宇西路 1 号		
办公地址	张家港市锦丰镇合兴星宇西路 1 号		

159. 苏州瑞可达连接系统股份有限公司（证券代码 688800）

成立日期	2006-01-11		
上市日期	2021-07-22	地点	上海
相关指数	上证综合型指数、申万市场表征指数		
行业类别	制造业-计算机、通信和其他电子设备制造业		
主营业务	电子元件及组件、光电连接器、传感器、电线电缆、光纤光缆、仪器仪表、北斗/GPS卫星导航终端及模块研发、生产和销售；自营和代理各类商品及技术的进出口业务		
总股本（万股）	10 800.00	流通A股（万股）	2 228.84
公司网址	www.recodeal.com	电子信箱	david.ma@recodeal.com
注册地址	吴中区吴淞江科技产业园淞葭路998号		
办公地址	吴中区吴淞江科技产业园吴淞路998号		

160. 苏州仕净科技股份有限公司（证券代码 301030）

成立日期	2005-04-11		
上市日期	2021-07-22	地点	深圳
相关指数	国证2000指数、深综指、申万市场表征指数		
行业类别	制造业-专用设备制造业		
主营业务	废气处理、水处理、粉尘处理等相关环保设备与工程的系统设计、制造、安装运营管理；建设工程设计；输电、供电设施的安装、维修和试验；各类环保工程信息开发应用和集成运营		
总股本（万股）	13 333.33	流通A股（万股）	2 910.87
公司网址	www.sz-sjef.com	电子信箱	sjef@163.com
注册地址	相城区太平街道金瑞路58号		
办公地址	相城区太平街道金瑞路58号		

161. 江苏利柏特股份有限公司（证券代码 605167）

成立日期	2006-10-20		
上市日期	2021-07-26	地点	上海
相关指数	上证综合型指数、申万市场表征指数		
行业类别	科学研究和技术服务业-专业技术服务业		
主营业务	管道制品、钢构件、塑料制品、玻璃钢制品、机械设备的生产、销售、安装及服务；工业装备模块化工程技术研发相关领域的技术开发、转让咨询和服务；相应建筑材料批发、进出口		
总股本（万股）	44 907.00	流通A股（万股）	11 226.89
公司网址	www.cnlbt.com	电子信箱	investor@cnlbt.com
注册地址	张家港市江苏扬子江重型装备产业园沿江公路2667号		
办公地址	张家港市江苏扬子江重型装备产业园沿江公路2667号		

162. 张家港中环海陆高端装备股份有限公司(证券代码 301040)

成立日期	2000-01-28		
上市日期	2021-08-03	地点	深圳
相关指数	国证 2000 指数、中证中国内地企业全球综合全收益指数、深综指、申万市场表征指数		
行业类别	制造业-金属制品业		
主营业务	风力发电、核力发电、轨道交通、海洋工程及机械工程的高端装备零部件研发、生产、加工、销售及售后服务;锻压工艺及材料技术开发;自营和代理各类商品和技术的进出口业务		
总股本(万股)	10 000.00	流通 A 股(万股)	2 370.86
公司网址	www.rumere.com	电子信箱	rumerebod@rumere.com
注册地址	张家港市锦丰镇合兴华山路		
办公地址	张家港市锦丰镇合兴华山路 158 号		

163. 苏州天禄光科技股份有限公司(证券代码 301045)

成立日期	2010-11-09		
上市日期	2021-08-13	地点	深圳
相关指数	国证 2000 指数、深综指、申万市场表征指数		
行业类别	制造业-计算机、通信和其他电子设备制造业		
主营业务	光电显示、照明、光学高分子材料、工程塑料、精密机械零部件及自动化设备的研发、制造、销售;自营和代理各类商品以及技术进出口		
总股本(万股)	10 315.43	流通 A 股(万股)	2 446.06
公司网址	www.sz-talant.com	电子信箱	sztl@sz-talant.com
注册地址	相城区黄埭镇太东公路 2990 号		
办公地址	相城区黄埭镇太东公路 2990 号		

164. 昆山国力电子科技股份有限公司(证券代码 688103)

成立日期	2000-10-12		
上市日期	2021-09-10	地点	上海
相关指数	上证综合型指数、申万市场表征指数		
行业类别	制造业-计算机、通信和其他电子设备制造业		
主营业务	配电开关控制设备、光电子器件、光电气器件、电子真空器件制造、销售;输配电及控制设备制造;陶瓷真空继电器、陶瓷真空电容器等的生产、研发、销售及技术服务、技术咨询		
总股本(万股)	9 539.00	流通 A 股(万股)	1 969.58
公司网址	www.glvac.cn	电子信箱	securities@glvac.cn
注册地址	昆山市开发区西湖路 28 号		
办公地址	昆山市开发区西湖路 28 号		

165. 苏州新锐合金工具股份有限公司（证券代码688257）

成立日期	2000-10-12		
上市日期	2021-09-10	地点	上海
相关指数	上证综合型指数、申万市场表征指数		
行业类别	制造业-有色金属冶炼和压延加工业		
主营业务	矿山凿岩工具、粉末冶金制品的制造及销售，普通机械及电器机械维修服务，新材料技术的研发、技术服务；仪器仪表、零配件、原辅料及技术的进口业务；实业投资		
总股本(万股)	9 539.00	流通A股(万股)	1 969.58
公司网址	www.shareate.com	电子信箱	dongmi@shareate.com
注册地址	苏州工业园区唯亭镇双马街133号		
办公地址	苏州工业园区唯亭镇双马街133号		

166. 纽威数控装备（苏州）股份有限公司（证券代码688697）

成立日期	1997-04-29		
上市日期	2021-09-17	地点	上海
相关指数	上证综合型指数、申万市场表征指数		
行业类别	制造业-通用设备制造业		
主营业务	三轴、四轴、五轴及五轴以上联动的数控机床、数控系统及伺服装置、机械设备零部件加工自动线、机器人、机床功能部件及附件研发、生产，提供相关产品保养、改造和售后服务		
总股本(万股)	32 666.67	流通A股(万股)	6 817.96
公司网址	www.newaycnc.com	电子信箱	skdshbgs@neway.com.cn
注册地址	高新区通安浒阳江路69号		
办公地址	高新区通安浒阳江路69号		

167. 张家港海锅新能源装备股份有限公司（证券代码301063）

成立日期	2001-06-08		
上市日期	2021-09-24	地点	深圳
相关指数	AMAC通用、深综指、申万市场表征指数		
行业类别	制造业-金属制品业		
主营业务	铸锻件、金属构件、石化机械、法兰、阀门的制造、加工、销售；金属材料、金属制品的购销；自营和代理各类商品及技术的进出口		
总股本(万股)	8 424.00	流通A股(万股)	1 997.06
公司网址	www.zjghgxny.com	电子信箱	zhengquan@zjghgxny.com
注册地址	张家港市南丰镇南丰村		
办公地址	张家港市南丰镇南丰村		

168. 日禾戎美股份有限公司(证券代码301088)

成立日期	2012-03-13		
上市日期	2021-10-28	地点	深圳
相关指数	国证2000指数、深综指、申万市场表征指数		
行业类别	批发和零售业-零售业		
主营业务	服装、箱包、皮革制品、工艺礼品、塑料制品、针纺织品的设计、加工和销售;劳保用品、床上用品、纺织原料面料销售;互联网信息服务;互联网领域内信息技术;软件开发和转让		
总股本(万股)	22 800.00	流通A股(万股)	5 239.67
公司网址	www.cofoe.com.cn	电子信箱	investor@cofoe.com
注册地址	常熟市经济技术开发区高新技术产业园建业路2号1幢		
办公地址	常熟市闽江东路11号世茂商务中心广场a幢2901		

169. 万祥科技股份有限公司(证券代码301180)

成立日期	1994-04-15		
上市日期	2021-11-16	地点	深圳
相关指数	AMAC通用、深综指、申万市场表征指数		
行业类别	制造业-计算机、通信和其他电子设备制造业		
主营业务	电子产品、金属制品、汽车零配件、自动化设备、模具的研发、生产、销售;绝缘材料、工业胶带、塑胶制品、包装材料销售;包装装潢印刷品印刷;代理各类商品及技术的进出口		
总股本(万股)	40 001.00	流通A股(万股)	3 756.68
公司网址	www.wxtech.com	电子信箱	wxzqb@weshine-tech.com
注册地址	吴中区经济开发区淞霞路1688号		
办公地址	吴中区经济开发区淞霞路1688号		

170. 国泰新点软件股份有限公司(证券代码688232)

成立日期	1998-10-06		
上市日期	2021-11-17	地点	上海
相关指数	上证综合型指数、申万市场表征指数		
行业类别	信息传输、软件和信息技术服务业-软件和信息技术服务业		
主营业务	计算机软件、电子设备研发、销售;计算机系统服务;计算机应用服务;信息服务;智能化工程设计、施工;电子工程承包;现代办公用品购销;自营和代理各类商品及技术的进出口		
总股本(万股)	33 000.00	流通A股(万股)	6 715.07
公司网址	www.epoint.com.cn	电子信箱	djl@epoint.com.cn
注册地址	张家港市经济开发区(杨舍镇长兴路)		
办公地址	张家港市经济开发区(杨舍镇长兴路)		

附录二 苏州新三板挂牌企业简介

截至 2021 年 12 月 31 日,在新三板挂牌的苏州地区公司达到 262 家。按照调整后"分层结构",创新层有 50 家(包括 1 家退市企业)、基础层 248 家(包括 25 家退市企业)。各层次企业按挂牌时间先后顺序排列的公司基本情况如下。

一、创新层(共 49 家)

1. 苏州星火环境净化股份有限公司(证券代码:430405)

成立日期	1997-12-25
挂牌日期	2014-01-24
相关指数	883011　社会服务(证监会)指数; 创新成指;三板成指
行业类别	生态保护和环境治理业(N77)
主营业务	工业废液污水处理净化;固体废物处置
总股本(万股)	5 676.00
注册地址	高新区狮山天街生活广场 8 幢(龙湖时代 100)21 层

2. 苏州方林科技股份有限公司(证券代码:430432)

成立日期	2002-11-21
挂牌日期	2014-01-24
相关指数	883003　制造业(证监会)指数; 883106　电子行业(证监会)指数; 三板成指
行业类别	信息技术-技术硬件与设备
主营业务	计算机零部件制造、通信终端设备制造,消费电子产品类锂电池组件、动力及储能类锂电池组件、手机配件等
总股本(万股)	6 760.00
注册地址	高新区浒关分区新亭路 9 号

3. 苏州巨峰电气绝缘系统股份有限公司(证券代码:830818)

成立日期	2002-01-10
挂牌日期	2014-06-30
相关指数	创新成指;三板成指;三板做市
行业类别	制造业
主营业务	绝缘系统研发及其主要组成部分云母制品、绝缘漆、复合材料及金属线缆和线圈
总股本(万股)	18 762.00
注册地址	吴江市汾湖经济开发区临沪中路

注:2021 年 11 月 19 日总股本由原 12 310.00 万股变更为 18 762.00 万股。

附 录

4. 江苏物润船联网络股份有限公司（证券代码：831096）

成立日期	2011-12-19
挂牌日期	2014-08-21
相关指数	—
行业类别	信息技术-软件与服务
主营业务	主要从事信息服务、在线船舶视频监控服务、撮合交易服务等
总股本(万股)	4 091.69
注册地址	张家港保税物流园区商务楼3078、3098室

5. 苏州飞宇精密科技股份有限公司（证券代码：831237）

成立日期	2002-12-02
挂牌日期	2014-10-28
相关指数	三板成指
行业类别	制造业-汽车制造业
主营业务	精密冷冲模具的设计、制造和销售；金属冲压件产品的制造和销售
总股本(万股)	15 480.00
注册地址	昆山市玉杨路888号

6. 江苏特思达电子科技股份有限公司（证券代码：831510）

成立日期	2006-09-02
挂牌日期	2014-12-22
相关指数	—
行业类别	电子-光学光电子
主营业务	中大尺寸触摸屏及相关产品研发、设计、生产、销售、服务等整体解决方案
总股本(万股)	4 208.00
注册地址	昆山市玉山镇晨丰东路198号2号房

7. 苏州胜禹材料科技股份有限公司（证券代码：831626）

成立日期	2010-10-14
挂牌日期	2015-01-05
相关指数	三板成指
行业类别	工业-运输
主营业务	提供新型金属材料的加工及配套物流供应链服务
总股本(万股)	13 205.00
注册地址	苏州高新区青花路89号

8. 苏州飞驰环保科技股份有限公司（证券代码：831846）

成立日期	2000-05-26
挂牌日期	2015-01-21
相关指数	三板成指
行业类别	机械设备-专用设备
主营业务	水面清洁船及相关配件的研发、生产和销售
总股本（万股）	2 639.71
注册地址	张家港市乐余镇乐丰路

9. 创元期货股份有限公司（证券代码：832280）

成立日期	1995-02-25
挂牌日期	2015-04-09
相关指数	创新成指、三板做市
行业类别	金融业-证券期货业
主营业务	商品期货经纪、金融期货经纪、期货投资咨询、资产管理业务
总股本（万股）	50 000.00
注册地址	姑苏区三香路120号万盛大厦2楼、3楼

10. 苏州固泰新材股份有限公司（证券代码：832644）

成立日期	2012-07-04
挂牌日期	2015-06-19
相关指数	—
行业类别	能源
主营业务	新能源产业用薄膜及复合料与设备的研发、生产和销售，及相关技术推广、技术服务
总股本（万股）	3 607.49
注册地址	吴江区黎里镇越秀路688号

11. 昆山鹿城村镇银行股份有限公司（证券代码：832792）

成立日期	2009-12-02
挂牌日期	2015-07-21
相关指数	全国中小企业股份转让系统成份指数、全国中小企业股份转让系统成份全收益指数、创新成指、三板成指
行业类别	金融-银行业
主营业务	吸收公众存款；发放贷款等
总股本（万股）	46 209.70
注册地址	昆山市玉山镇前进西路1899号1号房

注：2021年9月17日总股本由原38 831.68万股变更为46 209.70万股。

附 录

12. 江苏保丽洁环境科技股份有限公司（证券代码：832802）

成立日期	2004-02-16
挂牌日期	2015-07-24
相关指数	全国中小企业股份转让系统成份全收益指数、全国中小企业股份转让系统成份全收益指数、创新成指、三板成指
行业类别	专用设备制造业
主营业务	静电式空气净化设备的研发、生产和销售
总股本（万股）	5 210.00
注册地址	张家港市锦丰镇（江苏扬子江国际冶金工业园光明村）

13. 苏州开元民生科技股份有限公司（证券代码：832996）

成立日期	2000-06-12
挂牌日期	2015-07-30
相关指数	全国中小企业股份转让系统成份指数、全国中小企业股份转让系统做市成份全收益指数、三板成指、三板做市
行业类别	化学原料和化学制品制造业
主营业务	医药中间体、感光材料中间体、太阳能导电浆料的研发、生产与销售
总股本（万股）	4 150.00
注册地址	苏州工业园区娄葑镇群星二路68号

14. 江苏瑞铁轨道装备股份有限公司（证券代码：833120）

成立日期	2012-01-05
挂牌日期	2015-08-05
相关指数	三板成指
行业类别	交运设备-非汽车交运
主营业务	铁路轨道产品及装备的设计、制造、加工、销售和售后服务
总股本（万股）	5 600.00
注册地址	张家港经济技术开发区塘市西街58号1室

15. 苏州基业生态园林股份有限公司（证券代码：833222）

成立日期	2000-04-29
挂牌日期	2015-08-10
相关指数	全国中小企业股份转让系统成份指数、全国中小企业股份转让系统成份全收益指数
行业类别	建筑材料-建筑装饰
主营业务	园林景观工程的设计与施工
总股本（万股）	10 675.57
注册地址	姑苏区书院巷111号

16. 江苏达诺尔科技股份有限公司（证券代码：833189）

成立日期	2004-07-05
挂牌日期	2015-08-17
相关指数	—
行业类别	化工-化学制品
主营业务	超高纯微电子化学品的研发、生产和销售
总股本（万股）	3 101.68
注册地址	常熟市常熟经济开发区氟化学工业园

17. 昆山华恒焊接股份有限公司（证券代码：833444）

成立日期	1995-05-23
挂牌日期	2015-08-25
相关指数	三板成指
行业类别	制造业-专用设备制造业
主营业务	工业机器人自动化装备的研发、生产和销售
总股本（万股）	26 464.15
注册地址	昆山市开发区华恒路100号

18. 苏州骏创汽车科技股份有限公司（证券代码：833533）

成立日期	2005-06-23
挂牌日期	2015-09-11
相关指数	三板成指
行业类别	交运设备-汽车零部件
主营业务	研发、生产、销售各种汽车领域内精密塑胶配件以及相关塑胶模具的开发
总股本（万股）	4 660.00
注册地址	吴中区木渎镇船坊头路6号

19. 江苏汇通金融数据股份有限公司（证券代码：833631）

成立日期	2011-10-18
挂牌日期	2015-09-23
相关指数	创新成指、三板成指
行业类别	金融服务-保险及其他
主营业务	相关金融服务外包业务，包括呼叫中心业务、信息咨询、数据处理等
总股本（万股）	10 204.08
注册地址	昆山市花桥镇兆丰路18号

附 录

20. 江苏营财安保股份有限公司（证券代码：833599）

成立日期	2010-02-11
挂牌日期	2015-10-08
相关指数	三板成指
行业类别	商业服务与商业用品-综合支持服务
主营业务	提供门卫、巡逻、守护、随身护卫、安全检查、区域秩序维护、停车场管理等服务
总股本（万股）	3 213.00
注册地址	姑苏区金门路1299号

注：2021年5月28日总股本由原2 700.00万股变更为3 213.00万股。

21. 苏州电瓷厂股份有限公司（证券代码：834410）

成立日期	1980-12-02
挂牌日期	2015-12-16
相关指数	三板成指、三板做市
行业类别	机械设备-电气设备
主营业务	研发、生产、销售：高压电瓷、避雷器、电压隔离开关等高低压电器产品及用于电气化铁路与城市轨道交通的电器产品
总股本（万股）	11 300.00
注册地址	苏州工业园区唯亭镇春晖路20号

22. 苏州谐通光伏科技股份有限公司（证券代码：834874）

成立日期	2009-12-08
挂牌日期	2015-12-23
相关指数	—
行业类别	电气设备
主营业务	太阳能电池组件接线盒、连接器及周边产品的研发、生产、销售和服务
总股本（万股）	4 500.00
注册地址	吴中区木渎镇钟塔路30号

23. 江苏达伦电子股份有限公司（证券代码：835834）

成立日期	2011-03-15
挂牌日期	2016-02-19
相关指数	三板成指
行业类别	家庭耐用消费品-家用电器
主营业务	研究开发LED照明灯具，市场定位于家居照明领域，通过自营品牌"DALEN"和ODM模式实现国内和海外的销售
总股本（万股）	5 229.00
注册地址	常熟市高新技术产业开发区白潭路5号

24. 苏州闻道网络科技股份有限公司（证券代码：836261）

成立日期	2009-05-19
挂牌日期	2016-03-15
相关指数	三板成指
行业类别	其他网络服务
主营业务	全媒体优化解决方案，包括搜索引擎优化（SEO）服务
总股本（万股）	3 164.00
注册地址	苏州工业园区旺墩路135号融盛商务中心1幢1101室

25. 苏州悦泰国际物流股份有限公司（证券代码：836690）

成立日期	2006-12-20
挂牌日期	2016-04-12
相关指数	—
行业类别	交通运输-物流
主营业务	经营货物运输
总股本（万股）	3 613.05
注册地址	姑苏区西环路3068号2号楼6楼618—628室

26. 江苏浦士达环保科技股份有限公司（证券代码：836440）

成立日期	2011-12-30
挂牌日期	2016-04-14
相关指数	—
行业类别	其他化学制品
主营业务	活性炭产品、食品添加剂、环保设备的研发、制造、销售及技术服务
总股本（万股）	3 500.00
注册地址	张家港市金港镇扬子江国际化学工业园华达路5号

27. 苏州贯石发展股份有限公司（证券代码：836650）

成立日期	2012-02-15
挂牌日期	2016-04-18
相关指数	三板成指
行业类别	非银金融-多元金融
主营业务	城乡公用基础设施、能源、交通、环保行业的投资、经营与建设管理
总股本（万股）	50 200.00
注册地址	吴中区吴中大道1198号A栋202室

附 录

28. 苏州创扬医药科技股份有限公司（证券代码：836810）

成立日期	2005-08-24
挂牌日期	2016-05-03
相关指数	三板成指
行业类别	医药制造业
主营业务	医疗塑料容器输液用组合盖以及聚丙烯改性料的研发、生产与销售
总股本(万股)	10 848.82
注册地址	太仓市双凤镇温州路18号

29. 苏州通锦精密工业股份有限公司（证券代码：837453）

成立日期	2002-12-12
挂牌日期	2016-05-18
相关指数	三板成指
行业类别	通用设备制造业
主营业务	设计、生产和销售伺服电动缸、智能伺服压装机、直线运动模组及相关自动化部件、无人化精密装配生产线
总股本(万股)	4 536.00
注册地址	高新区建林路411号

注：2021年10月13日总股本由原2 700.00万元变更为4 536.00万元。

30. 明阳科技（苏州）股份有限公司（证券代码：837663）

成立日期	2000-02-18
挂牌日期	2016-06-13
相关指数	—
行业类别	汽车制造业
主营业务	高性能、高强度、高精度、高难度形状复杂零部件的研发、生产和销售
总股本(万股)	3 870.00
注册地址	吴江区同里镇上元街富土路

31. 苏州创捷传媒展览股份有限公司（证券代码：837761）

成立日期	2001-03-05
挂牌日期	2016-06-21
相关指数	三板成指
行业类别	文化、体育和娱乐业-文化艺术业
主营业务	为政府展馆、公共文化展馆、企业PR展馆等主题展馆的设计、营造、布展以及提供综合多媒体服务
总股本(万股)	4 300.00
注册地址	高新区向阳路67号

32. 苏州祥龙嘉业电子科技股份有限公司（证券代码：838162）

成立日期	2005-08-26
挂牌日期	2016-08-08
相关指数	—
行业类别	计算机、通信和其他电子设备制造业
主营业务	精密连接器、线束及消费电子产品的研发、生产和销售
总股本（万股）	5 829.59
注册地址	吴江区经济开发区绣湖西路777号

33. 仁通档案管理咨询服务股份有限公司（证券代码：838518）

成立日期	2009-09-21
挂牌日期	2016-08-18
相关指数	—
行业类别	商务服务业
主营业务	为事业单位、金融机构及大中型企业提供文档寄存管理和信息化档案平台搭建
总股本（万股）	5 520.00
注册地址	昆山市花桥镇商务大道99号9号楼103室

34. 昆山多宾陈列展示股份有限公司（证券代码：839035）

成立日期	2007-09-25
挂牌日期	2016-08-25
相关指数	—
行业类别	造纸和纸制品业
主营业务	终端展示助销道具的开发、生产、运输及安装执行的一体化服务
总股本（万股）	4 674.00
注册地址	昆山市开发区蓬溪南路258号

35. 苏州万盛塑胶科技股份有限公司（证券代码：839284）

成立日期	2011-08-17
挂牌日期	2016-10-19
相关指数	三板成指
行业类别	塑料制品业
主营业务	塑料制品和模具产品的研发、生产和销售
总股本（万股）	4 330.00
注册地址	吴中区越溪街道南官渡街9号1—7幢

36. 江苏建伟物流股份有限公司（证券代码：839532）

成立日期	2000-08-28
挂牌日期	2016-10-28
相关指数	—
行业类别	道路运输业
主营业务	国内道路货物运输服务和仓储装卸服务
总股本（万股）	2 970.00
注册地址	昆山市周市镇339省道479号

注：2021年2月10日总股本由原2 850.00万股变更为2 970.00万股。

37. 太仓世珍集装箱部件股份有限公司（证券代码：838659）

成立日期	2005-02-02
挂牌日期	2016-12-15
相关指数	—
行业类别	机械设备-通用设备
主营业务	集装箱配件生产和销售
总股本（万股）	5 385.00
注册地址	太仓市经济开发区江南路66号

38. 苏州创易技研股份有限公司（证券代码：870055）

成立日期	2005-08-08
挂牌日期	2016-12-20
相关指数	—
行业类别	专用设备制造业
主营业务	程控自动绕线设备用张力控制系统、线嘴、张力实时测量及显示系统，充磁设备研发、生产与销售、维修服务及相关解决方案
总股本（万股）	3 360.00
注册地址	苏州工业园区娄葑镇扬清路85号

39. 江苏建院营造股份有限公司（证券代码：870355）

成立日期	1997-03-31
挂牌日期	2017-01-04
相关指数	三板成指
行业类别	土木工程建筑业
主营业务	地基与基础工程、建筑工程、市政公用工程、环保工程、水利水电工程、机电工程施工；河湖整治，园林绿化，结构加固；地质灾害治理；工程勘察；工程测绘；岩土工程
总股本（万股）	10 160.00
注册地址	姑苏区南环东路10号（新联大厦）

注：2021年5月28日总股本由原5 080.00万股变更为10 160.00万股。

40. 常熟古建园林股份有限公司（证券代码：870970）

成立日期	1983-12-12
挂牌日期	2017-02-20
相关指数	—
行业类别	土木工程建筑业
主营业务	古建园林工程、城市绿化以及土木建筑工程
总股本(万股)	13 208.00
注册地址	常熟市古里镇金湖路

41. 苏州革新百集传媒科技股份有限公司（证券代码：871543）

成立日期	2004-02-23
挂牌日期	2017-05-22
相关指数	三板成指
行业类别	商务服务业
主营业务	多媒体公关活动策划、广告代理业务以及软件技术服务
总股本(万股)	2 417.01
注册地址	苏州工业园区通园路208号苏化科技园17-5

注：自2021年11月17日起在全国中小企业股份转让系统终止挂牌。

42. 苏州天浩汽车科技股份有限公司（证券代码：872304）

成立日期	2005-03-01
挂牌日期	2017-11-07
相关指数	—
行业类别	汽车制造业
主营业务	汽车发动机控制系统的研发、生产与销售（主要出口）
总股本(万股)	3 030.00
注册地址	吴江区经济技术开发区(同里镇)屯村东路181号

43. 昆山佳合纸制品科技股份有限公司（证券代码：872392）

成立日期	2001-03-17
挂牌日期	2017-11-21
相关指数	—
行业类别	原材料-造纸和纸制品业
主营业务	纸质包装与展示产品的研发、设计、生产和销售
总股本(万股)	4 370.00
注册地址	昆山市开发区环娄路228号

附 录

44. 永信药品工业（昆山）股份有限公司（证券代码：871444）

成立日期	2012-07-10
挂牌日期	2018-01-29
相关指数	—
行业类别	医药制造业
主营业务	药品的研发、生产与销售，主要包括片剂（含外用）、硬胶囊剂、乳膏剂、小容量注射剂
总股本（万股）	12 627.13
注册地址	昆山市陆家镇金阳西路 191 号

45. 常熟市景弘盛通信科技股份有限公司（证券代码：872668）

成立日期	2006-08-25
挂牌日期	2018-02-23
相关指数	—
行业类别	电气机械和器材制造业
主营业务	电线电缆研发、设计、生产及销售
总股本（万股）	12 290.00
注册地址	常熟市虞山高新技术产业园柳州路 8 号

46. 苏州市宏宇环境科技股份有限公司（证券代码：872753）

成立日期	2003-11-03
挂牌日期	2018-04-13
相关指数	三板成指
行业类别	调查和咨询服务
主营业务	环保设备销售、环境技术咨询、环境影响评价
总股本（万股）	3 004.16
注册地址	苏州高新区向阳路 198 号 6 幢 4 楼

注：2021 年 1 月 4 日总股本由原 682.76 万股变更为 3 004.16 万股。

47. 昆山玮硕恒基智能科技股份有限公司（证券代码：872759）

成立日期	2009-05-14
挂牌日期	2018-05-11
相关指数	三板成指
行业类别	计算机、通信和其他电子设备制造业
主营业务	消费电子精密转轴（hinge）产品的研发、生产和销售
总股本（万股）	4 760.00
注册地址	昆山市玉山镇华富路 8 号 2 号房

48. 江苏春阳幕墙门窗股份有限公司（证券代码：872892）

成立日期	2002-11-01
挂牌日期	2018-07-20
相关指数	—
行业类别	建筑装饰和其他建筑业
主营业务	节能门窗和幕墙产品的研发设计、生产加工和安装施工服务
总股本（万股）	3 483.90
注册地址	昆山市巴城镇东定路 555 号

49. 张家港友诚新能源科技股份有限公司（证券代码：873087）

成立日期	2004-06-17
挂牌日期	2019-02-11
相关指数	三板成指、三板做市
行业类别	电气机械和器材制造业
主营业务	新能源电动汽车充电连接装置、电源连接器的研发、生产及销售
总股本（万股）	8 166.00
注册地址	张家港市塘桥镇妙桥永进路 999 号

注：2021 年 12 月 17 日总股本由原 6 666.00 万股变更为 8 166.00 万股。

50. 苏州市三新材料科技股份有限公司（证券代码：873510）

成立日期	2005-11-11
挂牌日期	2020-10-26
相关指数	三板成指
行业类别	化学原料和化学制品制造业
主营业务	食品饮料金属包装涂料的研发、生产和销售
总股本（万股）	4 480.00
注册地址	吴中区经济开发区郭巷街道尹中南路 1788 号

注：2021 年 6 月 25 日总股本由原 3 200.00 万股变更为 4 480.00 万股。

二、基础层（共 213 家）

1. 苏州普滤得净化股份有限公司（证券代码：430430）

成立日期	1997-05-29
挂牌日期	2014-01-24
相关指数	883003　制造业（证监会）指数； 883108　机械设备（证监会）指数
行业类别	水资源专用机械制造业
主营业务	水净化处理和空间洁净及空调暖通处理
总股本（万股）	5 530.00
注册地址	高新区金山路 234 号

2. 苏州市龙源电力科技股份有限公司（证券代码：430579）

成立日期	1999-03-25
挂牌日期	2014-01-24
相关指数	883007　信息技术（证监会）指数、三板成指
行业类别	电气机械和器材制造业（C38）
主营业务	交直流一体化电源系统及其控制
总股本（万股）	6 120.00
注册地址	高新区银珠路 8 号

3. 苏州银河激光科技股份有限公司（证券代码：430589）

成立日期	1995-08-08
挂牌日期	2014-01-24
相关指数	883003　制造业（证监会）指数； 883104　造纸印刷（证监会）指数
行业类别	印刷和记录媒介复制业（C23）
主营业务	标签印刷产品、信息转移印刷材料和包装印刷光学设备
总股本（万股）	2 350.00
注册地址	高新区黄埔街 69 号

4. 苏州天弘激光股份有限公司（证券代码：430549）

成立日期	2001-01-09
挂牌日期	2014-01-24
相关指数	三板成指
行业类别	制造业
主营业务	工业智能装备的研发、生产和销售
总股本（万股）	7 232.00
注册地址	苏州工业园区唯亭镇通和路 66 号

5. 苏州三光科技股份有限公司（证券代码：430414）

成立日期	1989-04-07
挂牌日期	2014-01-24
相关指数	883003　制造业（证监会）指数； 883108　机械设备（证监会）指数
行业类别	通用设备制造业（C34）
主营业务	慢走丝等电加工机床的研发、生产、销售及对外特殊精密加工业务
总股本（万股）	6 000.00
注册地址	高新区嵩山路 145 号

6. 苏州苏大明世光学股份有限公司（证券代码：430388）

成立日期	2002-09-03
挂牌日期	2014-01-24
相关指数	—
行业类别	眼视光学玻璃模具设计制造行业
主营业务	精密光学设备和元器件、医疗设备产品的研发、设计、生产、销售及其相关技术服务
总股本（万股）	1 825.60
注册地址	苏州工业园区钟南街506号

7. 昆山三景科技股份有限公司（证券代码：430393）

成立日期	2006-05-30
挂牌日期	2014-01-24
相关指数	三板成指
行业类别	专用设备制造业（C35）；模具制造（C3525）
主营业务	光学新材料3D视窗显示屏及智能手机盖板的设计制造、电子电器、新能源精密模具及金属精密结构件的设计制造
总股本（万股）	10 801.49
注册地址	昆山市高新区瑞科路158号

8. 江苏瀚远科技股份有限公司（证券代码：430610）

成立日期	2002-11-25
挂牌日期	2014-01-24
相关指数	—
行业类别	信息传输、软件和信息技术服务业
主营业务	计算机软硬件、网络通信设备（不含卫星地面接收设备）、多媒体、电子产品、仪器仪表及信息产业相关产品的研究开发、销售、维护
总股本（万股）	2 795.00
注册地址	苏州工业园区汀兰巷183号7栋B座

9. 江苏国贸酝领智能科技股份有限公司（证券代码：430583）

成立日期	2004-09-15
挂牌日期	2014-01-24
相关指数	883003　制造业指数；883103　木材家具指数；883007　信息技术指数
行业类别	智能建筑产品与设备的生产制造与集成技术研究；软件和信息技术服务业
主营业务	建筑智能化系统集成业务、系统集成软硬件
总股本（万股）	3 520.00
注册地址	苏州工业园区唯亭镇唯文路5号

10. 苏州华尔美特装饰材料股份有限公司（证券代码：430593）

成立日期	2009-08-04
挂牌日期	2014-01-24
相关指数	—
行业类别	建筑业
主营业务	墙纸的生产及销售
总股本（万股）	4 718.71
注册地址	吴江区黎里镇黎民北路东侧

11. 苏州太湖电工新材料股份公司（证券代码：430460）

成立日期	2000-09-21
挂牌日期	2014-01-24
相关指数	三板成指
行业类别	制造业
主营业务	绝缘漆、云母制品、表面覆盖漆、玻璃钢制品制造等电机电气配套绝缘材料
总股本（万股）	8 250.00
注册地址	吴江区汾湖经济开发区北库工业园

12. 苏州吉玛基因股份有限公司（证券代码：430601）

成立日期	2007-08-27
挂牌日期	2014-01-24
相关指数	三板成指、三板做市
行业类别	科学研究和技术服务业
主营业务	RNA研究相关试剂与技术服务，RNA药物合作开发技术服务
总股本（万股）	5 254.48
注册地址	苏州工业园区东平街199号

注：2021年11月19日总股本由原3 631.20万股变更为5 254.48万股。

13. 苏州康捷医疗股份有限公司（证券代码：430521）

成立日期	1998-12-24
挂牌日期	2014-01-24
相关指数	—
行业类别	制造业
主营业务	裂隙灯显微镜、角膜地形图仪、眼底照相机、检影镜、检眼镜等眼科医疗器械的研发、生产、销售
总股本（万股）	5 051.72
注册地址	苏州工业园区唯亭双马街2号15号厂房

注：2021年6月2日总股本由原3 238.28万股变更为5 051.72万股。

14. 江苏笃诚医药科技股份有限公司（证券代码：430668）

成立日期	2010-08-31
挂牌日期	2014-03-31
相关指数	—
行业类别	制造业
主营业务	核苷核酸类医药中间体研发、生产和销售
总股本（万股）	3 820.00
注册地址	苏州工业园区华云路1号

15. 苏州奇才电子科技股份有限公司（证券代码：430714）

成立日期	2008-06-04
挂牌日期	2014-04-30
相关指数	创新成指；三板成指
行业类别	制造业
主营业务	电子低压高速信号连接线的研发和服务
总股本（万股）	8 021.10
注册地址	吴江区同里镇同兴村

注：自2021年8月9日起在全国中小企业股份转让系统终止挂牌。

16. 博富科技股份有限公司（证券代码：830789）

成立日期	2009-01-15
挂牌日期	2014-06-04
相关指数	—
行业类别	制造业
主营业务	高分子材料及制品的生产、销售，汽车配件的生产、销售，塑料改性新材料及新产品的研发、生产、销售，麻塑原辅材料的销售
总股本（万股）	14 792.00
注册地址	昆山市张浦镇德新路2号

17. 苏州天加新材料股份有限公司（证券代码：830853）

成立日期	2008-05-06
挂牌日期	2014-07-14
相关指数	三板成指
行业类别	橡胶和塑料制品业
主营业务	多层共挤PVDC高阻隔热收缩包装膜研发、制造
总股本（万股）	4 469.92
注册地址	苏州工业园区唯亭镇唯文路15号

注：自2021年4月22日起在全国中小企业股份转让系统终止挂牌。

附　录

18. 江苏火凤凰线缆系统技术股份有限公司（证券代码：830880）

成立日期	2006-09-25
挂牌日期	2014-07-18
相关指数	—
行业类别	电气机械及器材制造业
主营业务	汽车线缆和消费电子用极细电子线为主的特种线缆的生产和销售
总股本（万股）	4 000.00
注册地址	昆山市张浦镇振新东路（南侧）535号

19. 苏州高新区鑫庄农村小额贷款股份有限公司（证券代码：830958）

成立日期	2011-08-15
挂牌日期	2014-08-08
相关指数	—
行业类别	其他金融业
主营业务	面向"三农"发放小额贷款、融资担保等业务
总股本（万股）	42 439.00
注册地址	高新区大同路10号铭源创业园8楼801室

20. 苏州科特环保股份有限公司（证券代码：830971）

成立日期	2003-05-12
挂牌日期	2014-08-08
相关指数	—
行业类别	机械设备-仪器仪表
主营业务	研发生产销售环境保护设备、环境监测仪器、污水处理及其再生利用、合同能源管理
总股本（万股）	4 210.53
注册地址	吴中区胥口镇茅蓬路517号

21. 江苏荣腾精密组件科技股份有限公司（证券代码：831110）

成立日期	2002-11-14
挂牌日期	2014-08-14
相关指数	—
行业类别	机械设备-通用设备
主营业务	汽车、电机零部件模具及汽车零部件的研发、制造和销售
总股本（万股）	3 987.50
注册地址	昆山市巴城镇东盛路318号4号房

22. 中网科技（苏州）股份有限公司（证券代码：831095）

成立日期	2002-03-28
挂牌日期	2014-08-22
相关指数	三板成指
行业类别	互联网和相关服务
主营业务	因特网数据中心（IDC）服务、因特网接入（ISP）服务和因特网信息（ICP）服务
总股本（万股）	1 210.02
注册地址	苏州工业园区新未来花园21幢507室

23. 苏州纳地金属制品股份有限公司（证券代码：831166）

成立日期	2006-06-29
挂牌日期	2014-09-25
相关指数	—
行业类别	家具制造业
主营业务	铝制户外休闲家具的设计、生产和销售
总股本（万股）	3 547.18
注册地址	吴江区平望镇中鲈生态科技工业园内

24. 江苏强盛功能化学股份有限公司（证券代码：831184）

成立日期	1997-11-04
挂牌日期	2014-10-08
相关指数	三板成指
行业类别	化工-化学制品
主营业务	有机过氧化物、试剂的生产和销售
总股本（万股）	10 350.00
注册地址	常熟市新材料产业园海旺路18号

25. 苏州瑞可达连接系统股份有限公司（证券代码：831274）

成立日期	2006-01-11
挂牌日期	2014-11-04
相关指数	三板成指
行业类别	电子-电子制造
主营业务	主要从事电子元件及组件、光电连接器、传感器、线束等连接系统产品的研发、生产和销售
总股本（万股）	8 100.00
注册地址	吴中区吴淞江科技产业园淞葭路998号

注：自2021年6月24日起在全国中小企业股份转让系统终止挂牌。

附 录

26. 苏州金童机械制造股份有限公司（证券代码：831340）

成立日期	2002-01-16
挂牌日期	2014-11-11
相关指数	—
行业类别	机械设备-专用设备
主营业务	彩钢复合板生产线、多功能冷弯成型机、弓字型设备以及各种非标型冷弯成型设备等
总股本（万股）	3 280.00
注册地址	吴江区金家坝工业开发区幸二段

27. 江苏亚特尔地源科技股份有限公司（证券代码：831355）

成立日期	2010-11-09
挂牌日期	2014-11-13
相关指数	三板成指
行业类别	建筑材料-建筑装饰
主营业务	地源热泵系统、其他供暖工程系统、新风系统的方案设计、施工、安装调试及系统机房维护
总股本（万股）	14 382.79
注册地址	常熟市常福街道抚顺路8号

28. 江苏索尔新能源科技股份有限公司（证券代码：831486）

成立日期	2010-10-20
挂牌日期	2014-12-09
相关指数	三板成指
行业类别	机械设备-电气设备
主营业务	锂电池组件及管理系统研发、生产和销售
总股本（万股）	10 946.00
注册地址	张家港市塘桥镇富民中路333号

29. 张家港汉龙新能源科技股份有限公司（证券代码：831521）

成立日期	2010-09-20
挂牌日期	2014-12-16
相关指数	三板成指
行业类别	机械设备-电气设备
主营业务	太阳能铝合金边框研发、生产和销售
总股本（万股）	3 360.08
注册地址	张家港保税区天津路10号

30. 张家港威孚热能股份有限公司（证券代码：831561）

成立日期	2002-03-27
挂牌日期	2014-12-18
相关指数	—
行业类别	机械设备-电气设备
主营业务	中小型锅炉的生产、销售
总股本（万股）	1 781.50
注册地址	张家港市杨舍镇塘市街道南园路5号

注：本股票自2021年03月31日主动申请终止挂牌。

31. 苏州市君悦新材料科技股份有限公司（证券代码：831532）

成立日期	2009-12-02
挂牌日期	2014-12-18
相关指数	—
行业类别	制造业-非金属矿物制品业
主营业务	研发、生产、销售：管道保温隔热材料、绿色建筑保温隔热材料等
总股本（万股）	1 350.00
注册地址	吴中区胥口镇茅蓬路699号

32. 张家港天乐橡塑科技股份有限公司（证券代码：831555）

成立日期	2007-06-25
挂牌日期	2014-12-19
相关指数	三板成指
行业类别	交运设备-汽车零部件
主营业务	汽车用橡胶、塑料产品的开发、生产和销售
总股本（万股）	3 924.00
注册地址	张家港市凤凰镇济富路202号

33. 苏州筑园景观规划设计股份有限公司（证券代码：831538）

成立日期	2004-03-09
挂牌日期	2014-12-23
相关指数	—
行业类别	建筑材料-建筑装饰
主营业务	园林景观设计
总股本（万股）	1 400.00
注册地址	高新区邓蔚路9号1幢2004室

附 录

34. 江苏国网自控科技股份有限公司（证券代码：831539）

成立日期	2011-08-24
挂牌日期	2015-01-06
相关指数	—
行业类别	机械设备-电气设备
主营业务	综合电力产品、智能控制器、智能传感单元的研发、系统集成及销售
总股本（万股）	1 300.00
注册地址	昆山市巴城镇学院路 828 号 1 号房

35. 苏州攀特电陶科技股份有限公司（证券代码：831622）

成立日期	2002-06-05
挂牌日期	2015-01-08
相关指数	—
行业类别	电子-半导体及元件
主营业务	电子功能陶瓷材料及电声器件研发、生产及销售
总股本（万股）	7 128.00
注册地址	昆山市开发区昆嘉路 385 号

36. 苏州神元生物科技股份有限公司（证券代码：831808）

成立日期	2005-01-31
挂牌日期	2015-01-16
相关指数	—
行业类别	医药生物-中药
主营业务	铁皮石斛产业研发、生物组培、生态栽培、产品加工及销售
总股本（万股）	5 000.00
注册地址	苏州市吴江经济开发区云梨路 1688 号

37. 苏州红冠庄国药股份有限公司（证券代码：831833）

成立日期	1999-09-23
挂牌日期	2015-01-21
相关指数	—
行业类别	医药生物-中药
主营业务	中药饮片鹿血晶、鹿角粉加工、生产、销售
总股本（万股）	2 426.29
注册地址	昆山市千灯镇石浦机场路歇马桥

38. 张家港华菱医疗设备股份公司（证券代码：831826）

成立日期	1995-08-02
挂牌日期	2015-01-23
相关指数	—
行业类别	医药生物-医疗器械服务
主营业务	医疗消毒设备、制药设备、电器机械及化工机械制造
总股本（万股）	770.00
注册地址	张家港市金港镇南沙三甲里路

39. 苏州万龙电气集团股份有限公司（证券代码：831701）

成立日期	2004-11-09
挂牌日期	2015-01-27
相关指数	—
行业类别	机械设备-电气设备
主营业务	电气设备研发、制造和销售
总股本（万股）	8 200.00
注册地址	苏州工业园区新发路29号

40. 苏州东南药业股份有限公司（证券代码：831869）

成立日期	2008-05-28
挂牌日期	2015-01-27
相关指数	—
行业类别	医药生物-生物制品
主营业务	创新药及仿制药的研发、相关技术转让和服务，以及医药中间体的生产和销售
总股本（万股）	1 650.00
注册地址	苏州工业园区仁爱路150号独墅湖高教区第二教学楼C316室

41. 江苏远大信息股份有限公司（证券代码：831897）

成立日期	2002-01-07
挂牌日期	2015-01-28
相关指数	—
行业类别	信息服务-计算机应用
主营业务	计算机技术开发应用、信息系统集成、弱电工程技术服务
总股本（万股）	2 900.00
注册地址	张家港市杨舍镇沙洲西路115号天霸商务馆A幢4F

附 录

42. 昆山晋桦豹胶轮车制造股份有限公司（证券代码：831989）

成立日期	2006-01-04
挂牌日期	2015-02-16
相关指数	—
行业类别	机械设备-专用设备
主营业务	矿山辅助运输用无轨胶轮车、燃气内燃机发电机组及相关配件的研发、生产、销售、维修业务
总股本（万股）	11 000.00
注册地址	昆山市张浦镇益德路655号

43. 苏州市姑苏区鑫鑫农村小额贷款股份有限公司（证券代码：832088）

成立日期	2009-12-17
挂牌日期	2015-03-06
相关指数	—
行业类别	金融服务-保险及其他
主营业务	小额贷款、提供融资性担保及其他业务
总股本（万股）	40 000.00
注册地址	姑苏区人民路3158号万融国际大厦1601室

44. 苏州同里印刷科技股份有限公司（证券代码：832064）

成立日期	1989-11-14
挂牌日期	2015-03-09
相关指数	—
行业类别	轻工制造-包装印刷
主营业务	彩印包装和彩印宣传资料的设计、印刷、加工和销售
总股本（万股）	2 592.00
注册地址	吴江区同里镇同里湖路217号

45. 苏州腾冉电气设备股份有限公司（证券代码：832117）

成立日期	2010-06-04
挂牌日期	2015-03-09
相关指数	三板成指、三板做市
行业类别	机械设备-电气设备
主营业务	研发、生产和销售变压器、电抗器、滤波器等产品
总股本（万股）	5 310.00
注册地址	吴中区临湖镇银藏路8号

46. 昆山华富新材料股份有限公司（证券代码：832152）

成立日期	2002-02-19
挂牌日期	2015-03-16
相关指数	—
行业类别	化工-化工合成材料
主营业务	中高档服装用聚氨酯合成革的生产和销售
总股本（万股）	4 350.00
注册地址	昆山市周市镇横长泾路588号

47. 苏州新阳升科技股份有限公司（证券代码：832226）

成立日期	2008-11-14
挂牌日期	2015-04-07
相关指数	—
行业类别	通信设备制造-通信终端设备制造
主营业务	船用无线电通信设备和导航设备的设计、制造和销售
总股本（万股）	575.56
注册地址	相城区黄埭高新区春兰路79号

48. 普克科技（苏州）股份有限公司（证券代码：832264）

成立日期	2010-10-21
挂牌日期	2015-04-08
相关指数	—
行业类别	家具制造业
主营业务	钢制工具箱柜、钢制办公家具及其他薄板制品的生产、研发及销售
总股本（万股）	2 500.00
注册地址	常熟市董浜镇华烨大道35号

49. 苏州金泉新材料股份有限公司（证券代码：832277）

成立日期	1985-04-23
挂牌日期	2015-04-08
相关指数	—
行业类别	化纤制造-涤纶纤维制造
主营业务	环保再生型彩色PET短纤维系列和原生型纳米复合PPS纤维系列生产销售
总股本（万股）	4 000.26
注册地址	常熟市支塘镇八字桥村

50. 苏州晶品新材料股份有限公司（证券代码：832247）

成立日期	2011-11-11
挂牌日期	2015-04-09
相关指数	—
行业类别	电器机械和器材制造业
主营业务	LED陶瓷基板研发生产、特殊光源及照明工程
总股本（万股）	1 480.00
注册地址	吴江区黎里镇汾湖大道558号

51. 常熟市金华机械股份有限公司（证券代码：832356）

成立日期	1997-09-23
挂牌日期	2015-04-20
相关指数	—
行业类别	汽车制造-汽车零部件及配件制造
主营业务	生产销售汽车电动转向泵轴、汽车液压转问泵轴等汽车零配件
总股本（万股）	2 230.00
注册地址	常熟市碧溪新区万和路16号

52. 江苏神农灭菌设备股份有限公司（证券代码：832369）

成立日期	2001-04-10
挂牌日期	2015-04-22
相关指数	—
行业类别	专用设备制造业
主营业务	消毒灭菌设备产品的研发、生产和销售
总股本（万股）	1 045.00
注册地址	张家港市金港镇后塍封庄村

53. 太仓兴宇印刷包装股份有限公司（证券代码：832364）

成立日期	2001-07-13
挂牌日期	2015-04-23
相关指数	—
行业类别	造纸和纸制品业、印刷和记录媒介复制业
主营业务	纸制品包装装潢印刷品和其他印刷品印刷；瓦楞纸板、纸箱生产、加工、销售
总股本（万股）	3 366.00
注册地址	太仓市陆渡镇东新路12号

注：2021年11月8日总股本由原1 980.00万股变更为3 366.00万股。

54. 苏州微缔软件股份有限公司（证券代码：832400）

成立日期	2009-10-19
挂牌日期	2015-05-05
相关指数	—
行业类别	软件和信息技术服务业
主营业务	设计开发，销售制造执行管理系统软件，并提供技术服务支持
总股本（万股）	1 241.00
注册地址	相城区元和街道聚茂街185号活力商务广场A幢7层

注：2021年7月15日总股本由原1 150.00万股变更为1 241.00万股。

55. 苏州弗克技术股份有限公司（证券代码：832436）

成立日期	2003-09-23
挂牌日期	2015-05-12
相关指数	三板成指
行业类别	专项化学用品制造业
主营业务	建材化学添加剂的研发、生产、销售、应用和技术服务
总股本（万股）	4 188.00
注册地址	吴中经济开发区吴中大道2588号C15幢

注：2021年6月9日总股本由原3 826.33万股变更为4 188.00万股。

56. 江苏舒茨测控设备股份有限公司（证券代码：832393）

成立日期	2010-04-27
挂牌日期	2015-05-20
相关指数	—
行业类别	仪器仪表制造业
主营业务	环境监测及工业分析领域红外气体传感器、光声光谱痕量气体分析仪器的研发、产销
总股本（万股）	1 601.50
注册地址	常熟市经济技术开发区江南大道59号滨江科技创新中心15幢

注：2021年12月17日总股本由原1 451.50万股变更为1 601.50万股。

57. 苏州玖隆再生科技股份有限公司（证券代码：832718）

成立日期	2007-07-18
挂牌日期	2015-07-09
相关指数	三板成指
行业类别	废弃资源综合利用业
主营业务	再生聚酯PET瓶片的生产、加工销售
总股本（万股）	3 000.00
注册地址	常熟市尚湖镇长兴村工业园区

附 录

58. 江苏柯瑞机电工程股份有限公司（证券代码：832842）

成立日期	2002-11-06
挂牌日期	2015-07-20
相关指数	—
行业类别	建筑安装业
主营业务	建筑安装综合服务、机电消防设备销售以及技术咨询服务
主导产品	建筑安装、机电消防设备
总股本(万股)	5 580.00
注册地址	昆山市张浦镇欣和路 474 号

59. 江苏曼氏生物科技股份有限公司（证券代码：832928）

成立日期	2000-11-09
挂牌日期	2015-07-21
相关指数	—
行业类别	医药制品业
主营业务	医用辅料(大豆磷脂)制造、销售自产产品
总股本(万股)	2 000.00
注册地址	昆山市千灯镇致威支路

60. 江苏盛纺纳米材料科技股份有限公司（证券代码：832997）

成立日期	2009-12-03
挂牌日期	2015-07-29
相关指数	三板成指
行业类别	纺织业
主营业务	改性非织造材料及制品、纳米材料、功能性纤维及复合材料、无纺布及制品的研发、生产、销售
总股本(万股)	5 955.60
注册地址	昆山市巴城镇正仪通澄南路 2 号

61. 苏州灵岩医疗科技股份有限公司（证券代码：833199）

成立日期	1990-03-19
挂牌日期	2015-08-11
相关指数	—
行业类别	医药生物-医疗器械服务
主营业务	一次性使用医疗耗材的研发、生产销售
总股本(万股)	1 350.00
注册地址	吴中区胥口胥江工业园茅蓬路 99 号

62. 江苏中标节能科技发展股份有限公司（证券代码：833345）

成立日期	2012-12-24
挂牌日期	2015-08-25
相关指数	—
行业类别	电子-光学光电子
主营业务	LED节能产品、照明设备研发、生产、销售；照明方案深化设计、产品定制及安装服务
总股本（万股）	3 290.00
注册地址	相城区黄埭镇潘阳工业园太东路北

63. 苏州帝瀚环保科技股份有限公司（证券代码：833412）

成立日期	2011-05-23
挂牌日期	2015-08-26
相关指数	—
行业类别	专用设备制造业
主营业务	工业废液循环利用系统化解决方案的设计、研发、生产和销售
总股本（万股）	4 270.00
注册地址	相城区太平街道金瑞路

64. 巨立电梯股份有限公司（证券代码：833481）

成立日期	2002-03-12
挂牌日期	2015-09-01
相关指数	全国中小企业股份转让系统成份全收益指数、全国中小企业股份转让系统成份指数、三板成指
行业类别	机械设备-通用设备
主营业务	电梯的研发、设计、制造、销售、安装、改造、维修、保养
总股本（万股）	10 350.00
注册地址	昆山市巴城镇正仪工商区312国道北侧

65. 苏州沪云新药研发股份有限公司（证券代码：833464）

成立日期	2008-07-25
挂牌日期	2015-09-07
相关指数	—
行业类别	医药生物-化学制药
主营业务	心脑血管、自身免疫等疾病领域新药研发
总股本（万股）	14 203.64
注册地址	苏州工业园区华云路1号东坊产业园C区7号楼五楼

注：2021年4月23日总股本由原13 768.86万股变更为14 203.64万股。

66. 苏州达菲特过滤技术股份有限公司（证券代码：833542）

成立日期	2008-12-08
挂牌日期	2015-09-14
相关指数	—
行业类别	交运设备-汽车零部件
主营业务	柴油滤清器、机油滤清器、燃气滤清器的研发、生产和销售
总股本（万股）	2 400.00
注册地址	苏州工业园区胜浦镇同胜路22号

67. 江苏中正检测股份有限公司（证券代码：833846）

成立日期	2012-12-14
挂牌日期	2015-10-20
相关指数	—
行业类别	综合-综合
主营业务	主要从事检测、认证、鉴定和验货等服务
总股本（万股）	500.00
注册地址	昆山市花桥镇和丰路108号818室

68. 苏州瑞光电子科技股份有限公司（证券代码：833703）

成立日期	1995-03-20
挂牌日期	2015-10-20
相关指数	—
行业类别	电子-其他电子
主营业务	智能灯具、电子除虱梳等电子产品的研发、生产及销售
总股本（万股）	500.00
注册地址	姑苏区胥江路426号

69. 苏州华辰净化股份有限公司（证券代码：833923）

成立日期	2002-09-12
挂牌日期	2015-10-27
相关指数	—
行业类别	机械设备-专用设备
主营业务	从事工业给水设备、工业物料分立浓缩设备、工业废水回用及零排放设备生产销售
总股本（万股）	2 360.00
注册地址	太仓市浮桥镇鸿运路16号

70. 昆山艾博机器人股份有限公司（证券代码：833999）

成立日期	2010-09-14
挂牌日期	2015-11-05
相关指数	—
行业类别	机械设备-通用设备
主营业务	工业机器人及软件的研发、机器人系统集成、自动化设备的研发，并提供相关的系统技术和系统服务
总股本（万股）	2 120.40
注册地址	昆山市玉山镇晨丰东路198号

71. 苏州市会议中心物业管理股份有限公司（证券代码：834213）

成立日期	2003-12-04
挂牌日期	2015-11-10
相关指数	—
行业类别	商业贸易-零售
主营业务	物业管理、酒店管理、绿化园艺服务、设备维修、礼仪服务、中餐制售、会议服务等
总股本（万股）	1 875.00
注册地址	姑苏区道前街100号

72. 苏州伊塔电器科技股份有限公司（证券代码：834236）

成立日期	2010-07-01
挂牌日期	2015-11-12
相关指数	—
行业类别	电子-光学光电子
主营业务	家用清洁电器及配件研发、生产和销售
总股本（万股）	1 200.00
注册地址	相城区阳澄湖镇启南路95号

73. 江苏赞存智能科技股份有限公司（证券代码：834267）

成立日期	2011-01-12
挂牌日期	2015-11-17
相关指数	—
行业类别	机械设备-专用设备
主营业务	冷冻液体、冷冻装置为主的冷冻设备研发和制造
总股本（万股）	1 000.00
注册地址	吴中区木渎镇珠江南路368号1号楼1333室

附 录

74. 苏州伟仕泰克电子科技股份有限公司（证券代码：834292）

成立日期	2006-10-08
挂牌日期	2015-11-18
相关指数	—
行业类别	电子-光学光电子
主营业务	从事半导体、TFT－LCD、太阳能基板、LED 等领域的湿制程工艺设备的研发与制造销售
总股本（万股）	4 843.61
注册地址	高新区通安镇华金路 299 号（富民产业园 5 号整栋）

注：2021 年 1 月 12 日总股本由原 4 377.19 万股变更为 4 843.61 万股。

75. 苏州博洋化学股份有限公司（证券代码：834329）

成立日期	1999-10-25
挂牌日期	2015-11-24
相关指数	—
行业类别	化工-化学制品
主营业务	化学试剂和专项化学品的生产与销售，以及通用化学品的分装和贸易业务
总股本（万股）	4 200.00
注册地址	高新区华桥路 155 号

76. 苏州吴江同里湖旅游度假村股份有限公司（证券代码：834199）

成立日期	2011-07-19
挂牌日期	2015-11-25
相关指数	—
行业类别	餐饮旅游-酒店及餐饮
主营业务	集"客房、餐饮、会议、休闲娱乐、度假为一体"的精品酒店的运营和服务
总股本（万股）	5 000.00
注册地址	吴江区同里镇环湖西路 88 号

77. 苏州澳冠智能装备股份有限公司（证券代码：834276）

成立日期	2012-05-18
挂牌日期	2015-11-30
相关指数	—
行业类别	机械设备-通用设备
主营业务	风力发电设备结构件和工程机械结构件的生产和销售
总股本（万股）	3 420.00
注册地址	吴江区黎里镇莘塔申龙路 86 号

注：2021 年 5 月 7 日总股本由原 3 120.00 万股变更为 3 420.00 万股。

78. 江苏鑫华能环保工程股份有限公司（证券代码：834519）

成立日期	2000-09-22
挂牌日期	2015-12-04
相关指数	—
行业类别	机械设备-专用设备
主营业务	除尘工程设备的研究、制造、销售
总股本（万股）	2 000.00
注册地址	常熟市秦坡路3号

79. 苏州信拓物流股份有限公司（证券代码：834590）

成立日期	2011-07-26
挂牌日期	2015-12-04
相关指数	—
行业类别	交通运输-物流
主营业务	公路货物运输
总股本（万股）	1 150.00
注册地址	太仓市新港中路168号

80. 苏州弗尔赛能源科技股份有限公司（证券代码：834626）

成立日期	2009-10-31
挂牌日期	2015-12-04
相关指数	三板成指
行业类别	电气机械和器材制造业
主营业务	研发、生产、销售燃料电池和综合能源系统设备并提供相关技术服务
总股本（万股）	3 462.78
注册地址	昆山玉山镇山淞路66号

81. 中纸在线（苏州）电子商务股份有限公司（证券代码：834648）

成立日期	2005-05-13
挂牌日期	2015-12-04
相关指数	全国中小企业股份转让系统成份全收益指数、全国中小企业股份转让系统成份指数、三板成指
行业类别	商业贸易-贸易
主营业务	公司主营业务为各类纸张、纸浆产品的批发贸易
总股本（万股）	6 105.52
注册地址	相城区太平街道金澄路88号

附 录

82. 苏州聚元微电子股份有限公司（证券代码：834688）

成立日期	2010-11-17
挂牌日期	2015-12-07
相关指数	—
行业类别	电子-半导体及元件
主营业务	集成电路、系统方案等的研发、设计和销售
主导产品	集成电路、系统方案
总股本（万股）	1 100.00
注册地址	苏州工业园区金鸡湖大道 1355 号国际科技园 12B1—B3 单元

注：自 2021 年 8 月 20 日起在全国中小企业股份转让系统终止挂牌。

83. 江苏爱富希新型建材股份有限公司（证券代码：834767）

成立日期	1985-05-20
挂牌日期	2015-12-11
相关指数	三板成指
行业类别	建筑材料-建筑材料
主营业务	FC 系列建筑板材及商品混凝土等新型建材的研发、生产、销售与服务
总股本（万股）	7 184.20
注册地址	吴江区同里镇屯南村

84. 江苏三棱智慧物联发展股份有限公司（证券代码：834741）

成立日期	2001-11-15
挂牌日期	2015-12-15
相关指数	三板成指
行业类别	信息服务-计算机应用
主营业务	主要从事信息系统集成和物联网技术服务
总股本（万股）	6 000.00
注册地址	昆山市昆山开发区前进东路 586 号

85. 江苏明昊新材料科技股份有限公司（证券代码：834843）

成立日期	2009-12-22
挂牌日期	2015-12-22
相关指数	—
行业类别	化学原料和化学制品制造业
主营业务	太阳能电池组件专用硅酮密封胶的研发、生产和销售
总股本（万股）	2 650.00
注册地址	常熟市辛庄镇常南村

86. 苏州瀚易特信息技术股份有限公司（证券代码：835049）

成立日期	2012-08-01
挂牌日期	2015-12-22
相关指数	—
行业类别	信息服务-计算机应用
主营业务	3D模型设计和制作、三维全景的设计和制作、展览展示、数字城市服务等软件及技术服务
总股本（万股）	1 000.00
注册地址	高新区竹园路209号

87. 苏州英多智能科技股份有限公司（证券代码：835096）

成立日期	2006-05-15
挂牌日期	2015-12-22
相关指数	三板成指
行业类别	制造业
主营业务	非标准自动化产品的设计、生产与销售，设备集群管理软件系统的研发、销售，机器视觉检测系统的研发、生产和销售
总股本（万股）	300.00
注册地址	相城区太阳路黄桥总部经济园

注：公司于2021年2月4日，发布因战略规划及经营发展需要终止挂牌的公告。

88. 江苏中融外包服务股份有限公司（证券代码：835047）

成立日期	2010-05-11
挂牌日期	2015-12-29
相关指数	—
行业类别	专业咨询服务
主营业务	BPO、KPO等各种金融及咨询服务业务。为各类金融机构、企事业单位等机构提供服务外包、调研咨询、教育培训等服务
总股本（万股）	1 000.00
注册地址	姑苏区朱家园14号

89. 苏州龙的信息系统股份有限公司（证券代码：835307）

成立日期	2009-08-19
挂牌日期	2016-01-04
相关指数	—
行业类别	软件开发及服务
主营业务	研发：计算机软硬件、网络技术，并提供相关技术咨询、技术服务；计算机系统集成销售
总股本（万股）	2 740.50
注册地址	苏州工业园区唯华路3号君地商务广场12幢405室

附录

90. 苏州数字地图信息科技股份有限公司（证券代码：835256）

成立日期	2005-03-18
挂牌日期	2016-01-05
相关指数	三板成指
行业类别	软件开发及服务
主营业务	"智慧城市"软件系统及其综合应用解决方案
总股本（万股）	2 023.77
注册地址	苏州工业园区新平街388号腾飞创新园12号楼

91. 苏州金禾新材料股份有限公司（证券代码：835314）

成立日期	2006-11-09
挂牌日期	2016-01-06
相关指数	三板成指
行业类别	信息技术-技术硬件与设备
主营业务	平板显示复合功能性组件产品的研发、生产和销售
总股本（万股）	8 145.83
注册地址	吴中区越溪街道友翔路34号

92. 苏州丰年科技股份有限公司（证券代码：835376）

成立日期	2007-12-25
挂牌日期	2016-01-07
相关指数	—
行业类别	电子零部件制造
主营业务	工业连接器、电缆线束
总股本（万股）	1 228.50
注册地址	苏州工业园区创投工业坊26号厂房

注：2021年6月17日总股本由原945.00万股变更为1 228.50万股。

93. 江苏福泰涂布科技股份有限公司（证券代码：835231）

成立日期	2009-09-25
挂牌日期	2016-01-07
相关指数	三板成指
行业类别	轻工制造-造纸
主营业务	研发、生产和销售各种类型的离型材料，以及代理销售中高档不干胶面材和不干胶材料
总股本（万股）	4 200.00
注册地址	昆山市巴城镇石牌升光路806号

94. 江苏正通电子股份有限公司（证券代码：835536）

成立日期	2010-11-23
挂牌日期	2016-01-12
相关指数	—
行业类别	汽车零部件
主营业务	汽车电控类产品、汽车电连接类产品、汽车配电盒类产品以及汽车塑料支撑结构件类产品的生产和销售
总股本（万股）	4 600.00
注册地址	昆山市周市镇许龚路118号

95. 苏州海德新材料科技股份有限公司（证券代码：835415）

成立日期	2007-08-02
挂牌日期	2016-01-15
相关指数	—
行业类别	金属制品
主营业务	新材料研发；铁路扣件、轨道减震器、桥梁支座、伸缩缝、隔震支座、高阻尼支座、摩擦摆支座研发及设计、生产、销售及技术服务
总股本（万股）	10 117.80
注册地址	常熟市高新技术产业开发区金门路59号

96. 苏州东奇信息科技股份有限公司（证券代码：835330）

成立日期	2010-10-25
挂牌日期	2016-01-15
相关指数	—
行业类别	终端设备
主营业务	新型通信系统构思、核心集成电路设计、嵌入式应用软件开发和自主知识产权的信息通信产品的生产经营，并提供售后技术或配套服务
总股本（万股）	1 452.55
注册地址	工业园区林泉街399号

97. 苏州工业园区新宁诊所股份有限公司（证券代码：836068）

成立日期	2007-04-18
挂牌日期	2016-03-07
相关指数	—
行业类别	医疗服务
主营业务	服务项目包括：全科、儿科、皮肤科、旅行医学、检验科、放射科、B超检查、骨密度检测、体检、物理治疗、口腔科
总股本（万股）	2 068.00
注册地址	工业园区星海街198号星海大厦2幢1楼

注：自2021年10月19日起在全国中小企业股份转让系统终止挂牌。

98. 江苏耐维思通科技股份有限公司(证券代码:836373)

成立日期	2012-10-24
挂牌日期	2016-03-10
相关指数	—
行业类别	软件开发及服务
主营业务	研发、生产和销售航海电子产品及数字化港口系统集成服务
总股本(万股)	2 145.00
注册地址	张家港市经济开发区(高新技术创业服务中心)

99. 苏州金色未来信息咨询股份有限公司(证券代码:836062)

成立日期	2002-10-18
挂牌日期	2016-03-14
相关指数	—
行业类别	其他传媒
主营业务	高级猎头招聘服务;蓝领技术工人外包服务;咨询培训服务
总股本(万股)	500.00
注册地址	高新区狮山路22号人才广场903—905室

100. 昆山泓杰电子股份有限公司(证券代码:836274)

成立日期	2006-04-17
挂牌日期	2016-03-18
相关指数	—
行业类别	其他通用机械
主营业务	生产和销售液晶显示器支架、医疗及触摸显示器支架、桌面办公人体工学支架、视频会议移动推车支架等视听、医疗周边设备
总股本(万股)	6 000.00
注册地址	昆山市经济技术开发区富春江路1050号

101. 苏州纽迈分析仪器股份有限公司(证券代码:836507)

成立日期	2009-04-08
挂牌日期	2016-03-18
相关指数	—
行业类别	仪器仪表
主营业务	低场核磁共振设备的研发、生产与销售及应用测试服务
总股本(万股)	3 600.00
注册地址	高新区科灵路78号苏高新软件园2号楼

102. 苏州仁和园林股份有限公司（证券代码：836255）

成立日期	2003-11-12
挂牌日期	2016-03-21
相关指数	—
行业类别	装饰园林
主营业务	园林景观工程施工，仿古建筑施工和古建筑修缮，市政工程施工
总股本（万股）	4 901.00
注册地址	苏州工业园区唯亭镇跨春路5号

注：2021年2月9日总股本由原4 800.00万股变更为4 901.00万股。

103. 苏州欧菲特电子股份有限公司（证券代码：836284）

成立日期	2010-08-12
挂牌日期	2016-03-21
相关指数	—
行业类别	其他专用机械
主营业务	工业化整体解决方案咨询与设计，自动化设备、测试设备、测试软件和夹制具的研发、生产、销售和服务
总股本（万股）	3 000.00
注册地址	昆山市千灯镇黄浦江路东侧，玉溪路北侧

104. 苏州奥智智能设备股份有限公司（证券代码：836362）

成立日期	2004-11-15
挂牌日期	2016-03-24
相关指数	—
行业类别	冶金矿采化工设备
主营业务	精密高效铜、铝管棒材加工技术和加工设备以及工业电气自动化集成系统的开发、生产、销售和技术服务
总股本（万股）	4 000.00
注册地址	太仓市经济开发区无锡路2号

105. 江苏黄金屋教育发展股份有限公司（证券代码：836306）

成立日期	2008-12-31
挂牌日期	2016-03-31
相关指数	—
行业类别	互联网信息服务
主营业务	家校互动业务和互联网教育业务
总股本（万股）	7 210.00
注册地址	苏州工业园区东平街280号

注：自2021年8月16日起在全国中小企业股份转让系统终止挂牌。

106. 苏州林华医疗器械股份有限公司（证券代码：835637）

成立日期	1996-06-28
挂牌日期	2016-04-08
相关指数	—
行业类别	医疗器械
主营业务	临床血管给药工具研发、生产和销售
总股本（万股）	36 036.00
注册地址	苏州工业园区唯新路3号

107. 江苏银奕达科技股份有限公司（证券代码：836235）

成立日期	2010-08-05
挂牌日期	2016-04-14
相关指数	—
行业类别	原材料
主营业务	研发、生产和销售建筑用隔热铝合金型材与工业铝型材
总股本（万股）	6 000.00
注册地址	相城区太东路2555号

108. 奇华光电（昆山）股份有限公司（证券代码：836641）

成立日期	2003-10-20
挂牌日期	2016-04-18
相关指数	—
行业类别	其他电子
主营业务	研发、生产和销售用于手机、电脑等消费型电子产品中的各类电子产品功能性器件
总股本（万股）	3 084.30
注册地址	昆山市周市镇长兴路298号

109. 苏州撼力合金股份有限公司（证券代码：836820）

成立日期	2009-08-28
挂牌日期	2016-04-20
相关指数	—
行业类别	原材料
主营业务	合金齿环、合金管材的生产、加工、销售及自营及代理各类商品及技术的进出口业务
总股本（万股）	1 500.00
注册地址	太仓市陆渡镇山河路9号2幢

110. 苏州朝阳智能科技股份有限公司（证券代码：836778）

成立日期	2004-03-30
挂牌日期	2016-04-21
相关指数	—
行业类别	软件开发及服务
主营业务	智能化工程的方案设计、项目承包、工程施工、系统集成服务
总股本（万股）	2 134.90
注册地址	吴中区越溪街道吴中大道 2588 号 5 幢 521 房间

111. 苏州蜜思肤化妆品股份有限公司（证券代码：836831）

成立日期	2011-04-22
挂牌日期	2016-04-21
相关指数	三板成指
行业类别	非日常生活消费品-零售业
主营业务	化妆品的监制生产及销售
总股本（万股）	7 000.00
注册地址	吴江区松陵镇永康路香港万亚广场第 28 层 2801—2802 号

注：2021 年 5 月 28 日总股本由原 5 120.00 万股变更为 7 000.00 万股。

112. 苏州小棉袄信息技术股份有限公司（证券代码：836935）

成立日期	2012-08-24
挂牌日期	2016-04-22
相关指数	—
行业类别	信息传输、软件和信息技术服务业-互联网和相关服务
主营业务	互联网电子商务综合运营服务
总股本（万股）	3 800.00
注册地址	吴中区东吴北路 299 号 1901 室

注：2021 年 5 月 25 日总股本由原 1 000.00 万股变更为 3 800.00 万股。

113. 苏州雷格特智能设备股份有限公司（证券代码：836812）

成立日期	2010-02-26
挂牌日期	2016-04-25
相关指数	—
行业类别	信息技术业
主营业务	自主研发智能终端产品
总股本（万股）	6 048.00
注册地址	吴中区甪直镇海藏西路 2869 号

注：2021 年 3 月 29 日公司发布决定终止其股票挂牌的公告。

附 录

114. 江苏AB集团股份有限公司（证券代码：836866）

成立日期	1995-06-22
挂牌日期	2016-04-25
相关指数	—
行业类别	纺织服装-服装家纺
主营业务	针织内衣为主的系列产品生产与销售
总股本（万股）	8 587.50
注册地址	昆山市巴城镇正仪新城路8号

115. 江苏华佳丝绸股份有限公司（证券代码：836823）

成立日期	2004-05-28
挂牌日期	2016-04-26
相关指数	三板成指
行业类别	纺织服装、服饰业
主营业务	丝、绸、服装研发设计、生产和销售
总股本（万股）	5 000.00
注册地址	吴江区盛泽镇北环路1988号

116. 江苏宜美照明科技股份有限公司（证券代码：836941）

成立日期	2011-12-27
挂牌日期	2016-04-26
相关指数	三板成指
行业类别	电气机械和器材制造业
主营业务	LED室内商业照明灯具的研发、生产和销售
总股本（万股）	6 435.00
注册地址	昆山市周市镇横长泾路366号

117. 苏州舞之动画股份有限公司（证券代码：837133）

成立日期	2008-07-22
挂牌日期	2016-04-26
相关指数	—
行业类别	广播、电视、电影和影视录音制作业
主营业务	原创动画制作运营和动画制作服务
总股本（万股）	2 382.50
注册地址	吴中区宝带东路345号2幢文化创意大厦9—11楼

118. 鸿海（苏州）食品科技股份有限公司（证券代码：837064）

成立日期	2011-11-09
挂牌日期	2016-04-26
相关指数	—
行业类别	批发和零售业
主营业务	团膳供应链服务
总股本（万股）	6 000.00
注册地址	高新区建林路666号二区（出口加工区配套园18,19号厂房）

注：2021年1月11日公司发布终止其股票挂牌的公告。

119. 苏州制氧机股份有限公司（证券代码：836692）

成立日期	1997-05-23
挂牌日期	2016-04-27
相关指数	—
行业类别	通用设备制造业
主营业务	气体分离及液化设备、液化天然气生产与销售
总股本（万股）	8 200.36
注册地址	吴中区胥口镇新峰路288号

120. 苏州盈茂光电材料股份有限公司（证券代码：837201）

成立日期	2004-02-11
挂牌日期	2016-04-28
相关指数	—
行业类别	橡胶和塑料制品业
主营业务	研发、生产、销售光缆用PBT及PBT色母
总股本（万股）	7 300.00
注册地址	吴中区木渎镇木胥西路66—68号

注：2020年4月13日，发布关于拟变更注册地址并修订公司章程公告。

121. 辰隆万物供应链管理（江苏）股份有限公司（证券代码：837200）

成立日期	2012-07-24
挂牌日期	2016-05-03
相关指数	—
行业类别	批发和零售业
主营业务	国内贸易销售
总股本（万股）	1 285.72
注册地址	吴中区东方大道988号1幢

附 录

122. 苏州乔发环保科技股份有限公司（证券代码：836908）

成立日期	2012-11-05
挂牌日期	2016-05-04
相关指数	—
行业类别	通用设备制造业
主营业务	工业领域蒸发设备研制、蒸发设备 EPC 工程承包、环保洁净工程承包
总股本（万股）	6 726.25
注册地址	吴中区胥口镇时进路 509 号

注：2021 年 10 月 8 日总股本由原 4 532.68 万股变更为 6 726.25 万股。

123. 凯诗风尚科技（苏州）股份有限公司（证券代码：836550）

成立日期	2010-06-18
挂牌日期	2016-05-04
相关指数	—
行业类别	互联网和相关服务
主营业务	家纺家居用品的零售和批发
总股本（万股）	750.00
注册地址	苏州工业园区金鸡湖大道 1355 号国际科技园四期 A1802 单元

124. 苏州盈迪信康科技股份有限公司（证券代码：836891）

成立日期	2010-05-21
挂牌日期	2016-05-06
相关指数	—
行业类别	信息传输、软件和信息技术服务业
主营业务	计算机网络通信技术服务；设计、开发、销售计算机软硬件，并提供相关咨询服务
总股本（万股）	2 935.10
注册地址	苏州工业园区桑田街 218 号苏州生物医药产业园二期乐橙大厦 5 楼 E422 单元

注：自 2021 年 11 月 29 日起在全国中小企业股份转让系统终止挂牌。

125. 苏州爱上网络科技股份有限公司（证券代码：837312）

成立日期	2008-01-22
挂牌日期	2016-05-09
相关指数	—
行业类别	信息传输、软件和信息技术服务业
主营业务	提供免费生活资讯服务、逐步建立起网上广告发布及线下活动服务等两大业务
总股本（万股）	100.00
注册地址	张家港市杨舍镇吾悦商业广场 13 幢 B707～B714

126. 苏州美房云客软件科技股份有限公司（证券代码：837288）

成立日期	2011-11-21
挂牌日期	2016-05-09
相关指数	—
行业类别	信息传输、软件和信息技术服务业
主营业务	数字孪生技术服务商
总股本（万股）	1 517.00
注册地址	常熟市经济技术开发区四海路科创园1号楼405室

127. 苏州康尼格电子科技股份有限公司（证券代码：837355）

成立日期	2010-04-07
挂牌日期	2016-05-11
相关指数	—
行业类别	计算机、通信和其他电子设备制造业
主营业务	以机器、模具、胶料为载体的技术服务和技术支持，专注于新型电子产品封装解决方案
总股本（万股）	1 000.00
注册地址	常熟市辛庄镇长盛路33号

128. 江苏东方四通科技股份有限公司（证券代码：837120）

成立日期	2001-07-23
挂牌日期	2016-05-16
相关指数	—
行业类别	仪器仪表制造业
主营业务	机电设备、照明电器、电力产品、电子产品研发和技术服务及信息技术服务
总股本（万股）	5 808.00
注册地址	张家港市杨舍镇张家港经济开发区（南区）

注：2021年1月18日公司发布停牌的公告。

129. 江苏如意通动漫产业股份有限公司（证券代码：837083）

成立日期	2009-05-21
挂牌日期	2016-05-16
相关指数	三板成指
行业类别	广播、电视、电影和影视录音制作业
主营业务	动漫作品的策划、设计、制作、发行与品牌形象授权，动漫衍生产品、动漫软件开发及销售
总股本（万股）	5 000.00
注册地址	张家港市杨舍镇滨河路3号（如意通大厦）301室

130. 江苏迪威高压科技股份有限公司（证券代码：837289）

成立日期	2006-10-30
挂牌日期	2016-05-18
相关指数	—
行业类别	金属制品业
主营业务	液压管件、高压管件
总股本（万股）	1 683.51
注册地址	张家港市锦丰镇南港村

131. 江苏美爱斯化妆品股份有限公司（证券代码：837410）

成立日期	1997-20-04
挂牌日期	2016-05-20
相关指数	—
行业类别	化学原料及化学制品制造业
主营业务	研发、生产、销售化妆品、染发品及洗护产品
总股本（万股）	4 847.50
注册地址	吴江区汾湖高新技术产业开发区美爱斯生物工业园

注：自 2021 年 10 月 18 日起在全国中小企业股份转让系统终止挂牌。

132. 苏州中固建筑科技股份有限公司（证券代码：837566）

成立日期	2013-09-03
挂牌日期	2016-05-25
相关指数	—
行业类别	建筑装饰和其他建筑业
主营业务	对现有建筑物（含古建筑）提供加固改造、修缮维保、装饰装修
总股本（万股）	2 000.00
注册地址	相城区聚民路 66 号

133. 苏州宝强精密制造股份有限公司（证券代码：837535）

成立日期	2003-12-08
挂牌日期	2016-05-26
相关指数	—
行业类别	通用设备制造业
主营业务	紧固件、五金件的研发、生产和销售
总股本（万股）	4 000.00
注册地址	吴中区甪直镇经济开发区

134. 昆山吉山会津塑料工业股份有限公司（证券代码：837576）

成立日期	2015-09-01
挂牌日期	2016-05-27
相关指数	三板做市
行业类别	橡胶和塑料制品业
主营业务	塑胶精密模具的设计、研发、生产及注塑塑胶产品的生产和销售
总股本（万股）	2 008.59
注册地址	昆山市千灯镇华涛路 350 号

135. 苏州汉瑞森光电科技股份有限公司（证券代码：837561）

成立日期	2008-03-18
挂牌日期	2016-05-31
相关指数	899001　全国中小企业股份转让系统成份指数
行业类别	计算机、通信和其他电子设备制造业
主营业务	光电子器件及其他电子器件制造
总股本（万股）	4 033.24
注册地址	高新区木桥街 25 号

136. 苏州德能电机股份有限公司（证券代码：837646）

成立日期	2006-11-28
挂牌日期	2016-06-03
相关指数	—
行业类别	电气机械和器材制造业
主营业务	三相异步电动机、永磁同步电机的研发、生产及销售
总股本（万股）	3 039.16
注册地址	太仓市双凤镇凤中工业区二号路

137. 苏州新业电子股份有限公司（证券代码：837641）

成立日期	1993-02-13
挂牌日期	2016-06-08
相关指数	—
行业类别	电气机械和器材制造业
主营业务	研发、生产、销售以 PTC 陶瓷材料为主的热敏电阻元件、加热器件产品
总股本（万股）	1 070.00
注册地址	吴中区甪直镇海藏西路 2221 号

138. 江苏三意楼宇科技股份有限公司（证券代码：837545）

成立日期	2009-05-06
挂牌日期	2016-06-27
相关指数	—
行业类别	建筑安装业
主营业务	建筑智能化工程以及建筑消防工程服务
总股本（万股）	3 250.00
注册地址	昆山市玉山镇祖冲之南路1666号清华科技园5号8楼

注：2021年4月2日公司终止其股票挂牌的公告。

139. 锦玛（苏州）精密工具股份有限公司（证券代码：837971）

成立日期	2007-10-15
挂牌日期	2016-07-19
相关指数	—
行业类别	金属制品业
主营业务	研发、生产、销售非标准制式硬质合金刀具产品和服务
总股本（万股）	1 770.00
注册地址	苏州工业园区娄葑镇双阳路创投工业坊9号

140. 昆山协多利洁净系统股份有限公司（证券代码：837982）

成立日期	2000-06-20
挂牌日期	2016-07-26
相关指数	三板成指
行业类别	金属制品业
主营业务	洁净室系统产品研究、生产、销售
总股本（万股）	10 100.00
注册地址	昆山市陆家镇孔巷东路116号

141. 江苏西屋智能科技股份有限公司（证券代码：837966）

成立日期	2008-12-15
挂牌日期	2016-07-27
相关指数	—
行业类别	建筑安装业
主营业务	建筑智能化工程设计与施工业务及售后服务
总股本（万股）	1 800.00
注册地址	常熟市通港路98号1幢

注：2021年4月26日公司发布终止其股票挂牌的公告。

142. 苏州海中航空科技股份有限公司（证券代码：838080）

成立日期	2006-04-11
挂牌日期	2016-07-27
相关指数	—
行业类别	制造业
主营业务	航空航天器零部件、航海器零部件、高铁控制器及显示器零部件、智能控制设备、微波通讯产品、量子通讯产品的研发、生产、销售
总股本（万股）	1 500.00
注册地址	苏州工业园区娄葑北区和顺路58号4幢1楼

注：2021年3月23日公司发布终止其股票挂牌的公告。

143. 苏州诚骏科技股份有限公司（证券代码：838174）

成立日期	2005-12-01
挂牌日期	2016-07-28
相关指数	—
行业类别	计算机、通信和其他电子设备制造业
主营业务	笔记本电脑和一体机电脑转轴，精密五金件的生产、销售
总股本（万股）	3 000.00
注册地址	吴江区平望镇中鲈村

144. 昆山开信精工机械股份有限公司（证券代码：838241）

成立日期	2010-03-03
挂牌日期	2016-07-29
相关指数	—
行业类别	通用设备制造业
主营业务	数控喷丸强化设备、喷砂表面处理设备的生产、销售、售后服务
总股本（万股）	5 168.32
注册地址	昆山市巴城镇石牌金凤凰路588号

145. 中延（苏州）科技股份有限公司（证券代码：838058）

成立日期	2004-03-26
挂牌日期	2016-08-01
相关指数	三板成指
行业类别	信息传输、软件和信息技术服务业
主营业务	游戏开发经营
总股本（万股）	1 934.30
注册地址	苏州工业园区东环路1408号1幢606室

注：自2022年5月6日起在全国中小企业股份转让系统终止挂牌。

146. 苏州太湖雪丝绸股份有限公司(证券代码:838262)

成立日期	2006-05-18
挂牌日期	2016-08-02
相关指数	—
行业类别	纺织业
主营业务	蚕丝被、真丝家纺、丝绸制品等床上用品销售
总股本(万股)	2 744.32
注册地址	吴江区震泽镇金星村318国道北侧

注:2021年12月30日总股本由原2 644.32万股变更为2 744.32万股。

147. 苏州东冠包装股份有限公司(证券代码:838268)

成立日期	2010-05-25
挂牌日期	2016-08-03
相关指数	—
行业类别	印刷和记录媒介复制业
主营业务	瓦楞纸箱包装的印刷、加工及销售业务
总股本(万股)	4 259.00
注册地址	吴江区黎里镇金家坝金盛路1709号

148. 苏州贝克诺斯电子科技股份有限公司(证券代码:838351)

成立日期	2011-05-20
挂牌日期	2016-08-08
相关指数	三板成指
行业类别	计算机、通信和其他电子设备制造
主营业务	电脑和手机等消费电子产品功能性部件、辅料的设计、生产和销售
总股本(万股)	2 006.38
注册地址	吴中区胥口镇长安路168号

149. 苏州市希尔孚新材料股份有限公司(证券代码:839153)

成立日期	2006-03-29
挂牌日期	2016-09-02
相关指数	—
行业类别	电气机械和器材制造业
主营业务	研发、生产、销售电接触材料
总股本(万股)	3 328.50
注册地址	吴中区木渎镇柴场路8号

150. 江苏元泰智能科技股份有限公司（证券代码：839156）

成立日期	2009-06-29
挂牌日期	2016-09-08
相关指数	—
行业类别	专用设备制造业
主营业务	自动化装备的研发、设计、生产及销售
总股本（万股）	2 492.00
注册地址	苏州工业园区江浦路12号厂房裙楼3楼314

151. 苏州博远容天信息科技股份有限公司（证券代码：838814）

成立日期	2010-12-14
挂牌日期	2016-09-09
相关指数	—
行业类别	软件和信息技术服务业
主营业务	为铁路旅客服务领域提供智能化整体解决方案
总股本（万股）	4 558.82
注册地址	高新区青城山路350号

152. 苏州智能交通信息科技股份有限公司（证券代码：839192）

成立日期	2008-05-06
挂牌日期	2016-09-12
相关指数	—
行业类别	软件和信息技术服务业
主营业务	智能交通系统及其相关配套设施的研发和销售，并提供相应的数据服务业务
总股本（万股）	2 197.80
注册地址	姑苏区南环东路1号北楼18楼

153. 江苏骅盛车用电子股份有限公司（证券代码：838437）

成立日期	1999-05-14
挂牌日期	2016-09-19
相关指数	—
行业类别	汽车制造业
主营业务	汽车电子零部件的研发、生产及销售
总股本（万股）	12 022.56
注册地址	昆山市张浦镇俱巷路186号

注：2021年10月13日总股本由原10 454.40万股变更为12 022.56万股。

154. 苏州德华生态环境科技股份有限公司（证券代码：838582）

成立日期	2008-02-04
挂牌日期	2016-09-26
相关指数	—
行业类别	生态保护和环境治理业
主营业务	水体生态治理项目和低影响力开发项目的技术服务、施工和运营
总股本（万股）	1 468.00
注册地址	苏州工业园区九华路110号幢402室

155. 苏州康鸿智能装备股份有限公司（证券代码：839416）

成立日期	2008-08-29
挂牌日期	2016-10-28
相关指数	—
行业类别	机械设备 专用设备
主营业务	电子设备，自动化设备以及检测设备的研发，生产和销售业务
总股本（万股）	1 110.00
注册地址	吴中区角直镇汇凯路69号

156. 苏州格朗富环境股份有限公司（证券代码：839539）

成立日期	2009-04-14
挂牌日期	2016-11-03
相关指数	—
行业类别	通用设备制造业
主营业务	给排水阀门和消火栓的研发、生产和销售
总股本（万股）	4 420.00
注册地址	吴江区平望镇中鲈工业集中区富平路2号

157. 江苏米莫金属股份有限公司（证券代码：838327）

成立日期	2003-06-26
挂牌日期	2016-11-03
相关指数	—
行业类别	金属制品业
主营业务	粉末五金配件的生产、研发、销售
总股本（万股）	1 370.96
注册地址	吴江区同里镇屯南村

158. 张家港万诚科技股份有限公司（证券代码：839588）

成立日期	2013-03-21
挂牌日期	2016-11-03
相关指数	—
行业类别	制造业
主营业务	汽车玻璃升降器的研发、生产、销售
总股本（万股）	3 580.00
注册地址	张家港市杨舍镇长兴路18号

注：2021年1月13日公司发布终止其股票挂牌的公告。

159. 江苏宏宝锻造股份有限公司（证券代码：839652）

成立日期	1999-01-15
挂牌日期	2016-11-09
相关指数	—
行业类别	金属制品业
主营业务	汽车零部件锻件及工程机械锻件的生产、加工、研发与销售
总股本（万股）	9 398.00
注册地址	张家港市大新镇永凝路

注：自2021年8月20日起在全国中小企业股份转让系统终止挂牌。

160. 江苏荷普医疗科技股份有限公司（证券代码：839926）

成立日期	1989-10-30
挂牌日期	2016-11-14
相关指数	三板成指
行业类别	医疗仪器设备及器械制造
主营业务	骨科医疗植入材料的研发、生产、销售
总股本（万股）	4 800.00
注册地址	张家港市锦丰镇杨锦路

161. 江苏极限网络技术股份有限公司（证券代码：839646）

成立日期	2012-07-10
挂牌日期	2016-11-21
相关指数	—
行业类别	软件和信息技术服务业
主营业务	利用计算机软件开发技术和软件开发项目管理理论，为客户提供软件定制开发服务及后续实施服务、技术支持服务等服务
总股本（万股）	2 068.97
注册地址	昆山市花桥镇商务大道99号1号楼510室

162. 苏州丰亿港口运营股份有限公司（证券代码：839879）

成立日期	2004-04-03
挂牌日期	2016-11-24
相关指数	—
行业类别	交通运输、仓储邮政业
主营业务	港口运营管理、装卸作业、港口内短驳运输、港口起重机械设备保养、维修等业务
总股本（万股）	2 500.00
注册地址	张家港市杨舍镇人民东路9号（国泰东方广场）1714

163. 苏州骏昌通讯科技股份有限公司（证券代码：839982）

成立日期	1990-04-16
挂牌日期	2016-11-28
相关指数	—
行业类别	计算机、通信和其他电子设备制造业
主营业务	连接器组件、手机天线等通信产品零配件的研发、生产与销售
总股本（万股）	2 000.00
注册地址	张家港金港镇长江西路38号

164. 中诚工程建设管理（苏州）股份有限公司（证券代码：839962）

成立日期	2002-01-21
挂牌日期	2016-12-01
相关指数	—
行业类别	专业技术服务业
主营业务	造价咨询、全过程控制、招标代理、工程监理
总股本（万股）	5 000.00
注册地址	高新区潇湘路99号1幢101室5-8F19F

注：2021年5月24日总股本由原2 000.00万股变更为5 000.00万股。

165. 苏州德菱邑铖精工机械股份有限公司（证券代码：870108）

成立日期	2004-08-23
挂牌日期	2016-12-08
相关指数	—
行业类别	通用设备制造业
主营业务	电梯部件的研发、生产和销售
总股本（万股）	4 249.20
注册地址	吴江区黎里镇莘塔大街西侧

注：自2021年12月31日起在全国中小企业股份转让系统终止挂牌。

166. 江苏嘉洋华联建筑装饰股份有限公司（证券代码：870030）

成立日期	1997-04-14
挂牌日期	2016-12-13
相关指数	—
行业类别	建筑材料-建筑装饰
主营业务	室内装饰业务、幕墙设计及安装业务，同时从事少量机电安装业务、智能化业务及钢结构业务
总股本（万股）	12 800.00
注册地址	常熟市碧溪新区浦江路31号

167. 苏州楚星时尚纺织集团股份有限公司（证券代码：870001）

成立日期	2011-12-22
挂牌日期	2016-12-14
相关指数	—
行业类别	纺织业
主营业务	高端里布、化纤面料的研发和销售
总股本（万股）	5 787.80
注册地址	吴江区盛泽镇圣塘村

168. 昆山恒光塑胶股份有限公司（证券代码：870236）

成立日期	2009-04-02
挂牌日期	2016-12-14
相关指数	—
行业类别	橡胶和塑料制品业
主营业务	塑料包装片材、料带制品的研发、生产和销售
总股本（万股）	1 000.00
注册地址	昆山市千灯镇石浦淞南东路68号8号房

169. 江苏快而捷物流股份有限公司（证券代码：870287）

成立日期	2004-11-29
挂牌日期	2016-12-16
相关指数	—
行业类别	道路运输业
主营业务	货物运输、货物货代
总股本（万股）	3 190.38
注册地址	苏州工业园区银胜路25号

170. 江苏赛康医疗设备股份有限公司（证券代码：870098）

成立日期	2002-04-24
挂牌日期	2016-12-16
相关指数	—
行业类别	专用设备制造业
主营业务	医疗设备相关设计、研发、制造、销售、服务
总股本(万股)	2 480.00
注册地址	张家港市现代农业示范园区乐红路35号

171. 苏州新启成传媒股份有限公司（证券代码：870096）

成立日期	2010-12-17
挂牌日期	2016-12-20
相关指数	—
行业类别	商务服务业
主营业务	向各类企业提供基于新媒体的大数据整合营销服务
总股本(万股)	576.10
注册地址	吴中区木渎镇玉山路（金枫广告设计产业园东楼1401—1403室）

172. 苏州永联天天鲜配送股份有限公司（证券代码：870138）

成立日期	2012-06-28
挂牌日期	2016-12-20
相关指数	—
行业类别	商业贸易-贸易
主营业务	生鲜农产品和食品的销售和配送
总股本(万股)	2 000.00
注册地址	张家港市南丰镇永刚集团集宿中心

注：自2021年10月18日起在全国中小企业股份转让系统终止挂牌。

173. 苏州新大诚科技发展股份有限公司（证券代码：839835）

成立日期	2006-11-22
挂牌日期	2016-12-20
相关指数	—
行业类别	计算机、通信和其他电子设备制造业
主营业务	提供通信无源设备以及整体解决方案，产品主要包括通信网络连接设备、通信机房智能环保节能设备、通信电源保护设备
总股本(万股)	3 300.00
注册地址	苏州工业园区江胜路18号

174. 苏州华创特材股份有限公司（证券代码：870365）

成立日期	2006-03-21
挂牌日期	2016-12-29
相关指数	—
行业类别	金属制品业
主营业务	工业用冷拔无缝异型钢管制造、加工和销售
总股本（万股）	1 658.62
注册地址	张家港市凤凰镇创兴路1号

175. 苏州黑盾环境股份有限公司（证券代码：839800）

成立日期	2009-07-01
挂牌日期	2016-12-30
相关指数	—
行业类别	专用设备制造业
主营业务	研发、生产通讯及工业用途的精密温控节能设备及其他配套产品，并提供相关技术服务
总股本（万股）	6 500.00
注册地址	相城区阳澄湖镇田多里路9号

注：2021年4月21日公司发布终止其股票挂牌的公告。

176. 苏州司巴克自动化设备股份有限公司（证券代码：870356）

成立日期	2004-07-07
挂牌日期	2017-01-03
相关指数	—
行业类别	其他专用制造业
主营业务	设计、生产自动化设备、测试仪器等，销售本公司所生产的产品并提供技术咨询和售后服务
总股本（万股）	500.00
注册地址	相城区黄桥张庄工业园蠡方路20号

177. 江苏一品御工实业股份有限公司（证券代码：870631）

成立日期	2008-11-11
挂牌日期	2017-01-16
相关指数	三板成指
行业类别	文教、工美、体育和娱乐用品制造业
主营业务	黄金金条、黄金饰品、非黄金饰品的销售及珠宝售后维修、保养服务
总股本（万股）	7 800.00
注册地址	姑苏区人民路383号

注：自2022年3月30日起在全国中小企业股份转让系统终止挂牌。

附 录

178. 苏州欧康诺电子科技股份有限公司（证券代码：870433）

成立日期	2005-05-26
挂牌日期	2017-01-18
相关指数	—
行业类别	专用设备制造业
主营业务	电子产品自动化测试解决方案的研发、设计、生产与销售、销售相关自动化生产设备
总股本（万股）	1 550.00
注册地址	吴中区吴中大道2588号18幢

注：2021年7月26日公司发布决定终止其股票挂牌的公告。

179. 苏州厚利春塑胶工业股份有限公司（证券代码：870494）

成立日期	2006-01-10
挂牌日期	2017-01-19
相关指数	—
行业类别	橡胶和塑料制品业
主营业务	各类消防管及消防卷盘总成、消防用喷管及总成、园艺及农业用喷雾管及总成、工业用高压空气管的研发、生产及销售
总股本（万股）	4 172.80
注册地址	相城区北桥街道希望工业园

180. 苏州馨格家居用品股份有限公司（证券代码：870531）

成立日期	2007-11-30
挂牌日期	2017-01-20
相关指数	三板成指
行业类别	纺织业
主营业务	生产和销售床上用品、家居服、家居用品、毛毯、面料等
总股本（万股）	2 278.59
注册地址	常熟市梅李镇赵市支福妙线赵市村段1幢

181. 太仓久信精密模具股份有限公司（证券代码：870553）

成立日期	2006-08-25
挂牌日期	2017-01-23
相关指数	—
行业类别	专用设备制造业
主营业务	汽车零部件模具及轴承模具的设计、研发、生产和销售
总股本（万股）	2 106.00
注册地址	太仓市太仓经济开发区常胜路102号

182. 苏州中德联信汽车服务股份有限公司（证券代码：870690）

成立日期	2010-05-18
挂牌日期	2017-01-25
相关指数	—
行业类别	居民服务、修理和其他服务业
主营业务	移动上门保养、保险代理业务
总股本（万股）	4 032.00
注册地址	常熟市高新技术产业开发区贤士路1号

183. 苏州欧福蛋业股份有限公司（证券代码：839371）

成立日期	2004-01-18
挂牌日期	2017-01-25
相关指数	—
行业类别	农副食品加工业
主营业务	蛋液、蛋粉、白煮蛋及各类预制蛋制品的生产和销售
总股本（万股）	14 527.12
注册地址	吴江区汾湖高新技术产业开发区金家坝社区金贤路386号

184. 江苏盛鸿大业智能科技股份有限公司（证券代码：870728）

成立日期	2009-04-28
挂牌日期	2017-01-26
相关指数	三板成指
行业类别	批发业
主营业务	集研发、生产、销售及服务为一体的专业数控机床制造
总股本（万股）	3 048.00
注册地址	昆山市玉山镇北门路3169号3号房

注：自2021年11月15日起在全国中小企业股份转让系统终止挂牌。

185. 铭凯益电子（昆山）股份有限公司（证券代码：870621）

成立日期	2009-07-03
挂牌日期	2017-02-03
相关指数	—
行业类别	计算机、通信和其他电子设备制造业
主营业务	半导体封装专用材料键合丝开发、制造和销售
总股本（万股）	8 670.00
注册地址	昆山市开发区澄湖路138号5号房

附 录

186. 苏州中恒通路桥股份有限公司（证券代码：870917）

成立日期	1981-05-23
挂牌日期	2017-02-14
相关指数	—
行业类别	土木工程建筑业
主营业务	城市道路工程、城市桥梁工程、照明工程及相关配套绿化工程等市政建设施工服务
总股本（万股）	16 885.90
注册地址	吴中区南环东路 1 号

187. 苏州天华信息科技股份有限公司（证券代码：871028）

成立日期	2000-07-18
挂牌日期	2017-02-28
相关指数	
行业类别	软件和信息技术服务业
主营业务	承接计算机系统集成、建筑智能化系统、安防系统、音视频系统工程的设计、施工及维护服务；提供相关的安装、调试服务
总股本（万股）	5 500.66
注册地址	苏州工业园区苋亭大道 668 号

188. 苏州华育智能科技股份有限公司（证券代码：871137）

成立日期	2012-01-10
挂牌日期	2017-03-13
相关指数	—
行业类别	软件和信息技术服务业
主营业务	智能校园、智能会议和技术服务
总股本（万股）	1 910.00
注册地址	相城区元和街道春申湖中路 393 号武珞科技园 6 层

189. 苏州百联节能科技股份有限公司（证券代码：871132）

成立日期	2010-01-19
挂牌日期	2017-03-15
相关指数	—
行业类别	建筑装饰和其他建筑业
主营业务	建筑节能保温产品与施工服务
总股本（万股）	2 000.00
注册地址	相城区经济开发区澄阳路 116 号国际科技创业园 1 号楼 A 座 1108 室

190. 江苏泰尔新材料股份有限公司（证券代码：871536）

成立日期	2000-08-14
挂牌日期	2017-05-10
相关指数	—
行业类别	化学原料及化学制品制造业
主营业务	特种蜡的研发、生产和销售
总股本（万股）	4 200.00
注册地址	高新区浒关工业园浒青路 1 号

191. 苏州隆力奇东源物流股份有限公司（证券代码：871170）

成立日期	2006-01-09
挂牌日期	2017-05-17
相关指数	—
行业类别	装卸搬运和其他运输代理
主营业务	为客户提供公路货运运输代理、仓储及分拨中心管理等物流服务
总股本（万股）	4 764.00
注册地址	常熟市经济开发区富华路 15 号 2 幢国际物流园办公楼 416-A

注：2021 年 10 月 8 日总股本由原 3 970.00 万股变更为 4 764.00 万股。

192. 苏州合展设计营造股份有限公司（证券代码：871491）

成立日期	1997-03-31
挂牌日期	2017-06-01
相关指数	—
行业类别	建筑装饰和其他建筑业
主营业务	建筑装修装饰工程的施工与设计、风景园林工程设计
总股本（万股）	2 225.50
注册地址	苏州工业园区苏桐路 6 号

193. 江苏汇博机器人技术股份有限 257 公司（证券代码：871462）

成立日期	2009-01-21
挂牌日期	2017-06-08
相关指数	三板成指
行业类别	通用设备制造业
主营业务	智能制造系统集成、机器人相关技术及应用的研发、设计、生产和销售
总股本（万股）	12 280.36
注册地址	苏州工业园区方洲路 128 号

注：自 2021 年 7 月 13 日起在全国中小企业股份转让系统终止挂牌。

194. 苏州华芯微电子股份有限公司（证券代码：871451）

成立日期	2000-12-04
挂牌日期	2017-06-14
相关指数	—
行业类别	计算机、通信和其他电子设备制造业
主营业务	从事集成电路及其应用系统和软件的开发、设计、生产、销售
总股本（万股）	3 800.00
注册地址	高新区向阳路198号

注：2021年12月29总股本由原3 000.00万股变更为3 800.00万股。

195. 苏州德融嘉信信用管理技术股份有限公司（证券代码：871653）

成立日期	2007-09-07
挂牌日期	2017-06-28
相关指数	—
行业类别	软件和信息技术服务业
主营业务	信用管理软件及其他软件产品的研发及相关技术服务、技术咨询；信用评估、信用管理咨询；非学历职业技能培训
总股本（万股）	750.00
注册地址	苏州工业园区星湖街328号创意产业园1-A3F

196. 安捷包装（苏州）股份有限公司（证券代码：871696）

成立日期	2001-08-24
挂牌日期	2017-07-24
相关指数	三板成指
行业类别	木材加工及木、竹、藤、棕、草制品业
主营业务	重型产品包装容器设计，生产销售、智能循环包装开发与运营
总股本（万股）	3 434.00
注册地址	吴中区临湖镇浦庄和安路

注：2021年12月28日总股本由原3 333.00万股变更为3 434.00万股。

197. 苏州金研光电科技股份有限公司（证券代码：871714）

成立日期	2012-03-29
挂牌日期	2017-07-26
相关指数	—
行业类别	仪器仪表制造业
主营业务	光学光电子相关产品的研发、生产和销售
总股本（万股）	2 100.00
注册地址	吴江区汾湖镇汾湖大道558号

198. 苏州安特化妆品股份有限公司（证券代码：871692）

成立日期	2012-05-28
挂牌日期	2017-07-27
相关指数	—
行业类别	化学原料及化学制品制造业
主营业务	研发、生产、设计、销售专业 OEM & ODM 化妆品
总股本（万股）	2 010.00
注册地址	高新区珠江路 521 号

199. 苏州宝骅密封科技股份有限公司（证券代码：871751）

成立日期	1994-04-20
挂牌日期	2017-07-31
相关指数	—
行业类别	通用设备制造业
主营业务	中高端密封产品的研发、设计、制造及技术咨询服务
总股本（万股）	2 000.00
注册地址	太仓市双凤镇富豪经济开发区

200. 苏州恒美电子科技股份有限公司（证券代码：871578）

成立日期	2009-05-20
挂牌日期	2017-08-09
相关指数	—
行业类别	计算机、通信和其他电子设备制造业
主营业务	电路板、汽车新能源电池管理系统（BMS）、整车控制器（VCU）、接插件研发、组装、销售和技术咨询服务
总股本（万股）	5 650.00
注册地址	吴江区同里镇富华路 388 号

注：2021 年 9 月 3 日总股本由原 2 202.13 万股变更为 5 650.00 万股。

201. 苏州方昇光电股份有限公司（证券代码：871763）

成立日期	2008-10-24
挂牌日期	2017-08-14
相关指数	—
行业类别	机械设备-通用设备
主营业务	蒸发、磁控镀膜等真空设备的研发、生产、销售和技术服务以及配套材料的销售服务
总股本（万股）	1 123.60
注册地址	苏州工业园区金鸡湖大道 99 号苏州纳米城中北区 23 幢 214 室

202. 张家港福吉佳食品股份有限公司（证券代码：871782）

成立日期	2002-09-11
挂牌日期	2017-08-28
相关指数	—
行业类别	食品制造业
主营业务	面包、蛋糕等西式烘焙类食品的生产及销售
总股本（万股）	3 800.00
注册地址	张家港市金港镇长山村1幢、2幢

203. 苏州工业园区蓝鼎餐饮管理股份有限公司（证券代码：872175）

成立日期	2005-06-02
挂牌日期	2017-09-13
相关指数	—
行业类别	餐饮业
主营业务	团膳餐饮服务，主要为企业客户提供食堂托管服务
总股本（万股）	600.00
注册地址	苏州工业园区苏惠路98号国检大厦13层1305室

204. 振华集团（昆山）建设工程股份有限公司（证券代码：872238）

成立日期	2009-04-21
挂牌日期	2017-10-12
相关指数	三板成指
行业类别	建筑材料-建筑装饰
主营业务	房屋建筑工程施工总承包等工程施工服务，并提供后续维保等服务
总股本（万股）	21 600.00
注册地址	昆山市玉山镇城北萧林西路1158号

205. 江苏固耐特围栏系统股份有限公司（证券代码：872291）

成立日期	2005-08-22
挂牌日期	2017-11-08
相关指数	—
行业类别	金属制品业
主营业务	围栏类产品及大门类产品的生产及销售
总股本（万股）	2 020.82
注册地址	张家港市经济开发区（南区）新泾中路10-1号

206. 西伯电子(昆山)股份有限公司(证券代码：871572)

成立日期	2004-03-15
挂牌日期	2017-11-08
相关指数	—
行业类别	计算机、通信和其他电子设备制造业
主营业务	专业扬声器(喇叭)的研发、生产及销售
总股本(万股)	3 750.00
注册地址	昆山市开发区同丰东路988号昆山国际电商产业园 H-136

207. 江苏红人实业股份有限公司(证券代码：872395)

成立日期	2005-01-05
挂牌日期	2017-11-23
相关指数	—
行业类别	家具制造业
主营业务	生产定制展示架、陈列架，为品牌厂商和零售业提供店铺营销和产品陈列的解决方案
总股本(万股)	1 000.00
注册地址	张家港市杨舍镇汤桥路111号

注：自2021年8月23日起在全国中小企业股份转让系统终止挂牌。

208. 苏州华达环保设备股份有限公司(证券代码：872342)

成立日期	2006-04-24
挂牌日期	2017-11-29
相关指数	—
行业类别	专用设备制造业
主营业务	风力发电塔架设备的研发、生产和销售
总股本(万股)	5 000.00
注册地址	相城区望亭国际物流园海盛路39号

209. 昆山金鑫新能源股份有限公司(证券代码：872380)

成立日期	2009-06-11
挂牌日期	2017-12-5
相关指数	三板成指
行业类别	信息技术-技术硬件与设备
主营业务	电池管理软件和锂离子电池模块及配件的研发、生产和销售
总股本(万股)	3 000.06
注册地址	昆山市玉山镇亿升路398号4#厂房一楼,二楼

附 录

210. 苏州方向文化传媒股份有限公司（证券代码：872424）

成立日期	2009-05-05
挂牌日期	2017-12-13
相关指数	—
行业类别	广播、电视、电影和影视录音制作业
主营业务	从事影片制作、公共信号服务、视频自媒体运营等影视业务
总股本（万股）	500.00
注册地址	姑苏区劳动路66号（3号楼303室）

211. 苏州蓝水软件开发股份有限公司（证券代码：872388）

成立日期	2008-02-02
挂牌日期	2017-12-14
相关指数	—
行业类别	软件和信息技术服务业
主营业务	开发、销售软件及软件维护服务
总股本（万股）	300.00
注册地址	姑苏区友新路1088号新郭创业大厦1号楼601室

212. 江苏富丽华通用设备股份有限公司（证券代码：872473）

成立日期	2000-01-05
挂牌日期	2017-12-19
相关指数	—
行业类别	通用设备制造业
主营业务	空压机用风机、商用空调风机的设计、生产及销售
总股本（万股）	1 000.00
注册地址	张家港市乐余镇兆丰西环路10号

213. 苏州富顺新型包装材料股份有限公司（证券代码：872173）

成立日期	2000-06-29
挂牌日期	2017-12-25
相关指数	—
行业类别	橡胶和塑料制品业
主营业务	公司主要从事包装材料、机械产品的加工制造和销售
总股本（万股）	3 129.59
注册地址	吴中区胥口镇

注：2021年4月16日公司终止其股票挂牌的公告。

214. 江苏宏基铝业科技股份有限公司（证券代码：872588）

成立日期	1999-12-15
挂牌日期	2018-01-24
相关指数	—
行业类别	有色金属冶炼和压延加工业
主营业务	铝制品的生产及销售
总股本（万股）	2 580.00
注册地址	张家港市经济开发区（杨舍镇勤星村）

215. 江苏奥斯佳材料科技股份有限公司（证券代码：872534）

成立日期	2013-03-21
挂牌日期	2018-01-24
相关指数	—
行业类别	化学原料和化学制品制造业
主营业务	聚氨酯用改性有机硅、聚氨酯用催化剂、水性胶黏剂、纺织助剂、水性树脂等各类特种助剂的研发、生产和销售
总股本（万股）	4 020.00
注册地址	张家港市扬子江国际化学工业园南海路北侧

216. 苏州艾科瑞思智能装备股份有限公司（证券代码：872600）

成立日期	2010-09-10
挂牌日期	2018-01-30
相关指数	—
行业类别	制造业
主营业务	半导体封装测试设备的研发、设计、生产和销售
总股本（万股）	638.54
注册地址	常熟市经济技术开发区科创园102室

注：2021年3月8日公司发布终止挂牌的公告。

217. 苏州创投汽车科技股份有限公司（证券代码：872631）

成立日期	2008-08-27
挂牌日期	2018-02-06
相关指数	—
行业类别	汽车制造业
主营业务	商务车、房车座椅及相关配件的生产与销售
总股本（万股）	1 350.00
注册地址	吴中区胥口镇藏中路589号5幢一层

附 录

218. 昆山绿亮电子科技股份有限公司（证券代码：872673）

成立日期	2009-08-19
挂牌日期	2018-02-08
相关指数	—
行业类别	电气机械和器材制造业
主营业务	LED灯具研发、生产和销售及PCB、PCBA成套产品加工、销售等业务
总股本（万股）	1 000.00
注册地址	昆山市千灯镇原创型基地22号

219. 苏州鸿基洁净科技股份有限公司（证券代码：872781）

成立日期	2004-03-10
挂牌日期	2018-05-24
相关指数	—
行业类别	专用设备制造业
主营业务	无菌超净设备和仪器的研发、生产、销售、服务和洁净室安装工程服务
总股本（万股）	1 928.00
注册地址	苏州工业园区娄葑创投工业坊18号厂房

注：自2021年7月20日起在全国中小企业股份转让系统终止挂牌。

220. 江苏清能新能源技术股份有限公司（证券代码：872589）

成立日期	2011-01-19
挂牌日期	2018-06-11
相关指数	—
行业类别	制造业
主营业务	燃料电池电堆和燃料电池系统的研发、生产、销售
总股本（万股）	3 468.78
注册地址	张家港市保税区新兴产业育成中心A栋3楼302—309室

注：2021年3月18日公司发布终止挂牌的公告。

221. 苏州永为客模架智造股份有限公司（证券代码：872858）

成立日期	2010-12-23
挂牌日期	2018-07-17
相关指数	—
行业类别	专用设备制造业
主营业务	从事各类模架的制造、销售
总股本（万股）	950.16
注册地址	吴中区甪直镇联谊路98-12号

222. 昆山平安培训股份有限公司（证券代码：872917）

成立日期	2015-01-23
挂牌日期	2018-07-31
相关指数	—
行业类别	交运设备服务
主营业务	普通机动车驾驶员培训以及道路客、货运驾驶员从业资格证培训
总股本（万股）	4 000.00
注册地址	昆山市玉山镇富士康路702号2号、3号房

注：2021年5月起由"昆山平安驾驶员培训股份有限公司"改为现名。

223. 苏州网信信息科技股份有限公司（证券代码：873002）

成立日期	2007-08-30
挂牌日期	2018-09-06
相关指数	—
行业类别	软件和信息技术服务业
主营业务	围绕智慧城市建设的软件研发、信息系统集成、智能化
总股本（万股）	1 035.32
注册地址	吴江区长安路1188号邦宁电子信息产业园A1-701

224. 江苏金新城物业服务股份有限公司（证券代码：873058）

成立日期	2002-02-25
挂牌日期	2018-11-13
相关指数	—
行业类别	房地产业
主营业务	为住宅、商业物业等提供专业物业管理服务
总股本（万股）	2 000.00
注册地址	张家港市经济开发区悦丰大厦8楼805室

225. 苏州瑞档信息科技股份有限公司（证券代码：873077）

成立日期	2015-03-10
挂牌日期	2018-11-14
相关指数	—
行业类别	软件和信息技术服务业
主营业务	档案数字化业务、加工服务和档案管理咨询服务，相关软件开发、销售以及系统集成服务
总股本（万股）	500.00
注册地址	昆山市花桥镇亚太广场5号楼1003室

注：自2022年3月10日起在全国中小企业股份转让系统终止挂牌。

226. 苏州迪飞达科技股份有限公司（证券代码：873105）

成立日期	2010-04-12
挂牌日期	2018-12-12
相关指数	—
行业类别	制造业
主营业务	生产、销售：电子产品、电子元件、电器配件、LED照明器材及灯具。电子元件组装自营和代理各类商品及技术的进出口业务
总股本(万股)	3 800.00
注册地址	相城区望亭镇华阳村锦阳路508号

注：2021年3月23日公司发布终止挂牌的公告。

227. 张家港保税区中天行进出口股份有限公司（证券代码：873142）

成立日期	2014-05-30
挂牌日期	2019-01-07
相关指数	—
行业类别	批发业
主营业务	进口房车底盘、房车专用零配件的经销业务
总股本(万股)	2 133.00
注册地址	张家港市保税区进口汽车物流园改装基地3A、3B

228. 苏州名城信息港发展股份有限公司（证券代码：873145）

成立日期	2004-09-07
挂牌日期	2019-01-14
相关指数	—
行业类别	信息传输、软件和信息技术服务业
主营业务	互联网广告及移动互联网运营维护服务和活动组织服务,同时提供会展服务
总股本(万股)	5 000.00
注册地址	苏州工业园区苏州大道东265号现代传媒广场23楼F-2室

229. 苏州世才外企服务股份有限公司（证券代码：873141）

成立日期	2014-07-18
挂牌日期	2019-01-15
相关指数	—
行业类别	商务服务业
主营业务	劳务派遣、劳务外包、人事代理、人才招聘
总股本(万股)	500.00
注册地址	常熟市琴川街道衡山路208号衡丰家园13幢401-9

230. 信东仪器仪表(苏州)股份有限公司(证券代码：873137)

成立日期	2006-09-01
挂牌日期	2019-02-25
相关指数	—
行业类别	仪器仪表制造业
主营业务	流量仪表、液位仪表等测量仪器仪表及自动化控制系统产品的研制、销售与综合服务
总股本(万股)	3 542.44
注册地址	张家港市保税区港澳南路58号

231. 苏州金远胜智能装备股份有限公司(证券代码：873206)

成立日期	2013-03-28
挂牌日期	2019-03-12
相关指数	—
行业类别	通用设备制造业
主营业务	气体粉碎设备的研发、生产和销售
总股本(万股)	1 082.00
注册地址	太仓市沙溪镇工业开发区路南395号1号楼

232. 苏州众天力信息科技股份有限公司(证券代码：873240)

成立日期	2012-11-05
挂牌日期	2019-03-25
相关指数	—
行业类别	软件和信息技术服务业
主营业务	提供智慧社区、智慧办公及智能家居的物联网综合解决方案及相关定制化智能产品与服务
总股本(万股)	565.00
注册地址	姑苏区闾胥路483号工投科技创业园6号楼6206室

233. 苏州麦禾文化传媒股份有限公司(证券代码：873258)

成立日期	2009-07-15
挂牌日期	2019-04-17
相关指数	—
行业类别	专业技术服务业
主营业务	提供政企形象推广、政策宣传、商业影视制作、平面设计、商业空间设计展示等多领域的文化创意服务
总股本(万股)	500.00
注册地址	姑苏区锦帆路79号

附 录

234. 昆山华都精工精密机械股份有限公司（证券代码：873271）

成立日期	2011-08-04
挂牌日期	2019-07-17
相关指数	—
行业类别	制造业
主营业务	精密卧式镗铣床、龙门、数控机床的研发、设计、制造、销售；精密零配件生产、加工、销售；货物及技术的进出口业务
总股本（万股）	4 725.00
注册地址	昆山市锦溪镇锦荣路北侧

注：2021年3月9日公司发布终止挂牌的公告。

235. 苏州太湖旅游服务股份有限公司（证券代码：873319）

成立日期	2012-11-28
挂牌日期	2019-07-18
相关指数	—
行业类别	旅行社及相关服务业
主营业务	旅行社、会展与活动策划、景区咨询与景区管理
总股本（万股）	2 000.00
注册地址	吴中区太湖国家旅游度假区孙武路2013号

236. 昆山市平安特种守押保安服务股份有限公司（证券代码：873347）

成立日期	2015-05-08
挂牌日期	2019-08-19
相关指数	—
行业类别	商务服务业
主营业务	特种武装守护及押运
总股本（万股）	8 000.00
注册地址	昆山市开发区珠江南路483号

237. 江苏九龙珠品牌管理股份有限公司（证券代码：873368）

成立日期	2007-08-30
挂牌日期	2019-11-05
相关指数	—
行业类别	零售业
主营业务	为加盟商提供饮品物料供应、日常督导管理及品牌营销策划等服务
总股本（万股）	2 500.00
注册地址	吴中区东吴北路66号（苏州吴中凤凰文化产业园）8楼

注：自2021年8月26日起在全国中小企业股份转让系统终止挂牌。

238. 苏州炫之彩新材料股份有限公司（证券代码：873381）

成立日期	2008-01-11
挂牌日期	2019-11-19
相关指数	—
行业类别	造纸和纸制品业
主营业务	瓦楞纸包装材料的设计、生产、销售及服务
总股本(万股)	1 000.00
注册地址	相城区阳澄湖镇西横港街21号

239. 苏州市相城检测股份有限公司（证券代码：873481）

成立日期	2002-12-10
挂牌日期	2020-08-10
相关指数	—
行业类别	专业技术服务业
主营业务	主要从事建设工程质量的检测服务
总股本(万股)	1 714.30
注册地址	相城区元和街道科技园一期

240. 苏州市三新材料科技股份有限公司（证券代码：873510）

成立日期	2005-11-11
挂牌日期	2020-10-26
相关指数	—
行业类别	化学原料和化学制品制造业
主营业务	涂料的研发、生产和销售
总股本(万股)	3 200.00
注册地址	吴中区迎春南路71号

241. 张家港先锋自动化机械设备股份有限公司（证券代码：873529）

成立日期	2006-07-19
挂牌日期	2020-12-01
相关指数	—
行业类别	专用设备制造业
主营业务	一次性手套生产设备及配件的研发、生产及销售
总股本(万股)	3 138.00
注册地址	张家港市凤凰镇双龙村

注：2021年12月23日总股本由原2 970.00万股变更为3 138.00万股。

242. 聚宝盆（苏州）特种玻璃股份有限公司（证券代码：873556）

成立日期	2008-04-01
挂牌日期	2020-12-29
相关指数	—
行业类别	非金属矿物制品业
主营业务	加工、生产各类玻璃产品，经销玻璃、玻璃制品；普通货物道路运输；自营和代理各类商品及技术的进出口业务
总股本（万股）	2 900.00
注册地址	太仓市双凤镇富豪工业园建业路25号（泥泾村）

243. 苏州博大永旺新材股份有限公司（证券代码：873569）

成立日期	2005-08-09
挂牌日期	2021-02-18
相关指数	—
行业类别	橡胶和塑料制品业
主营业务	包装产品的研发、设计、生产和销售
总股本（万股）	3 300.00
注册地址	吴江区松陵镇菀坪社区同安西路15号

244. 昆山铝业股份有限公司（证券代码：873563）

成立日期	2004-07-02
挂牌日期	2021-03-25
相关指数	—
行业类别	有色金属冶炼和压延加工业
主营业务	铝箔的研发、生产和销售
总股本（万股）	45 380.00
注册地址	昆山市周市镇陆杨倪家浜路269号

245. 江苏创元数码股份有限公司（证券代码：873621）

成立日期	2001-09-12
挂牌日期	2021-08-20
相关指数	—
行业类别	电子设备、仪器和元件
主营业务	依托下游各类线上电商平台渠道，为上游品牌厂商提供产品的供应链及营销管理服务，批发、零售相机、手表、电子乐器、办公用品、卫浴用品及相关配件等产品
总股本（万股）	1 000.00
注册地址	姑苏区人民路1547号

246. 苏州禧屋住宅科技股份有限公司（证券代码：873618）

成立日期	2014-03-27
挂牌日期	2021-09-10
相关指数	—
行业类别	房屋建筑业
主营业务	整体卫浴的研发、设计、生产、销售、安装及售后服务
总股本（万股）	2 450.00
注册地址	常熟市海虞镇向阳路 19 号

247. 苏州太湖太美文旅发展股份有限公司（证券代码：873619）

成立日期	2016-12-28
挂牌日期	2021-10-11
相关指数	—
行业类别	商务服务业
主营业务	提供大型会展、会奖活动的营销与策划服务
总股本（万股）	1 000.00
注册地址	吴中区太湖国家旅游度假区孙武路 2999 号

248. 苏州吉人高新材料股份有限公司（证券代码：873611）

成立日期	1998-07-29
挂牌日期	2021-12-16
相关指数	—
行业类别	化学原料和化学制品制造业
主营业务	工业防腐涂料的研发、生产和销售
总股本（万股）	10 152.00
注册地址	相城区黄埭镇春旺路 18 号

附录三 苏州拟上市预披露公司名单

截至 2021 年 12 月 31 日,苏州地区拟上市预披露公司共 46 家,其中已有 13 家上会,6 家过会。

序号	预披露日期	公司名称	注册地址	备注
1	2014-4-30	江苏七洲绿色化工股份有限公司	张家港市东沙化工集中区	未上会
2	2014-11-14	华澳轮胎设备科技(苏州)股份有限公司	姑苏区工业园区平胜路 18 号	未上会
3	2015-6-08	申龙电梯股份有限公司	吴江区汾湖镇莘塔龙江路 55 号	上会,通过
4	2015-11-13	苏州德龙激光股份有限公司	姑苏区苏州工业园区苏虹中路 77 号	未上会
5	2015-11-25	真彩文具股份有限公司	昆山市千灯镇炎武北路 889 号	未上会
6	2015-12-25	苏州华电电气股份有限公司	吴中区吴中经济开发区河东工业园善浦路 255 号	未上会
7	2017-03-14	苏州金枪新材料股份有限公司	姑苏区工业园区星湖街 218 号生物纳米园 A4 楼 305 室	上会,未通过
8	2017-08-02	苏州吉人高新材料股份有限公司	相城区黄埭镇潘阳工业园春旺路 18 号	未上会
9	2017-09-11	勋龙智造精密应用材料(苏州)股份有限公司	昆山市张浦镇阳光中路 2 号	上会,暂缓表决
10	2017-11-21	联德精密材料(中国)股份有限公司	昆山市张浦镇巍塔路 128 号	上会,未通过
11	2017-12-22	苏州禾昌聚合材料股份有限公司	吴中区工业园区民营工业区	未上会
12	2018-01-10	苏州蜗牛数字科技股份有限公司	吴中区工业园区金鸡湖路(现中新大道西)171 号	未上会
13	2018-01-16	安佑生物科技集团股份有限公司	太仓市沙溪镇岳王新港中路 239 号	上会,未通过
14	2018-01-19	协鑫智慧能源股份有限公司	吴中区工业园区新庆路 28 号	未上会

(续表)

序号	预披露日期	公司名称	注册地址	备注
15	2018-04-04	若宇检具股份有限公司	昆山市张浦镇俱进路	未上会
16	2018-07-06	江苏荣成环保科技股份有限公司	昆山市陆家镇金阳东路33号	未上会
17	2018-12-07	天聚地合(苏州)数据股份有限公司	吴中区工业园区启月街288号紫金东方大厦	未上会
18	2019-03-22	和舰芯片制造(苏州)股份有限公司	吴中区工业园区星华街333号	未上会
19	2019-06-14	江苏昆山农村商业银行股份有限公司	昆山市前进东路828号	未上会
20	2019-06-21	红蚂蚁装饰股份有限公司	姑苏区娄门路246号	未上会
21	2020-06-19	苏州晶云药物科技股份有限公司	吴中区工业园区星湖街218号生物纳米园	上会,暂缓表决
22	2020-06-19	苏州林华医疗器械股份有限公司	吴中区工业园区唯新路3号	上会,未通过
23	2020-06-29	锐芯微电子股份有限公司	昆山市开发区伟业路18号508-511室	未上会
24	2020-06-29	苏州康代智能科技股份有限公司	姑苏区工业园区科智路1号	未上会
25	2020-09-22	江苏网进科技股份有限公司	昆山市玉山镇登云路288号	上会,未通过
26	2020-09-28	苏州华之杰电讯股份有限公司	吴中区胥口镇孙武路1031号	上会,通过
27	2020-10-10	江苏中法水务股份有限公司	常熟市虞山镇长江路276号	未上会
28	2020-12-29	苏州瑞博生物技术股份有限公司	昆山市玉山镇元丰路168号	未上会
29	2021-01-08	苏州久美玻璃钢股份有限公司	相城区黄埭镇康阳路366号	未上会
30	2021-01-12	昆山亚香香料股份有限公司	昆山市千灯镇汶浦中路269号	上会,通过
31	2021-01-14	苏州湘园新材料股份有限公司	相城区阳澄湖镇张塘浜巷1号	未上会
32	2021-06-28	阿特斯阳光电力集团股份有限公司	高新区鹿山路199号	上会,通过

附 录

(续表)

序号	预披露日期	公司名称	注册地址	备注
33	2021-06-30	江苏华盛锂电材料股份有限公司	张家港市扬子江国际化学工业园青海路10号	未上会
34	2021-07-30	苏州宇邦新型材料股份有限公司	吴中区经济开发区越溪街道友翔路22号	上会,通过
35	2021-08-11	苏州翔楼新材料股份有限公司	吴江区八坼街道新营村学营路285号	上会,通过
36	2021-08-31	派格生物医药(苏州)股份有限公司	苏州工业园区星湖街218号生物医药产业园B7楼601单元	未上会
37	2021-11-09	苏州亚科科技股份有限公司	苏州工业园区若水路388号	未上会
38	2021-11-30	苏州浩辰软件股份有限公司	苏州工业园区东平街286号	未上会
39	2021-12-02	江苏保丽洁环境科技股份有限公司	张家港市锦丰镇(江苏扬子江国际冶金工业园光明村)	未上会
40	2021-12-21	苏州清越光电科技股份有限公司	昆山市高新区晨丰路188号	未上会
41	2021-12-28	苏州星诺奇科技股份有限公司	苏州工业园区科智路1号中新科技工业坊二期E1、E2、D2、H栋厂房	未上会
42	2021-12-28	苏州盛科通信股份有限公司	苏州工业园区星汉街5号B幢4楼13/16单元	未上会
43	2021-12-28	苏州快可光伏电子股份有限公司	苏州工业园区新发路31号	未上会
44	2021-12-29	柏承科技(昆山)股份有限公司	昆山市陆家镇合丰开发区珠竹路28号	未上会
45	2021-12-29	苏州近岸蛋白质科技股份有限公司	吴江经济技术开发区云创路228号3层,4层	未上会
46	2021-12-30	艺唯科技股份有限公司	昆山市千灯镇季广南路268号	未上会

后　　记

本报告延续前八部《苏州上市公司发展报告》(2014—2021)研究框架,继续以苏州已上市公司为主体,以苏州新三板挂牌企业、科创板企业和拟上市预披露公司为补充,客观全面地展现苏州上市公司的发展现状、市场绩效、财务绩效,对苏州上市公司的行业结构、区域结构、板块结构进行综合分析研究,并针对近年来苏州市提升上市公司质量政策要求,还对苏州上市公司发展质量影响因素进行了实证分析。

本报告由薛誉华、范力、吴永敏、冯佳明提出研究思路和撰写大纲,朱丹、贝政新参与研究思路和大纲讨论。冯佳明、孙思睿承担前言;范力、葛帮亮承担第一章;常巍承担第二章;赵玉娟承担第三章;刘沁清承担第四章;郑晓玲承担第五章;徐涛承担第六章;刘亮承担第七章;吴永敏、丁纪莎承担第八章;薛誉华、居鑫悦承担第九章;朱丹、张珩、陈星月、徐邵嘉承担附录部分。本报告由薛誉华、范力、吴永敏、冯佳明负责修改、总纂和定稿。

在本报告的研讨和撰写过程中,我们得到了苏州市上市公司协会、东吴证券股份有限公司、苏州大学商学院和复旦大学出版社有关领导和专家的支持,在此一并表示感谢。由于作者水平有限,加之上市公司涉及面庞杂,疏漏之处还望读者批评指正。

作　者
2022 年 7 月

图书在版编目(CIP)数据

苏州上市公司发展报告. 2022/薛誉华等主编. —上海:复旦大学出版社,2022.12
ISBN 978-7-309-16540-1

Ⅰ.①苏… Ⅱ.①薛… Ⅲ.①上市公司-研究报告-苏州-2022 Ⅳ.①F279.246

中国版本图书馆 CIP 数据核字(2022)第 198648 号

苏州上市公司发展报告(2022)
薛誉华　范　力　吴永敏　冯佳明　主编
责任编辑/姜作达　戚雅斯

复旦大学出版社有限公司出版发行
上海市国权路 579 号　邮编:200433
网址:fupnet@fudanpress.com　http://www.fudanpress.com
门市零售:86-21-65102580　　　团体订购:86-21-65104505
出版部电话:86-21-65642845
上海丽佳制版印刷有限公司

开本 787×1092　1/16　印张 21.5　字数 523 千
2022 年 12 月第 1 版
2022 年 12 月第 1 版第 1 次印刷

ISBN 978-7-309-16540-1/F·2935
定价:88.00 元

如有印装质量问题,请向复旦大学出版社有限公司出版部调换。
版权所有　　侵权必究